江西风景独好

旅游文化丛书

朱 虹◎主编

② 红色摇篮

HONGSE
YAOLAN

分卷主编

涂勤华

副主编

史火金　邓东燕

主要撰稿人

邓东燕　曾勤生　唐俊琼　余靖昆

江西教育出版社
JIANGXI EDUCATION PUBLISHING HOUSE

·南 昌·

赣版权登字-02-2024-066

图书在版编目（CIP）数据

红色摇篮 / 朱虹主编. — 南昌：江西教育出版社，
2024.4

（江西风景独好旅游文化丛书）

ISBN 978-7-5705-3821-8

Ⅰ.①红… Ⅱ.①朱… Ⅲ.①革命纪念地 – 介绍 – 江
西 Ⅳ.①K878.23

中国国家版本馆CIP数据核字（2023）第161978号

红色摇篮
HONGSE YAOLAN

朱 虹 主编

江西教育出版社出版
（南昌市学府大道 299 号　邮编：330038）

各地新华书店经销
南昌市印刷十二厂有限公司印刷
720 毫米 ×1000 毫米　　16 开本　　17.5 印张　　260 千字
2024 年 4 月第 1 版　　2024 年 4 月第 1 次印刷

ISBN 978-7-5705-3821-8
定价：38.00 元

赣教版图书如有印装质量问题，请向我社调换　电话：0791-86710427
总编室电话：0791-86705643　　编辑部电话：0791-86700573
投稿邮箱：JXJYCBS@163.com　　网址：http://www.jxeph.com

总序

我们应该如何做旅游?

《江西风景独好旅游文化丛书》修订版序

江西的基本省情是"六山一水二分田,一分道路与庄园"。这70%的山水既不能办工厂,也不能种庄稼,旅游业就成为这些地区的特色产业。

2012年,为了进一步形成共识,做大做强江西旅游产业,我们组织全省旅游、文化、城建、社科、宗教、方志等方面的领导、专家、学者等,共同编写了十卷本的《江西风景独好旅游文化丛书》。这十本书从不同侧面,全景式展现和诠释了江西优美的自然风光、鲜活的红色印记、厚重的历史文化、浓郁的地方风情,成为各大院校的旅游培训教材,各旅游景区的导游词,报刊编辑查阅、检索江西旅游文化知识的百科全书,各图书馆的必藏书,

以及各地旅游文化爱好者积极购买的畅销书。丛书出版后多次重印，累计印刷20余万册，均已被购买一空，亟待修订再版，以飨读者。

丛书出版后的十余年，是江西旅游事业发生历史性变革的十余年，也是江西旅游高歌猛进的十余年。全省旅游接待总人数由2亿人次增至7.5亿人次，旅游总收入由1400亿元增至6770亿元，国家5A级旅游景区由3家增至14家，国家4A级旅游景区由33家增至212家，旅游企业快速发展，旅游业各项主要指标进入全国第一方阵。山水旅游扬优成势，红色旅游创新发展，乡村旅游转型升级，温泉旅游补足短板，森林旅游异军突起，旅游商品特色鲜明，演艺旅游精彩纷呈，江西迈出了成为旅游强省的铿锵步伐。形势的变化使我们不得不修订丛书并尽快出版，使其对今天江西的文化和旅游业发挥更大作用。

许多同志问，我们究竟应该怎样做旅游？编者有以下个人思考。

1.造景。景区是旅游的核心，也是发展旅游的重要抓手。江西16.69万平方千米的土地上，布满了丰富的旅游资源，但现在景区总量只有近700个，最有名的是"四大名山，一湖清水"，还有相当多的优质景区资源"藏在深山人未知"，或是虽然有一定知名度却并未打造好。我们要再定一个旅游发展目标，从现在开始至2033年，大力消灭旅游空白点，在全省再打造出300个新景区，使江西景区的数量达到1000个。要加强顶层设计，在所有重点景区实现一路（旅游公路）三道（栈道、索道、游步道）六中心（游客中心、智慧旅游中心、接待中心、旅游演艺中心、旅游商品中心、旅游观光中心），设立标准化的标识标牌、停车场、旅游厕所等基本配套设施，并将各个景区串联起来，由点到线，由线到面，建成旅游集群。

2.造势。旅游经济是眼球经济，旅游传播是旅游发展的基础性工作。要在每个市县落实"四个一工程"——一句旅游口号、一本旅游画册、一首旅游歌曲、一部视频短片。实施融媒体运营，策划一系列影响力大、美誉度高的营销推广活动，让"无活动、不旅游"成为旅游人的座右铭，使品牌的知名度和影响力不断攀升。突出国内中心城市、区域中心城市，经略周边重点城市，探索海外城市，不断提升江西旅游整体品牌形象。

3.融合。文化是旅游的灵魂，旅游是文化的载体，只有把诗与远方结合，才能使旅游业迸发出新的活力。我们要大力推进文化和旅游的内容融合、职能融合、资源融合、功能融合、技术融合、人才融合、市场融合发展。讲好群众喜爱的江西故事，做到大事不虚、小事不拘，研究怎样开头、怎样结尾，如何有背景、有人物，有吸引人的情节、打动人的细节，在矛盾斗争中推动故事的发展，使故事鲜活生动、高潮迭起、感人泪下、催人奋进，不仅是让人感动一下子，而且是记住一辈子。再过若干年，景点或可忘，经典永留传。

4.动能。发展旅游必须有强大的发展新动能。旅游业发展之初主要靠政府推动，现在不仅要靠政府，还要靠有文化情怀、实力强大的企业，尤其是民营企业的积极投入。江西省最大的几个新旅游景区，如篁岭、丫山、望仙谷、葛仙山、婺女洲都是靠本省民营企业投资的，现在可以说是生机勃勃、兴旺发达。同时也要看到人民群众是旅游的积极消费者，也是旅游业发展的生力军。如丰城市民间博物馆项目全是靠人民群众提供展品而成的；靖安县中源乡白沙坪村等避暑旅游产业就是当地群众自发创造的，体现出强大的生命力，暑期一房难求，傍晚时乘凉的人们摩肩接踵、势如潮水。

5.扩容。旅游不单是文旅部门的事，必须调动方方面面的积极性才能成功。要大力推进"旅游+"。促进"旅游+网络"，涉旅场所都要实现免费Wi-Fi、通信信号、视频监控和智慧旅游全覆盖。促进"旅游+工业"，要推进一批特色工业和科技旅游示范基地建设，将芯片、陶瓷、飞机、造纸、制酒等生产环节打造成工业旅游产品。促进"旅游+健康"，将生态旅游、森林康养、美容疗养、中医药、硒温泉等打造成健康旅游项目。促进"旅游+体育"，在景区举办国际马拉松、龙舟大赛、高山帐篷节、高山漂流、汽车拉力赛、国际钓鱼赛、国际观鸟节等，丰富人们的休闲旅游体验。促进"旅游+美食"，一道美食往往能吸引一桌游客，如淄博烧烤、江西米粉节

就带动成千上万的游客出行，我们要有更多的办法，将旅游与赣菜结合，与赣南脐橙、寻乌蜜橘、井冈蜜柚、泰和乌鸡等江西的农业土特产相结合，使赣菜成为吸引游客的中国名菜。

6.服务。游客满意度是检验旅游工作的根本标准。要落实《江西省旅游者权益保护条例》，建立健全市县两级旅游购物先行赔付制度，设立旅游赔付基金，使赔付真正落到实处。要实现旅游企业的体制机制改革，加强景区景点的管理，积极做好人才引进和培训工作。继续办好金牌讲解班和旅游领导干部培训班，促进旅游队伍素质的整体提高，使处处都是旅游环境，人人都是旅游形象。

这次《江西风景独好旅游文化丛书》的修订，正是依据以上关于旅游业高质量发展的要求，对初版中存在的瑕疵或不足进行了修订，增加了新的文化旅游信息和数据，展示旅游现代元素和最新研究成果，让内容更全面、更新颖、更具吸引力和可操作性。相信大家读过后会有深切的感受。

我们的愿景是，通过这套丛书帮助更多人了解江西历史文化和当代发展，学习更多的旅游知识，讲好江西故事、传播好江西声音，提高江西文旅的软实力，最终将江西打造成一个开窗见绿、推门见景的"四处可游、四季能游、四通八达、四海来客"的全域旅游目的地。

目录

概　述

　　江西是物华天宝、人杰地灵的好地方。她钟灵毓秀、山川瑰丽、人文荟萃、文化灿烂，在这 16.69 万平方千米的土地上，有着丰富的人文景观和自然景观，令人目不暇接、流连忘返。

　　江西是一块令人心驰神往的红色热土。透过历史的烟云，行走在青山绿水之间，境内遍布着一个个红色经典：中国革命的摇篮——井冈山，人民军队的摇篮——南昌，共和国的摇篮——瑞金，中国工人运动的摇篮——安源……这些彪炳史册的革命遗迹和光耀千秋的革命精神是中国红色文化中的璀璨瑰宝。今天，江西以其璀璨光芒，吸引着无数中外游人驻足。

　　江西有着光荣的革命历史。萍（乡）浏（阳）醴（陵）起义、辛亥革命和二次革命，为中华民国的创建与巩固作出了重要的贡献。在新民主主义革命时期，中国共产党领导的伟大革命斗争的许多重大历史事件都发生在江西。由中国共产党第一次独立领导并取得完全胜利的中国工人运动在安源发起，秋收起义的惊雷在安源炸响，武装反抗国民党反动派的第一枪在南昌打响，中国第一个农村革命根据地在井冈山创建，中国第一个工农民主专政的新型政权——中华苏维埃

共和国临时中央政府在瑞金建立，举世闻名的二万五千里长征在于都集结出发，还有南方红军三年游击战争、上饶集中营茅家岭暴动等重大事件都发生在这块红土地上……

这些红色印迹，记载了江西在中国革命历史上的突出地位和为中国革命作出的巨大贡献。毛泽东、周恩来、刘少奇、朱德、邓小平、陈云、彭德怀、陈毅等一大批无产阶级革命家，在江西的红土地上留下了他们的光辉足迹，谱写了他们革命生涯辉煌、灿烂、伟大的篇章。江西是毛泽东革命生涯一个重要的活动场所，正是在这块红土地上，毛泽东的革命和军事思想逐步形成并得到发展。在中国共产党的领导下，江西人民在新民主主义革命时期进行了艰苦卓绝、可歌可泣的斗争，英雄的江西儿女为中国革命的胜利作出了巨大牺牲和重大贡献，仅有姓名记载的烈士就达25万人之多，约占全国烈士总数的六分之一，无名烈士更是难以计数。江西人民在中国共产党的历史上留下了光辉的篇章。

在江西的青山绿水间，到处都有血与火的记忆。

湘赣边界罗霄山脉的中段，巍然屹立着井冈山，这里是中国革命的摇篮。毛泽东、朱德率领工农革命军在这里创建了第一个农村革命根据地——井冈山革命根据地，中国革命由此绝处逢生。井冈山革命根据地横跨"六县一山"，即江西的遂川、宁冈（今属井冈山市）、永新、莲花和湖南的茶陵、酃县（今炎陵县）以及湘赣边界的井冈山，全盛时期面积达7200余平方千米，人口50多万。毛泽东引兵井冈山，建立井冈山革命根据地，开辟了农村包围城市、武装夺取政权的中国革命的正确道路。井冈山的星星之火，燃遍全国。井冈山斗争，是中国共产党独立领导中国革命的战略决策，集中体现了中国革命的正确方向，奠定了毛泽东思想形成的重要基础。由此，井冈山被誉为"中国革命走向胜利的起点"，并形成了"坚定执着追理想、实事求是闯新路、艰苦奋斗攻难关、依靠群众求胜利"的井冈山精神。如今，这里成为中国革命的圣地。徜徉在井冈山的青山绿水之间，让人不禁肃然起敬、感慨万千，那八角楼的闪闪灯光、黄洋界的隆隆炮声、朱毛会师的欢呼情景、红军挑粮的崎岖山道……这些都让我们获得灵魂的洗礼、境界的升华。

南昌拥有闻名遐迩的滕王阁，是美丽的鄱阳湖之滨的江南文化古城，也是享誉中外的一座"英雄城"，这里是人民军队的摇篮。1927年，蒋介石和汪精卫相继叛变革命，对共产党人和革命群众进行疯狂的大屠杀，轰轰烈烈的大革命宣告失败。江西南昌，以它独特的地理位置和革命基础，成为中国共产党人反击国民党反动势力的重要阵地。1927年8月1日凌晨2时，在南昌市中山路上那幢灰色的中西合璧的建筑——江西大旅社，在以周恩来为书记的前敌委员会的领导下，在贺龙、叶挺、朱德、刘伯承等人的指挥下，中国共产党发动了震惊中外的南昌起义，打响了武装反抗国民党反动派的第一枪。这震惊中外的枪声，宣告了中国共产党独立领导的第一支革命武装的诞生，在全党和全国人民面前高举起第一面鲜艳夺目的武装斗争红旗，唤起了无数革命志士和广大工农群众拿起武器与国民党反动派浴血奋战的斗志与信心。

瑞金是位于江西东南边陲的重镇，是一块非同凡响的红色革命热土，这里有着"红色故都"的美誉，被誉为共和国的摇篮。1931年11月7日，中华苏维埃共和国临时中央政府在瑞金宣告成立，这是中国共产党创建的第一个全国性工农民主专政的新型政权。1933年年初，中共中央也由上海迁入瑞金。中国共产党在这块红色土地上进行了治国安民的伟大实践。中国共产党高擎反帝反封建和反对国民党反动统治的大旗，以中央苏区为中心，组织工农群众，谱写了一幕威武雄壮、气吞山河的土地革命战争的历史诗篇。今天，瑞金城外的"红井"旁，仍传颂着"吃水不忘挖井人"的动人故事，表现着领袖与人民之间的深厚情谊。中华苏维埃共和国临时中央政府大礼堂、长征第一山等众多红色遗址，都是中华苏维埃共和国的历史见证，它们正向人们倾情诉说着那段峥嵘岁月……

萍乡曾是江南煤都，拥有光荣的革命传统。1906年12月首发于萍乡的萍浏醴起义，声势浩大，是辛亥革命的前奏，萍乡安源数千名工人参加了这次

武装起义。1922年9月，毛泽东、刘少奇、李立三又在此领导发动了震惊全国的安源路矿工人大罢工。由于准备充分、行动统一，并且注意斗争策略，这次大罢工取得了全面胜利，成为早期工人运动史上罕见的成功范例，在中国工人运动史上写下了光辉的一页。1927年秋，毛泽东到安源主持召开了部署湘赣边界秋收起义的军事会议，安源也成为湘赣边界秋收起义的策源地。总平巷、安源路矿工人俱乐部、谈判大楼……斗争的惊雷在这里炸响，工人运动的画卷在这里展开。

赣东北是块血染的土地，演绎了红色的史诗。赣东北革命根据地的斗争风云，是红色中国史册上厚重的篇章。这块红土地养育了一个伟大的儿子——方志敏。方志敏的《可爱的中国》《清贫》，抒发了共产党人的伟大情怀。在这里，我们可以感受弋横起义的怒潮，回顾当年模范革命根据地的情景。

江西还有很多镌刻着红色记忆的地方。被陈毅称为"东井冈"的东固革命根据地，地处赣西南吉安、吉水、泰和、永丰、兴国五县边界，是中国共产党最早实行工农武装割据的红色区域之一。

江西这块红土地与老一辈无产阶级革命家有着不解之缘，与现代中国的前途命运有着非同寻常的紧密联系。"文化大革命"期间，邓小平、陈云和王震等党和国家领导人被"下放"到江西劳动。在南昌市新建县（今新建区）拖拉机修造厂的西面荒坡上，有一条狭窄的小路，邓小平每天上下班都要从这里走过，工人们亲切地称之为"小平小道"。正是在这条小道上，邓小平思考着中国的前途和未来，使我们国家走上了改革开放、民族复兴的康庄大道。

在新时代中国特色社会主义事业的伟大建设中，江西人民始终保持着光荣的革命传统。江西的土地，承载着太多的红色记忆；江西的山水，凝结着太多的革命深情。在长期的革命斗争实践中形成的光荣革命传统和优秀革命精神，已凝聚成江西特有的革命文化和宝贵的精神财富。

江西红色旅游资源极为丰富。赣都大地上，革命旧址、故居及纪念建筑物数量多、分布广。红色的江西,犹如一个没有围墙的革命历史博物馆,在新时代展现出独具魅力的风采。江西发展红色旅游具有得天独厚的优势。

近年来,在江西省委、省政府的高度重视和大力支持下,江西充分发挥红色文化资源优势,深入贯彻落实中共中央、国务院关于发展红色旅游的精神,加大了红色旅游工作力度,促使红色旅游发展取得新的进展,实现了良好的社会效益和经济效益。江西的红色旅游有效地发挥了政治、文化、经济三大功能,一批红色旅游经典景区和精品线路已成为国内旅游的新亮点和革命传统教育的大课堂。红土地上,革命伟业与秀美山河交相辉映的风貌在世人面前得到充分展现。

2023年,江西与湖南在于都县主办中国红色旅游博览会,"红色"正成为江西旅游的主色调,"红色旅游"被打造成江西最具吸引力的旅游热线。4500万江西儿女认真贯彻落实党的二十大精神和省第十五次党代会精神,大力弘扬伟大建党精神和井冈山精神、苏区精神、长征精神,奋力谱写中国式现代化江西篇章。

我们本着为江西红色旅游发展服务的宗旨,从回望历史的角度,通过挖掘档案史料来宣传江西的红色旅游景点,宣传江西的红色旅游文化。本书在编写过程中尽量做到史料真实,通俗易懂。在全面介绍江西红色旅游资源的同时,重点介绍江西被列入国家发改委、中宣部等单位印发的全国红色旅游经典景区名录的景区、景点,以及被列入全国重点文物保护单位、全国爱国主义教育示范基地的景区、景点。希望本书不仅成为江西红色旅游的一张宣传名片,江西导游人员的一本好教材,而且能成为对广大游客和群众进行爱国主义教育、革命传统教育和江西红色历史教育的生动读本,成为全省广大干部了解省情的知识读本。

第 一 章
中国革命的摇篮——井冈山

第一节　井冈山红色历史概述

　　井冈山市位于江西省西南部，地处湘赣两省交界的罗霄山脉中段，东、南连江西泰和、遂川两县，西邻湖南炎陵县、茶陵县，北接江西永新县。井冈山境内山势雄伟，地形复杂，平均海拔达381.5米，最高峰海拔1833米，是一个典型的山区市。井冈山市土地总面积1449.28平方千米。

　　"井冈山，两件宝：历史红、山林好。"井冈山，是中国革命的摇篮，是中华人民共和国的奠基石。这里是中国共产党创建新型人民军队的发祥地，是农村包围城市、武装夺取政权的中国革命新道路的光辉起点。井冈山，是国家级风景名胜区、国家第一批"5A级风景旅游区"和全国文明风景旅游区。朱德称赞井冈山为"天下第一山"，彭真称井冈山为"中华人民共和国的奠基石"，董必武称井冈山为"革命山""旅游山""文化山"。

一、井冈山革命根据地的创立

　　井冈山革命根据地，包括今天的井冈山市和莲花、永新、遂川以及湖南炎陵、茶陵等县。井冈山古有"郴衡湘赣之交，千里罗霄之腹"之称，这里具有建立革命根据地的良好条件。

　　1927年8月7日，中共中央在湖北汉口召开紧急会议（八七会议），总结大革命失败的经验教训。会议确定了土地革命和武装反抗国民党反动派的总方针。根据八七会议精神，中国共产党在革命群众运动基础较好的地区领导和发动了一系列武装起义。9月9日，毛泽东领导工农革命军第一军第一师在湖南、江西边界地区举行秋收起义。起义开始后，各路部队从驻地向长沙挺进，在攻打平江、浏阳等地的战斗中遭受严重挫折。9月17日，各路起义军向浏阳的文家市集中。19日晚，毛泽东在浏阳文家市召开会议，分析敌我形势，讨论行动方针。会议决定放弃攻打长沙的计划，实行战略退却，向敌人统治力量薄弱的农村转移。21日，起义部队从文家市出发，沿罗霄山脉南下，25日行至萍乡芦溪时遭敌袭击，部队损失惨重。

9月29日，起义部队到达永新县三湾村时，人员已不足千人，组织很不健全，部队军心不稳。为适应革命斗争的需要，中共前敌委员会在三湾村召开扩大会议，总结了秋收起义的经验教训，分析了部队的政治思想和组织状况，对部队进行了整顿和改编，从组织上确立了党对军队的绝对领导。

三湾改编后，起义部队继续向南转移，10月3日到达宁冈古城。毛泽东在古城文昌宫主持召开了前委扩大会议（即"古城会议"），总结湘赣边界秋收起义以来的经验教训，研究在罗霄山脉中段建立根据地和团结改造井冈山

📍 井冈山五指峰

地区的袁文才、王佐农民武装问题，初步作出了创建井冈山革命根据地、开展工农武装割据的决定。7日，工农革命军进驻茅坪，在袁文才部帮助下，设立了留守处和后方医院，安下了革命的"家"。27日，毛泽东率工农革命军到达井冈山茨坪后，随即领导部队在井冈山及其周围地区发动群众，开展游击战争，创建革命根据地。前委抓住当时国民党新军阀之间发生混战、井冈山地区敌军兵力空虚的有利时机，领导工农革命军主动出击，积极打击地方反动武装，先后占领茶陵、遂川，建立了两县党的组织、工农兵政府和赤卫队，同时帮助永新、宁冈、莲花、酃县恢复与建立了党的组织和地方武装。

1928年1月中旬，毛泽东在遂川县城主持召开前委和万安、遂川两县委联席会议，总结井冈山工农革命军和万安农军开展游击战争的经验，提出了"敌来我去，敌驻我扰，敌退我追"的游击战作战原则，以对付敌人的进攻。2月4日，毛泽东获悉赣敌调集部队由万安向遂川进犯后，率工农革命军主力由遂川返回井冈山。2月18日，工农革命军在赤卫队的配合下，攻克新城，粉碎了赣敌对井冈山革命根据地的第一次"进剿"，并成立了中共宁冈县委和县工农兵政府。

随着我军作战的胜利和根据地建设工作的开展，1928年2月底，包括宁冈全县，遂川西北部，永新、遂川、茶陵、酃县等县部分地区的中国第一个农村革命根据地——井冈山革命根据地初具规模。

二、井冈山革命根据地的巩固和发展

1928年3月，朱德、陈毅率领南昌起义保留下来的部队和湘南起义农军陆续向井冈山转移。毛泽东闻讯后率部积极掩护。4月下旬，朱德、陈毅和毛泽东先后率部到达宁冈砻市（今龙市），两支革命军队胜利会师。

两军会师后，根据中共湘南特委的决定，毛泽东和朱德所率部队合编为工农革命军第四军（后改称"工农红军第四军"，简称"红四军"），并召开了工农革命军第四军党的第一次代表大会。5月4日，庆祝两支部队胜利会师大会在砻市广场举行，正式宣布成立工农革命军第四军。

井冈山革命根据地的开辟，引起了湘赣两省敌军的极大恐惧，他们联合对井冈山革命根据地发动了多次"进剿""会剿"。面对这种形势，毛泽东、朱德率领红军采取"分兵以发动群众，集中以应付敌人"和"敌进我退，敌驻我扰，敌疲我打，敌退我追"十六字诀的游击战术，在当地群众和地方武装的配合下，打退了敌军的多次进攻。

军事斗争的胜利，推动了湘赣边界各项工作的全面发展。永新、莲花、酃县等县建立了县、区、乡工农兵政府，宁冈茅坪也建立了湘赣边界工农兵苏维埃政府。各级政府领导边界农民开展了普遍的分田运动。县、区建立了赤卫队，乡有暴动队，莲花县还建立了独立团。1928年6月，红军粉碎国民党反动派第四次"进剿"后，红色割据区域已经拥有宁冈、永新、莲花三个县，吉安、安福各一小部地区，遂川北部，酃县东南部，茶陵西南部，根据地由此进入全盛时期。

1928年6月30日，中共湖南省委在盲动错误思想影响下，派代表到井冈山，要红四军主力开往湘南。当晚，中共湘赣边界特委、红四军军委和永新县委在永新举行联席会议，传达和讨论湖南省委这一指示。会议认为，根据目前形势，红军主力不宜去湘南，应继续在湘赣边界各县做深入的群众工作，建设巩固根据地。

7月初，湘赣两省敌军以重兵对根据地发动第一次"会剿"。7月11日，为粉碎敌人的进攻，毛泽东率红三十一团对付即将进入永新的赣敌军；朱德率红二十八、二十九团直取酃县，威逼茶陵，威胁湘敌军后方，迫使进入永新的湘敌军回湖南，然后集中力量，打击即将来犯的赣敌军，以打破敌军"会剿"。7月13日，红军攻克酃县。14日，湘敌军撤回茶陵。随即，朱德、陈毅决定率部返回永新对赣敌军作战。这时，中共湖南省委代表不察当时的环境，不顾永新联席会议的决议，附和红军中部分官兵欲回家乡的情绪，导致部队向湘南冒进。

红军大队去湘南后，从吉安、安福地区来的赣敌军于7月15日进占了永新。毛泽东指挥红军和永新赤卫队、暴动队，以四面游击的战术，不分昼夜地袭扰敌军，将敌军困在永新县城及其附近15千米范围内达25天之久。

中共湘赣边界特委考虑到红四军主力在湘南受挫，并处于无根据地作战的困难境地，同时井冈山革命根据地的现有军事力量又难以击破敌人新的进攻，于8月中旬在永新九陂村召开紧急会议，决定由毛泽东率红三十一团第三营去湘南迎回红四军主力。

赣敌军趁红军主力还在湘南，便由永新向根据地发起猛攻。留守根据地的红军撤向山区坚持斗争。根据地内各县城和平原地区相继被敌军占领，为虎作伥的保安队、挨户团等横行无忌，地主豪绅乘机进行阶级报复，白色恐怖笼罩城乡，根据地遭到严重摧残。这就是井冈山斗争的"八月失败"。

8月下旬，湘赣两省敌军乘红军主力未归之际，向井冈山的黄洋界哨口发起猛攻。当时守卫在黄洋界哨口的红军不足一营兵力，但在地方武装和人民群众的支援下，凭借居高临下的险要地形，顽强作战，打退了敌人的多次进攻，取得了黄洋界保卫战的胜利，保卫了井冈山革命根据地。

9月13日，红四军主力攻占遂川县城。10月10日，红军歼灭敌军一个营，余敌退向永新。红军乘胜追击，收复宁冈全县。11月上旬，红军对再占新城的敌军发起猛攻，将敌重创于新城和龙源口地区，取得了第二次反"会剿"的胜利，恢复了边界割据。这时根据地"南自遂川井冈山南麓，北至莲花边界，包括宁冈全县，遂川、酃县、永新各一部，成一南北狭长的整块。莲花的上西区，永新的天龙区、万年山区，则和整块不甚连属"。

从9月中旬至11月中旬，红四军利用根据地作战的有利条件，避强击弱，忽南忽北，连战皆捷，基本上恢复了井冈山革命根据地的原有地区。10月4日至6日，为总结根据地斗争的经验，确定边界党今后的任务，毛泽东在宁冈茅坪的步云山主持召开中共湘赣边界第二次代表大会。会议讨论通过了毛泽东起草的《政治问题和边界党的任务》《边界各县党的改造与建设》等决议案；选举产生了边界第二届特委，杨开明（后为谭震林）为书记，陈正人为副书记。

11月2日，湘赣边界特委和红四军军委收到中央6月4日的指示信。信中肯定了建立罗霄山脉中段政权的计划。11月6日，湘赣边界特委在茨坪召开扩大会议，根据党中央6月4日来信指示，重新组成了边界党的最高领导机关——中共中央红四军前敌委员会，毛泽东任书记，统一领导湘赣边界特委和红四军军委，并管理地方党组织工作。11月14日，中共红四军第六次代表大会召开，讨论中国革命的性质等问题，明确了目前的革命是无产阶级领导的资产阶级的民主革命，选举产生了由23人组成的红四军军委，朱德为军委书记。

三、井冈山军民坚持斗争

1928年7月22日，彭德怀、滕代远等人领导平江起义。起义成功后，部队改编为中国工农红军第五军，彭德怀任军长，滕代远任党代表。根据中共湖南省委的指示，彭德怀、滕代远率领红五军主力800余人，从平江、浏阳地区出发，于12月10日到达宁冈，同红四军会师。这两支红军的会师，进一步加强了井冈山地区工农武装力量，成为全国各根据地中人数最多、战斗力最强的红军队伍。

红五军与红四军会师后，湘赣两省敌军正准备发动第三次"会剿"。为打破敌军的"会剿"，克服边界严重的经济困难，1929年1月4日，前委书记毛泽东在宁冈柏露村主持召开红四军前委、湘赣边界特委和共青团特委、红四军和红五军军委以及边界各县县委联席会议，传达和讨论了党的六大决议，并进一步研究了反"会剿"的方针和部署，确定了"攻势的防御"方针。

1929年1月14日，毛泽东、朱德率领红四军主力3600余人，从茨坪、小行洲等地向赣南出击。彭德怀、滕代远等人率部坚守井冈山。1月26日，湘赣两省敌军组织优势兵力对黄洋界、八面山、桐木岭阵地发起猛攻。坚守井冈山的军民与敌激战，打退了敌人多次进攻。1月29日，黄洋界哨口被敌偷

袭占领，接着，八面山、桐木岭等哨口相继失守。为保存有生力量，彭德怀、滕代远按照边界特委的决定，率红五军主力向遂川方向突破敌封锁线，开往赣南寻找红四军主力；何长工、王佐、李灿等人率领红三十二团和红五军一部转入深山密林，坚持斗争，继续对抗敌人的"清剿"。

第三次反"会剿"失利后，敌人对井冈山革命根据地实行了惨无人道的大烧杀，房屋化为灰烬，被杀者不计其数。湘赣边界特委在遂川被打散，各县党和政权组织也遭到了严重破坏。

为恢复党的组织，领导人民继续进行斗争，2月以后，原特委负责人宛希先、陈正人等人重新组织边界特委，恢复各县党组织。

3月，蒋桂战争爆发，进攻井冈山革命根据地的湘赣两省敌军主力撤走。坚持在井冈山地区斗争的军民乘机反攻，恢复了井冈山革命根据地。何长工、王佐等人率部赶走挨户团，收复了五井和宁冈大部分地区。随后，临时特委从各县抽调人员和武装，组成湘赣边界红军独立第一团，积极开展游击活动。

雕塑:《井冈红旗》

4月，原特委书记邓乾元回到永新，召集特委扩大会议，决定特委恢复工作。在特委领导下，各县党组织很快恢复了工作，组建了湘赣红军独立团，继而收复了宁冈、莲花等县。

4月1日，红四军回师赣南，在瑞金同红三十团（红五军主力）会合。11日，红四军前委在于都召开扩大会议，决定由彭德怀、滕代远率红五军主力重回井冈山地区，协同在原地坚持斗争的部队，恢复和发展以井冈山革命根据地为基础的湘赣边界苏区；红四军主力和江西红军独立第二、第四团则在瑞金、于都、赣县、兴国、宁都、吉安、永丰、乐安等县，执行消灭地主武装、发动和组织群众等任务。5月初，红五军回到边界。10日，湘赣边界特委在宁冈古城召开第四次执委扩大会议，传达和讨论红四军前委给特委的信。会议根据前委的来信精神和东固革命根据地的经验，总结了过去的工作，决定将边界的斗争方式改为公开与秘密相结合的形式。会后，彭德怀、滕代远率红五军转战湘南粤北，6月重返边界，占领遂川、宁冈两座县城。7月中旬，红五军攻打安福未果，途中遭敌围攻，红军英勇作战，杀出重围。8月7日，红五军应湘鄂赣特委要求，返回湘鄂赣边界。

此时，湘赣边界党组织有永新、莲花、宁冈三个县委，酃县、遂川两个临时县委，茶陵特别区委，攸县一个支部（归莲花县委领导），党员发展到5000多人。9月6日，中共江西省委给湘赣边界特委指示信，批准"新的特委应建立在群众斗争的中心永新"。9月25日，中央给湘赣边界特委来信，确定边界管辖区域包括永新、莲花、安福、宁冈、攸县、酃县、茶陵，并指示边界特委由中共湖南省委改为由中共江西省委领导。

10月30日，刘作述、王佐、陈竞进指挥永新、宁冈、莲花三县地方武装，在广大群众配合下，攻克永新县城，特委机关迁至永新县城。从此，永新成为湘赣边界革命斗争的中心。

为进一步促进赣西南革命形势的发展，1930年2月6日至9日，毛泽东在吉安东南的陂头主持召开红四军前委、赣西特委（赣南特委代表团因会议提

前举行，未能赶上参加）和红五、红六军军委联席会议。会议认为，党和红军当前的主要任务是：进一步扩大苏区和加强革命武装力量，深入土地革命，为夺取江西全省而斗争。在军事行动上，会议根据赣西地区的敌情，决定集中兵力攻打吉安，将赣西、赣南、湘赣边3个特委合并为赣西南特委。原湘赣边特委管辖的区域由赣西南特委下辖的西路行委管辖。从此，湘赣边界的革命斗争进入了一个新的发展时期。

以毛泽东为杰出代表的中国共产党人，把马克思主义的普遍原理同中国革命的具体实践相结合，在井冈山地区创建了具有重大意义的中国第一个农村革命根据地，打破了敌军的多次"进剿"和"会剿"，有效地保存并发展了革命力量，点燃了"工农武装割据"的星星之火，成功开辟了以农村包围城市、武装夺取政权的具有中国特色的革命道路。井冈山革命根据地的建立，是中国革命斗争史上的伟大创举，为中国共产党领导的各地起义武装树立了光辉的榜样。它标志着中国革命开始走上了建立农村根据地，以农村包围城市，最后夺取全国胜利的正确道路。

第二节　井冈山红色旅游景点介绍

井冈山旅游景区的特色是"红绿辉映"，"红"是指丰富的现代革命历史遗迹，"绿"是指多姿的自然景观。井冈山是以革命人文景观为主体，与秀丽的自然风光相融合的风景名胜区。井冈山风景名胜区的面积有333平方千米，分为11个景区、76处景点、460多个景物景观，主要开发建设了小井龙潭瀑布群、笔架山十里杜鹃长廊和革命旧址群等景区。这里保存完好的革命旧址遗迹达100多处，其中22处被列为全国重点文物保护单位、36处被列为省级文物保护单位、34处被列为市级文物保护单位，主要分布在茨坪、五大哨口、大小五井、茅坪和龙市等处。茨坪是井冈山风景名胜区的中心景区，是一块四面青山环绕的山中盆地。

📍 井冈山茨坪一角

一、茨坪景区

茨坪景区位于井冈山风景名胜区中心，面积约20平方千米，景区内人文景观和自然景观都十分丰富，主要的人文景观有井冈山革命博物馆、井冈山革命烈士陵园、中国红军第四军军部旧址、中国共产党湘赣边界特别委员会旧址、井冈山革命先烈纪念塔、毛泽东同志旧居、朱德同志旧居等。

1.井冈山革命博物馆

井冈山革命博物馆坐落在茨坪红军南路，1958年由国家文物局批准兴建，1959年10月开放，是我国第一个地方性革命博物馆。1965年毛泽东重上井冈山时，审定基本陈列内容大纲。馆标"井冈山革命博物馆"为1962年朱德重上井冈山时亲笔题写。

该馆馆藏文物30000多件、文献资料7000多份、图书7000多册、历史图

片10000多幅，珍藏了党和国家领导人、著名书画家及社会各界知名人士的墨宝珍迹数千幅，保存了毛泽东、朱德等党和国家领导人重上井冈山时的影视资料数百件，馆藏一级文物90件、二级文物143件、三级文物262件，全面、系统、客观展示井冈山革命斗争历史。该馆担负着弘扬井冈山精神、宣传井冈山革命斗争历史、保护管理修缮井冈山革命纪念地旧居遗址的光荣职责和神圣使命。

2004年，井冈山革命纪念地建设被列入全国爱国主义教育示范基地"一号工程"。2005年9月，井冈山革命博物馆重建工程开工建设，2007年10月27日竣工开馆。新馆占地面积17820平方米，总建筑面积20030平方米，其中展厅面积10000平方米。

井冈山革命博物馆先后接待了毛泽东、朱德、邓小平、江泽民、胡锦涛、习近平等党和国家领导人及海内外游客5000多万人次。2008年，井冈山革命博物馆被评为全国首批国家一级博物馆。2015年，井冈山革命博物馆被评为全国社会科学普及教育基地。

📍 井冈山革命博物馆

2.井冈山革命烈士陵园

井冈山革命烈士陵园位于茨坪北面的北岩峰上。北岩峰山体犹如一座罗汉大佛像，坐北朝南，端坐神坛。陵园按"佛"形山体因山就势兴建，占地面积400亩。1987年开工建设，同年10月建成并开放参观。1997年10月，由邓小平题字的"井冈山革命烈士纪念碑"落成。陵园整体建筑包括陵园门庭、纪念堂、碑林、雕像园、纪念碑五大部分，是茨坪中心景区的主要革命人文景观。

陵园门庭：陵园主大门，横式牌坊园标"井冈山革命烈士陵园"9个烫金大字由参加过井冈山斗争的宋任穷题写。进门后，经过花坛园庭，顺山而上的宽阔平台台阶分为两组。第一组49级，象征1949年新中国成立；第二组60级，寓意陵园是在井冈山革命根据地创建60周年的1987年建成的。陵园的绿化主要以柏树、桂花、杜鹃、翠竹为主，配以山体自生的松、杉、山樱花等。全园四季绿树常青，素花点缀，显得庄严而肃穆。

井冈山革命烈士陵园

纪念堂：纪念堂大门上方烫金横幅"井冈山根据地革命先烈永垂不朽"是彭真于1987年视察井冈山时为陵园题写的。纪念堂设有瞻仰大厅、陈列室、吊唁大厅、忠魂堂。

📍 纪念堂大门横幅"井冈山根据地革命先烈永垂不朽"

走进瞻仰大厅，正面汉白玉墙面上是"死难烈士万岁"6个醒目大字，是1946年毛泽东为革命烈士题写的。正面玻璃柜存放的是井冈山革命烈士的名册。左侧陈列室陈列的是新中国成立后去世的，参加过井冈山斗争的主要领导人和老红军的照片和简介，目前陈列了77位。他们当中有开创井冈山革命根据地的主要领导人，如毛泽东、朱德、彭德怀、陈毅等；有军队中的一大批将帅，如罗荣桓、粟裕、黄克诚、谭政等；还有新中国成立后调离军队，到党政部门担任领导的，如何长工、贺子珍、陈正人、曾志等。右侧陈列室陈列的是新中国成立前牺牲的革命先烈的照片和简介，在此陈列了80位，他们都是参加过井冈山斗争的老红军、老干部。

瞻仰大厅后为吊唁大厅，大厅四周墙面由黑色大理石镶成，上面镶刻着井冈山革命斗争时期壮烈牺牲的烈士英名录。这里有当年井冈山革命根据地7个县（市）范围的烈士名录，共15744位。另外，吊唁大厅还立了一块汉白玉的无名碑，对在井冈山革命斗争中牺牲却没有留下姓名的革命烈士们以示深切怀念。

从吊唁大厅后侧上楼为忠魂堂，是为安放老红军灵柩而设的。

碑林："井冈山碑林"5个烫金大字是由江西籍老红军、中国书法家协会原名誉主席、中国人民解放军军事科学院原副院长舒同题写的。碑林采用江南园林建筑风格，分为碑廊、碑亭、碑墙三种碑刻陈列形式，因山就势，高低错落，配以亭、台、楼、阁相结合的整体建筑造型。碑林陈列有140块精湛的书法碑刻，主要有三部分内容：一为党和国家领导人上井冈山视察时的题词；二为参加过井冈山斗争的老红军的题词；三为全国著名书法家、画家、作家和知名人士赞颂井冈山的题词。整个碑林寓革命传统教育于书法艺术之中，是集建筑艺术、书法艺术和雕刻艺术于一体的现代人文景观。

雕塑园：井冈山雕塑园坐落于陵园东侧山头，于1987年10月兴建，是全国第一座以革命历史人物群像为题材的雕塑园。雕塑园园标为全国政协原副主席，参加过井冈山斗争的老红军萧克题写。园内20尊参加过井冈山斗争的

井冈山雕塑园

主要领导人和著名人士的塑像，展现了毛泽东、朱德、彭德怀、陈毅、谭震林、袁文才、王佐、伍若兰、贺子珍等人的光辉形象，再现在艰苦卓绝的井冈山斗争中一代先驱的英雄气概和战将风采。

纪念碑：井冈山革命烈士纪念碑位于"佛"形山体脸部，陵园的最上方。纪念碑由主碑、基座和碑座三部分组成。

主碑用镀钛的不锈钢制作，高27米，寓意1927年毛泽东等老一辈无产阶级革命家创建了井冈山革命根据地。主碑的造型突出"山"的形状。它有着几层含义：远看像一团火焰，寓意井冈山"星星之火，可以燎原"；近视如林立的钢枪，寓意"枪杆子里面出政权"。

基座采用"将军红"大理石砌成，高9.7米，表示纪念碑是1997年纪念井冈山革命根据地创建70周年时建成的。

碑座的碑名"井冈山革命烈士纪念碑"是邓小平为纪念井冈山革命烈士题写的。碑座上有3组反映井冈山斗争的汉白玉浮雕。正面组浮雕的主题为"荟萃井冈"，展示了1928年4月"朱毛会师"和同年12月红四军与红五军会师的情形，以及毛泽东、朱德、彭德怀、陈毅等领导人的英雄气概。东面组浮雕主题为"红色割据"，展示了毛泽东在井冈山斗争时开创的"工农武装割据"的内容，即开展土地革命、军队建设、党的建设、政权建设的生动场面。西面组浮雕主题为"浴血罗霄"，通过反映井冈山斗争著名的龙源口大捷等战斗和以茨坪为中心的井冈山革命根据地及其五大哨口、九陇山军事根据地，展示红军粉碎国民党反动派多次军事"进剿"和"会剿"的艰苦卓绝的战斗生活。

纪念碑前方还有两尊雕塑：左边是《母亲》塑像，寓意井冈山是中国革命的摇篮；右边是《送郎当红军》塑像，展现井冈山革命根据地的群众前赴后继奔赴战场，为革命抛头颅洒热血的场景。

纪念碑于1993年开始筹建，1997年建成并对外开放。

3.茨坪革命旧址、旧居群

茨坪革命旧址、旧居群坐落在井冈山茨坪城区中心的东山脚下，面临风景秀丽的挹翠湖。

1927年10月，毛泽东率领工农革命军来到茨坪。1928年7月至1929年1月，这里是井冈山革命根据地党、政、军重要机关的驻地。中共井冈山前委、中国红军第四军军部、中国红军第四军军械处、中国红军第四军军官教导队、新遂边陲特别区工农兵政府公卖处等先后设在这里。朱德、陈毅、彭德怀等人也曾在此办公和居住。

1929年1月，红四军主力撤离井冈山后，茨坪革命旧址被国民党反动派烧毁；1961年至1964年按原貌修复、开放。陈列开放的革命旧址共有7处：毛泽东同志旧居、中国红军第四军军部旧址、中国红军第四军军械处旧址、中国红军第四军军官教导队队部旧址、新遂边陲特别区工农兵政府公卖处旧址、中国共产党湘赣边界特别委员会旧址、中国共产党湘赣边界防务委员会旧址。

（1）毛泽东同志旧居（中国共产党井冈山前敌委员会旧址）

毛泽东同志旧居位于井冈山茨坪风景如画的挹翠湖岸边，是一栋坐东朝西、土木结构的民房。这里也是毛泽东与贺子珍在井冈山斗争时期共同生活和工作过的地方。1961年，该旧址被列为全国重点文物保护单位。

1927年10月27日，毛泽东率秋收起义部队上井冈山后，茨坪店上村村民李利昌家腾出这栋房屋的一半给秋收起义部队居住。从1927年10月到1929年1月，毛泽东常在这栋"干打垒"土房子中办公和居住。

在这里，毛泽东领导井冈山军民度过了艰难的岁月。当时，由于湘赣敌军对井冈山实行严密的经济封锁，红军的军需供给非常困难，物质生活十分艰苦，毛泽东与普通战士一样吃红米饭、喝南瓜汤度日。毛泽东白天军务十分繁忙，晚间还要办公，贺子珍也经常陪伴他抄写文稿、剪贴报纸到深夜。当时，部队对晚上点灯用油有一个规定：各级机关晚上办公时，只能用一盏

📍 毛泽东同志旧居（中国共产党井冈山前敌委员会旧址）

油灯，油灯上可以点三根灯芯；连部晚上值班，可以留一盏油灯，但只准点一根灯芯。按照这个规定，毛泽东当时是红四军党代表、红四军军委书记、中共湘赣边界特委书记和中共井冈山前委书记，晚上办公时用的油灯，完全可以点三根灯芯，但他为了节省用油，每天晚上办公都坚持只点一根灯芯照明。就在这样微弱的灯光下，毛泽东起草了《井冈山前委对中央的报告》（《井冈山的斗争》）这篇重要的著作。这篇著作从理论上全面系统地总结了创建井冈山革命根据地的经验，阐明了"工农武装割据"的光辉思想，指明了中国革命的前途。

毛泽东还在此屋的厅堂里多次召开党、政、军的各种重要会议，研究部署根据地建设的各项工作。1928年11月6日，毛泽东、杨开明和谭震林等人在此屋内主持召开了中共湘赣边界特委扩大会议。会议根据中共中央同年6月4日来信的指示精神，重新组织了井冈山革命根据地内党的最高指导机关——井冈山前敌委员会，毛泽东任书记。此后，前委机关也在此屋办公。

（2）中国红军第四军军部旧址

中国红军第四军军部旧址位于井冈山茨坪店上村。1961年，该旧址被列为全国重点文物保护单位。

1928年4月下旬，朱德、陈毅率领南昌起义保留下来的部分队伍和湘南起义农军，经过在湘、粤、赣三省边界的艰苦转战来到井冈山，同毛泽东领导的秋收起义队伍胜利会师，成立工农革命军第四军（后改称"工农红军第四军"），朱德任军长，毛泽东任党代表和军委书记，陈毅任士兵委员会（即军政治部）主任，王尔琢任军参谋长。

红四军军部曾先后设在原宁冈县的砻市和茅坪的洋桥湖。1928年夏天，红四军军部从洋桥湖迁来茨坪李神龙家办公。此后，军部领导便经常在这里召开军事会议，研究和部署作战计划，成为巩固和发展井冈山革命根据地的军事指挥中心。

朱德、陈毅主要负责军部的日常工作，他们常在军部居住。旧址中间的厅堂是军委召开干部会议的场所，右间是朱德的住房，左间是陈毅的住房。

📍 中国红军第四军军部旧址（朱德同志旧居）

住房内陈设简朴，唯一桌一床而已。桌上除批阅文稿的笔墨外，就只有晚间照明用的一盏只有一根灯芯的油灯，床上垫的是稻草，铺的是土布床单，盖的也只是一床旧的军用线毯。

在井冈山斗争的艰难岁月里，红军实行政治、军事、经济民主，官兵上下一致，穿衣、吃饭一律平等，没有任何人搞特殊。朱德、陈毅等同志艰苦奋斗、以身作则的模范行为，极大地鼓舞了红军战士的革命热情，使他们始终保持着旺盛的革命斗志，充满着革命的乐观主义精神。由于红军官兵一致，军民团结，克服了种种艰难困苦，终于粉碎了敌军对井冈山频繁的军事进攻和严密的经济封锁，从而取得了井冈山斗争的伟大胜利。

彭德怀、滕代远率领的红五军军部也曾设在此旧址内。在这里，彭德怀和滕代远夜以继日地指挥井冈山军民坚持井冈山斗争。

（3）中国红军第四军军械处旧址

中国红军第四军军械处旧址位于井冈山茨坪店上村。1961年，该旧址被列为全国重点文物保护单位。

📍 中国红军第四军军械处旧址

红四军成立初期，没有自己的兵工厂，主要靠战场上缴获敌军的武器来武装自己。在井冈山斗争初期，部队设立了修械所。1928年7月，修械所从井冈山的下庄村迁到店上村，并改称军械处。军械处有从军队和地方上调集的枪工30余名，设备简陋，主要负责修理全军的各种武器，以便及时供给红军在战场上使用。由于工人们的努力，军械处成立后不久，不仅能修理各种武器，制造梭镖、大刀和鸟铳，还能制造出单响枪和松树炮。工人们日夜不停地工作，将修理或制造出的武器，拿到后山上进行验枪试放，经过检验合格后，立即派人送往前方，有力地缓解了红军各部队的武器供应不足的问题。1928年8月，黄洋界保卫战中使用的那门迫击炮就是在这个军械处修理后抬上黄洋界参加战斗的。红军军械处的工人们还经常帮助当地农民兄弟修理镰刀、锄头等各种农具，得到农民们的称赞。军械处既有力地保障了前方作战，又支援了农业生产，密切了军民关系。

（4）中国红军第四军军官教导队队部旧址

中国红军第四军军官教导队旧址位于井冈山茨坪店上村，其前身为中国工农革命军第一军第一师第一团于1927年12月在原宁冈县砻市的龙江书院内创办的工农革命军军官教导队。1961年，该旧址被列为全国重点文物保护单位。

1928年，毛泽东、朱德两部在井冈山胜利会师后不久，原军官教导队改名为"中国红军第四军军官教导队"。1928年8月，军官教导队由茅坪迁至茨坪的店上村办公，梁军任队长，蔡会文任党代表，周子昆任副队长。同年冬，彭德怀率红五军上井冈山后，又在红四军军官教导队的基础上，创办了中国红军的第一所正式学校——井冈山红军学校，校址设在茨坪的黄竹坳，彭德怀任校长。

教导队的主要任务是负责培养训练红军的下级军官和地方赤卫队的指挥员。教导队的教学条件很差，老师用木炭条当粉笔；没有固定的教室，学员们经常露天上课；没有笔墨纸张，学员们就以树枝、炭条当笔，在地上、石

🔎 中国红军第四军军官教导队队部旧址

板上或沙盘上练习写字；没有集体宿舍，学员们就分散住在群众家里或在祠堂、庙宇中睡地铺。在这种艰苦的条件下，学员们一边认真刻苦地学习，一边参加生产劳动，开展农村调查，有时还随军作战。教导队的创办，为红军和地方培养了大批的军事、政治干部，为提高红军和地方指挥员的素质，巩固和发展井冈山革命根据地起了重要作用。

（5）新遂边陲特别区工农兵政府公卖处旧址

新遂边陲特别区工农兵政府公卖处旧址位于井冈山茨坪店上村。1961年，该旧址被列为全国重点文物保护单位。

在井冈山斗争的艰难岁月中，国民党反动派为了把中国革命扼杀在摇篮中，在对井冈山进行频繁的军事"进剿""会剿"的同时，还实行了严密的经济封锁，禁止各种日常生活用品运上井冈山。根据地内的食盐、布匹、药材等日用必需品严重缺乏，红军和人民群众的日常生活遇到了极大的困难。为了粉碎敌人的经济封锁，解决根据地军民们的生活困难，搞活红色区域内的经济，以毛泽东为书记的前委当时制定了"保护中小商人做买卖"等政策，

📍 新遂边陲特别区工农兵政府公卖处旧址

并决定取消一切苛捐杂税，实行买卖公平的原则，鼓励根据地内外的中小商人到井冈山做买卖。1928年7月以后，新遂边陲特别区工农兵政府决定在所辖的10个乡中分别设立一个乡公卖处，同时又在茨坪的店上村创办了这所特别区公卖处。

公卖处的货物来源包括从根据地内的圩场或群众家中收购的各种土特产品，中小商人从白区偷运上山的食盐、药材、布匹等必需品，红军打土豪时或在白军手里缴获的部分战利品，等等。这些物品集中在公卖处后，再平价出售给根据地军民使用。在当年物资极度匮乏的情况下，公卖处的设置为稳定市场物价，促进根据地内外的物资交流，搞活红色区域的经济，解决军民生活的困难，起到了重要的作用。

（6）中国共产党湘赣边界特别委员会旧址

中国共产党湘赣边界特别委员会旧址位于井冈山茨坪北山脚下。1961年，该旧址被列为全国重点文物保护单位。

在井冈山斗争时期，为了加强党对根据地建设的领导，使井冈山革命根据地内党、政、军和土地革命运动等各项工作得以全面巩固和发展，1928年

5月20日，毛泽东在宁冈茅坪主持召开了湘赣边界党的第一次代表大会。大会选举产生了以毛泽东为书记的湘赣边界党的第一届特委，并规定特委是井冈山革命根据地内地方党的最高领导机关。在特委的领导下，井冈山革命根据地的各项工作很快进入全盛时期。同年10月4日，毛泽东又在茅坪步云山主持召开了湘赣边界党的第二次代表大会。大会选举产生了以杨开明（后为谭震林）为书记、陈正人为副书记的湘赣边界党的第二届特委，通过了毛泽东起草的《政治问题和边界党的任务》（《中国的红色政权为什么能够存在？》）的决议。毛泽东在决议中总结了井冈山斗争的经验，阐述了中国的红色政权能够长期存在和发展的原因，提出了"工农武装割据"的光辉理论。

特委下设组织、宣传、军事委员会等部门，下辖宁冈、永新、莲花、遂川、酃县县委和茶陵特别区委。1928年秋，特委机关从茅坪迁至茨坪北山脚下的民房中办公，中厅为机关人员的办公室，左间是特委书记谭震林的卧室，右间是特委副书记陈正人的住房。1928年冬，为了提高广大党团员的思想理论水平，进一步坚定革命必胜的信心，特委在茨坪举办了党团政治训练班，分期分批组织根据地内的党团员到训练班学习《共产主义者须知》，学习马克思列宁主义理论和文化知识。通过特委的培养教育，共产党员和共青团员们坚定了革命的信念和斗争的决心，树立了无产阶级的世界观、人生观、价值观。1929年1月底，在第三次反"会剿"中，特委部分领导人被冲散。3月中旬，特委机关从茨坪先后迁入永新县的大湾村和永新县城办公。1930年2月，根据革命斗争形势发展的需要，中共湘赣边界特委同赣西、赣南两特委合并为赣西南特委，从而结束了湘赣边界特委的光荣使命。

4.井冈山革命先烈纪念塔、井冈山革命烈士墓

井冈山革命先烈纪念塔、井冈山革命烈士墓位于茨坪中心的一座小山包上，前后相依，形成纪念井冈山革命烈士的一个整体建筑。

（1）井冈山革命先烈纪念塔

为缅怀在井冈山斗争时期英勇牺牲的革命先烈，1950年，井冈山特别区

井冈山革命先烈纪念塔

人民政府在井冈山茨坪的东北边山冈上建造了一座纯木质结构的纪念塔，正面书有"井冈山革命先烈纪念塔"10个大字。1951年，木质塔被拆除改建成砖木结构的纪念塔，在塔顶立有一座泥塑红军战士雕像。1956年，井冈山特别区人民政府又将纪念塔的砖木结构改为钢筋混凝土结构，在塔顶重塑了一个钢筋混凝土结构、手持钢枪的红军战士雕像，塔顶的正面仍然是"井冈山革命先烈纪念塔"10个大字。

1972年，井冈山革命委员会组织人员拆除塔顶红军战士雕像，并将塔底扩建为5.5米×5.5米的正方形，塔高11米、宽4米，塔的四面均镶刻有"井冈山革命先烈纪念塔"10个大字。整座塔基占地面积103平方米，塔前与红军烈士墓相连。1986年，井冈山革命先烈纪念塔（含井冈山革命烈士墓）被列为全国重点革命纪念建筑保护单位。2018年，井冈山革命先烈纪念塔（含井冈山革命烈士墓）被列为第六批江西省文物保护单位。

（2）井冈山革命烈士墓

为缅怀在井冈山斗争中英勇牺牲的革命先烈，1952年，井冈山特别区人民政府在茨坪东山前面的山冈上修建了红军烈士墓，墓中安放着当年在茨坪牺牲的部分革命先烈的遗骨。1956年，井冈山特别区人民政府在井冈山革命先烈纪念塔前重建一座烈士墓，将原烈士墓中的烈士遗骨和在小井红军医院遇难的红军伤病员的部分遗骨一起安放在此墓中。烈士墓正面镶刻"革命烈士之墓"，两侧书有"人民英雄　永垂不朽"8个大字。

二、黄洋界景区

（一）黄洋界保卫战概述

1928年8月，因红四军主力在湘南遭遇失败，毛泽东率领部分红军去桂东迎回红四军主力，井冈山只留下少量兵力。8月30日上午，湘赣两省敌军乘红军主力未归之际，对井冈山革命根据地发动第二次"会剿"，向黄洋界阵地发起猛烈进攻。守卫黄洋界的红三十一团第一营一部在团长朱云卿、党代表何挺颖、营长陈毅安的率领下，借助赤卫队和群众的力量，凭据险要地形与敌军展开激战。当时由于缺少枪支弹药，每个战士只有三五发子弹，为了节省子弹，在敌军距离远时战士们不开枪，到有效射程内再突然开火。就这样，红军从早晨打到下午，击退了敌军的多次猛烈攻击。下午4时左右，正当敌军重新组织进攻时，红军把从南昌起义后带到井冈山仅有的一门刚修复的迫击炮抬来，向敌军发射了三发炮弹，唯一打响的一发正落在敌军指挥阵地

📍 气象万千的黄洋界

上。敌军听到炮声，误以为红军主力部队回到了井冈山，惧怕被歼，不敢再战，利用傍晚云雾弥漫的机会，撤回鄜县。赣敌军闻讯后，亦停止策应湘敌军的行动。这次战斗共打死打伤敌军200多人。黄洋界保卫战胜利保卫了井冈山战略基地，为恢复根据地创造了条件。

毛泽东闻讯取得了黄洋界保卫战的辉煌胜利后，欣然写下《西江月·井冈山》词一首：

山下旌旗在望，山头鼓角相闻。敌军围困万千重，我自岿然不动。

早已森严壁垒，更加众志成城。黄洋界上炮声隆，报道敌军宵遁。

这首词讴歌了井冈山军民不畏强敌、团结战斗，取得了粉碎湘赣两省敌军第二次"会剿"井冈山战斗的伟大胜利。

在井冈山斗争的第三次反"会剿"中，黄洋界也是主要战场之一。

（二）景点基本情况介绍

黄洋界景区位于井冈山茨坪中心景区西北面17千米处。黄洋界海拔1343米，这里群山巍巍，形势险要，气象万千，时常弥漫着茫茫云雾，好像一望无垠的汪洋大海，故又名"汪洋界""望洋冈"，是井冈山的险要哨口之一。1928年8月30日，著名的黄洋界保卫战就发生在这里。这里至今保留着当年的哨口工事、红军营房以及毛泽东、朱德和红军战士从宁冈挑粮走过的小道及路边的荷树。

1.中国红军第四军黄洋界哨口遗址

中国红军第四军黄洋界哨口遗址坐落在茨坪西北面，位于原宁冈县、遂川县和湖南炎陵县三县边界的接合部，是茅坪通往井冈山的要隘。黄洋界上有三条狭小崎岖、盘山而上的山间小路在此连结：一条北经茅坪村，与江西省的永新县相连；一条西连大陇村，可抵湖南省的炎陵县；另一条则南接井冈山上的大小五井村，直达当年主力红军的井冈山军事根据地中心——茨坪。

1928年四五月间,红军利用黄洋界的天然地势,在黄洋界三条小路的联结点上建立了三个防御工事:右边一个工事用以控制通往茅坪的小路,阻击从江西永新方向来进犯井冈山的敌军;左边一个工事可控制通往宁冈大陇的小路,阻击从湖南酃县方向来犯的敌人;这两个工事的后山山顶上设立一个哨所,用以监视山下敌军的动静,以掩护前面两个工事。三个工事互为犄角之势,作战时可以互相呼应。这便是井冈山红军的五大哨口之一——黄洋界哨口。

随着井冈山革命根据地不断发展,革命斗争逐步深入,湘赣两省敌军频繁地向井冈山发起军事进攻。为有效阻击敌军的进犯,井冈山军民自1928年夏季开始,在黄洋界哨口左、右两个工事的前沿,各设了五道防线:第一道为竹钉阵。在通往大陇方向长达1.5千米的小路两旁的草丛里插了竹钉,通往茅坪方向长达2千米的小路两旁的草丛里插了竹钉。竹钉是将竹子削好后在锅里炒干,再放在尿里浸泡制作而成的,既坚硬又有毒,一端插在泥土里,一

📍 黄洋界红军哨口工事遗址

端露在地上。因为它体积小，不易被人发现，敌人一脚踩上，既会穿破鞋底，又会刺破脚板，不仅流血不止，疼痛难忍，而且伤口会化脓溃烂，不易治愈。第二道是壕沟。军民们在工事前沿的半山腰中拦山挖断，筑成深5尺、宽4尺左右的壕沟，以延缓敌军进攻的时间。第三道是竹篱笆围栏。第四道是滚石檑木。军民们仿照古人的战法，将大树锯成四五尺长一段，堆放在工事前沿的悬崖处，树段两端用棕绳拴住，再垒上一大堆石块，敌军进攻时，将两端棕绳砍断，木头、石头一齐朝山下翻滚下去，轰隆隆一阵巨响，势不可挡，大家又称其为"仙女散花"。第五道是用木头、石头及泥土垒筑而成的射击掩体，既有单个地堡式的，也有几个掩体连接起来的串通式的，这是红军哨口的最后一道防线。黄洋界哨口是当年保卫井冈山革命根据地党、政、军高级指挥机关的一座天然屏障。

1961年，该遗址被列为全国重点文物保护单位。

2.中国红军第四军黄洋界哨口营房旧址

中国红军第四军黄洋界哨口营房旧址位于黄洋界哨口的三个工事之间，原为一家客栈。

1928年9月，红四军军委决定在原客栈的基础上建造红军营房。毛泽东、朱德等同志多次到施工现场视察，并与建造营房的工人亲切交谈，勉励他们尽快把营房建好。同年10月，营房竣工。该营房占地面积为268平方米，双层土木结构，杉树皮屋面。红四军平时有一个排的战士驻扎在营房内，大家睡地铺盖稻草，吃红米饭，喝南瓜汤，日夜守卫井冈山革命根据地的北大门——黄洋界。1928年冬，在全山军民挑粮运动中，毛泽东、朱德和红军战士挑粮上山途中，都要在营房里休息一会，然后继续将粮食挑往井冈山上的茨坪和大小五井储藏起来。黄洋界保卫战中，营房是指挥中心。井冈山第三次反"会剿"失败后，营房被国民党反动派烧毁。

1963年，营房旧址按原貌修复。此后，井冈山革命博物馆在营房的中厅还增设了《黄洋界哨口工事专题展览》，介绍黄洋界保卫战史迹，同时还展出

📍 中国红军第四军黄洋界哨口营房旧址

了党和国家领导人参观黄洋界的照片。1961年，该旧址被列为全国重点文物保护单位。

3.黄洋界保卫战胜利纪念碑

黄洋界保卫战胜利纪念碑位于黄洋界哨口工事的山顶。

1928年8月，国民党反动派乘毛泽东率部前往湘南迎回红军大队，井冈山守山兵力空虚之际，集中4个团的兵力向黄洋界进犯，妄图乘虚而入一举攻下黄洋界。当时守卫在黄洋界哨口的红军不足1个营，可守山军民毫不畏惧，凭险抵抗，用极有限的武器和滚石檑木等顽强地打退了国民党反动派的一次次进攻，取得了著名的黄洋界保卫战的伟大胜利。

为了纪念这一胜利，1960年，井冈山人民在黄洋界建造了一座木质结构、5米高的黄洋界保卫战胜利纪念碑。1962年和1965年，朱德、毛泽东重上井冈山时，分别在此纪念碑前照相留念。

1965年冬，井冈山管理局在木质碑的原址上重新修建了一座12米高的钢

📍 改建的黄洋界保卫战胜利纪念碑

筋混凝土结构的纪念碑，碑基就在现主碑的位置上。1969年"文化大革命"期间，这座碑被炸毁，在原址上新建了一座呈五角形的"火炬亭"。

1977年，经江西省人民政府批准，"火炬亭"被拆除，依然在原碑基址上恢复纪念碑的造型。现在的主碑坐西朝东，高12米，底座长4米、宽2.8米，正面镶刻有朱德"黄洋界保卫战胜利纪念碑"的亲笔题字，背面是毛泽东的手迹"星星之火，可以燎原"。1997年改建主碑的同时，增建了一座高7米，底长11米、宽2.6米的横碑，横碑的正面镶刻着毛泽东手书《西江月·井冈山》诗词，背面为朱德手书"黄洋界"3个烫金大字。

4.红军挑粮歇息处遗址

红军挑粮歇息处遗址位于黄洋界红军挑粮小道上的一棵荷树下。黄洋界上原有的小路叫五里横排，从这棵荷树下经过。1928年冬，毛泽东、朱德和井冈山军民挑粮上山时，常在这棵树下歇脚。1961年，该遗址被列为全国重点文物保护单位。1965年6月30日，郭沫若来到荷树下参观，感慨地吟写了

"小径挑粮领袖忙，五里横排遗檞（荷）树"的诗句。

1928年，井冈山上除正规红军部队外，另有党、政、军等后勤机关的工作人员和800多名伤病员，每天需要大量的粮食，但山上"人口不满两千，产谷不满万担，军粮全靠宁冈、永新、遂川三县输送"。黄洋界崇山峻岭，都是羊肠小道，交通十分不便。从山下运粮上山，是一件十分艰苦的事。那个时候，军民们早上下山挑粮，晚上回来，每天往返于山上山下，挑的挑，背的背，仅一个多月，井冈山上就储备了30多万斤粮食。

毛泽东虽然军务繁忙，但他也坚持和军民们一起挑粮。有一天，毛泽东和战士们从宁冈挑粮登上黄洋界后，在这棵树下歇脚时，他问身边的战士："你们说，站在这里可以看到哪里呀？"战士们有的说："站在这里可以看到江西。"有的说："还可以看到湖南。"毛泽东接着大家的话说："对，我们革命者就是要站得高、看得远，站在这井冈山，不仅要看到江西和湖南，还要看到全中国、全世界。"他的话，鼓舞了军民们坚持斗争的信心。

📍 邓澍、侯一民：《毛泽东和朱德在挑粮食路上》

"朱德挑粮上坳，粮食绝对可靠。军民同心协力，粉碎敌人'会剿'。"当时年已40多岁的朱德军长身负重任，但还是和军民们一起挑粮。红军战士为了让他得到休息，两次拿走他的扁担，朱德便请军需处的同志为他削了第三根扁担，并在上面写了"朱德扁担，不准乱拿"八个字。从此，"朱德的扁担"这个故事被人们广为传颂。

三、毛泽东和朱德、陈毅同志在大井的旧居

大井是井冈山大小五井一带最大的一个村庄，位于井冈山的腹地，距茨坪7千米，四周青山环绕，一派高山田园风光。井冈山斗争时期，大井是毛泽东、朱德等领导人和红军开展革命活动的重要场所之一。

1.大井毛泽东同志旧居

大井毛泽东同志旧居坐落在茨坪城区东山脚下的大井村中央。1961年，该旧址被列为全国重点文物保护单位。

1927年10月24日，毛泽东率领秋收起义部队艰苦转战来到大井村时，驻扎在大井新屋下"邹屋"中的王佐主动腾出农民自卫军的兵营——一幢被称为"白屋"的白墙青瓦房屋，给毛泽东和工农革命军居住。毛泽东居住在房子东边厢房内。其间，毛泽东赠送70条好枪给王佐发展武装，王佐也当即回赠500担谷子给工农革命军做军需给养。在大井，毛泽东亲自做王佐及其部队的团结、教育工作，不久，又派何长工等同志帮王佐部队先后在大井、上井等地开展政治、军事训练。1928年2月，王佐部队与宁冈袁文才的队伍一起升编为中国工农革命军第一军第一师第二团，袁文才任团长兼一营营长，王佐任副团长兼二营营长。

同在这幢房子里住过的红军指挥员还有宛希先、何长工、曹镶等同志。这幢房还曾被作为红军医院的医疗所。1928年12月中旬，彭德怀、滕代远率红五军主力上井冈山来到大井后，在此屋的西厢居住。当时正值隆冬时节，天寒地冻，红军指战员们晚上睡觉垫的稻草已经不多，彭德怀就亲自带领战

大井毛泽东同志旧居

士们到八面山去割茅草，并一捆捆地背回大井摊铺睡觉。他还风趣地和战士们说："用井冈山上的茅草摊铺，睡觉也特别的香呢！"在艰难困苦的时刻，彭德怀依然充满着革命的乐观主义精神。

1929年1月底，国民党反动派向井冈山革命根据地发动了第三次"会剿"，他们窜进大井村后烧杀抢掠，无恶不作，烧毁了村里的大部分房屋。毛泽东的这幢住房也被烧毁，仅存一堵残墙和屋前毛泽东平时读书、看报、批阅文件时坐过的大石头，以及屋后毛泽东常在树下观看红军练兵的红豆杉、柞树这两棵树。1960年，井冈山人民按原貌修复大井毛泽东同志旧居时，将保存下来的残墙镶嵌在新墙中以作历史的见证。大井人民还经常对屋后两棵树精心施肥培植，取名为"常青树"，对毛泽东坐过的那块石头也加以保护，命名为"读书石"。

2.大井朱德和陈毅同志旧居

大井朱德和陈毅同志旧居与大井毛泽东同志旧居仅隔10余米。2006年，该旧址被列为全国重点文物保护单位。

1928年5月以后，中国工农革命军第四军（6月改称"中国工农红军第四军"）军部由宁冈茅坪迁到井冈山后，就设在大井村邹安仁家的一幢"干打垒"的祖屋里。军长朱德、士兵委员会主任（军政治部主任）陈毅便在这幢房子里工作和居住。他们和毛泽东一起，在这里部署井冈山革命根据地的各项工作和军事斗争。朱德还经常从大井出发攀登八面山、双马石哨口，亲临前线

📍 大井朱德和陈毅同志旧居

检查、布置防备工作，勉励守卫哨口工事的红军指战员要提高警惕，严防敌军偷袭根据地。

1928年8月底，当湘赣两省敌军乘红四军主力远在湘南，毛泽东率领部分红军去桂东迎回红四军主力之际，企图从黄洋界方向进攻井冈山革命根据地时，红三十一团团长朱云卿、团党代表何挺颖根据特委紧急会议的精神，在大井的此屋中厅主持召开了连以上干部军事会议，并部署了黄洋界保卫战的作战方案。

第三次反"会剿"失败后，大井朱德和陈毅同志旧居被烧毁。1984年，井冈山人民按原貌重新修建大井朱德和陈毅同志旧居。

四、井冈山红军造币厂旧址

井冈山红军造币厂坐落在上井村，是中国共产党领导创办的最早的造币厂。它铸造的"工"字银元，是红色政权发行在革命根据地内流通的第一批金属货币。旧址是一所土坯房，灰色尖瓦顶，一色黄墙壁，传统三进的客家

式建筑。1998年12月，人民政府在原址上按原貌修复红军造币厂。大门上方的"红军造币厂"红匾，是参加过井冈山斗争的老红军萧克将军题写的。

20世纪20年代初广东龙川籍银匠出身的谢官龙，同本族兄弟谢荣光、谢荣珍、谢路苟等数人因生活所迫，在井冈山湘州的上东坑村办起了一个"对花厂"（造币厂），以造"花边"（银元）为业，当地称之为"谢氏花边厂"。

1928年4月下旬，朱毛红军在井冈山胜利会师，5月初正式宣布成立中国工农革命军第四军。红军部队的不断壮大引起了国民党反动派的极大恐慌，湘赣两省敌军对井冈山革命根据地实行频繁的军事"会剿"和严密的经济封锁。为粉碎敌人的经济封锁，解决红军的部分军费来源问题，从经济上巩固和发展井冈山革命根据地，5月，在王佐的建议和推荐下，红军军部用军民们打土豪和在战场上缴获的大量首饰和银器具等，运用"谢氏花边厂"的铸造技术，请谢火龙、谢官龙兄弟为师傅，借用井冈山上井村农民邹甲贵的民房，因陋就简，创办了井冈山红军造币厂，造币厂由湘赣边界防务委员会主任王佐负责。红军造币厂沿用"墨西哥鹰洋"版铸造了首批银元，并在每块银元上凿上"工"字印记，标志湘赣边界工农兵政府自己发行流通的金属铸币，称为"工"字银元。

1929年1月底，湘赣两省敌军调集18个团的兵力，对井冈山发动第三次"会剿"，提出"石头要过刀，茅草要过火，人要换种"的烧杀口号，在井冈山上大肆烧杀抢掠。结果，井冈山红军造币厂厂房被敌全部烧毁，造币设备遭敌破坏，人员被冲散。1931年10月，湘赣省党的第一次代表大会决定在红军造币厂基础上承印纸币和

📍 井冈山红军造币厂旧址

股票。

从1928年5月建立到1929年1月被毁，井冈山红军造币厂仅存9个月，但它的建立和"工"字银元的发行流通，开创了共产党领导造币事业的先河，帮助井冈山革命根据地军民度过了艰难的岁月，也为后来的湘赣革命根据地造币厂和中央苏区造币厂的建立积累了经验、奠定了基础，在中国革命政权的货币发展史上有着重要的历史地位。

1998年12月，井冈山人民在原址上按原貌修复红军造币厂时，还挖掘到当年造币时使用过的工具、原料以及银元等大量原物，这些是研究红军造币厂的珍贵资料。2018年，该旧址被列为江西省文物保护单位。

五、小井中国红军第四军医院旧址

小井中国红军第四军医院（以下简称"小井红军医院"）旧址位于茨坪西北面约6千米处，由原来的茅坪、大井两个医务所扩建而成，最初取名为"红光医院"，是我军第一所正规医院。1929年1月，因井冈山失守，小井红军医

中国红军第四军医院旧址

院被国民党反动派烧毁。1967年，井冈山人民按历史原貌修复小井红军医院旧址。2006年，该旧址被列为全国重点文物保护单位。

1927年10月，毛泽东率工农革命军向井冈山进军途中，在宁冈茅坪设立了一所简易的后方医院。1928年5月，毛泽东、朱德两支部队在井冈山胜利会师后，在大小五井建立了后方医院。医院分4个管理组：第一、第二组设在大井村，第三组设在中井村，第四组设在小井村，院部设在中井村。曹鑅任院长，肖光球任党代表，曾志任党总支书记，段致忠任医务室主任。为了改善红军伤病员的医疗条件，1928年10月，湘赣边界党的第二次代表大会决定"建设较好的红军医院"。红军官兵们纷纷将平时发的伙食尾子捐献出来，军民们自己动手，就地取材，投入红军医院的建设中。1928年冬，杉木皮盖的屋面、全木质结构、上下两层共32间的红军医院住院部在小井建成，取名"红光医院"。

由于敌军对井冈山实行严密的经济封锁，造成医院的医疗条件极差，医务人员和伤员们一起艰苦奋斗、自力更生、因陋就简，克服了许许多多的困难，治好了一批批伤病员。西药奇缺，医务人员就上山采挖金银花、鱼腥草、散血丹等草药煎熬给伤病员服用；缺少医疗器具，医务人员就地取材，用木头、竹子等制作成镊子、消毒盆、探针等器具；没有药棉，就用洗干净的土布替代，一条纱布绷带用了洗、洗了又用，有时用上几十遍，直至不能再用为止；没有手术刀，医生就用盐水泡过的剃头刀、梭镖甚至切菜刀当手术刀，用木锯子当作骨锯给伤员做手术。在最困难的时候，一点消炎的药水都没有了，就用食盐水，甚至用石灰水给伤员消炎。

红军师长张子清在一次战斗中，大腿负了重伤，住在小井医院期间，医务人员每天给他一小包食盐洗伤口，可张子清每天只是用茶水洗一洗伤口，而把一包包盐都藏起来。1928年年底，根据地食盐已完全断绝，当伤员们没有一点食盐用的时候，张子清把所藏的那一包包食盐都捐给那些急需食盐洗伤口的重伤员使用，而他自己的伤口却因没有很好消炎而感染溃烂，最后献

◎ 中国红军第四军医院旧址

出了他宝贵的生命。张子清献盐的动人事迹，至今还在井冈山人民中传颂。

　　1928年10月以后，红军作战十分频繁，红军的伤病员有时达五六百人，最多的时候达800人。医院住不下了，很多伤病员被安置在当地的群众家中医治。伤病员的生活极为艰苦，每人每天只有一角钱的油盐柴菜钱，天天吃红米饭、喝南瓜汤。尽管如此，他们在治疗期间依然坚持开会学习，关心前方的战斗形势。一些轻伤员每天坚持为红军哨口削制竹钉。他们在医院里还开展各种文娱活动，用竹子自制笛子、胡琴等，自编自演文艺节目，体现了革命的乐观主义精神。毛泽东、朱德等同志也十分关心伤病员的生活，经常带着缴获来的战利品去看望他们，表示对伤病员的亲切关怀。

六、茅坪景区

　　茅坪景区位于茨坪西南32千米处，是人文景观和自然景观相结合的景区，以人文景观为主，包括中共前敌委员会和中共湘赣边界特别委员会旧址、红军医院旧址、中共湘赣边界党的第一次代表大会会址、茅坪八角楼、红四军

士兵委员会旧址（含陈毅旧居）、湘赣边界工农兵政府旧址和茅坪红军烈士墓等。

1.中共前敌委员会和中共湘赣边界特别委员会旧址

中共前敌委员会和中共湘赣边界特别委员会旧址位于井冈山茅坪攀龙书院。1961年，该旧址被列为全国重点文物保护单位。

井冈山斗争初期，中共前敌委员会和中共湘赣边界特别委员会的办公地点设在茅坪攀龙书院。前委是在秋收起义时，由中共湖南省委任命成立的，是湘赣边界党的最高领导机关。毛泽东担任书记，统辖湘赣边界特委和红四军军委，下设秘书处、宣传科、组织科、职工运动委员会、军事委员会等机构。特委是边界地方党组织的领导机关，毛泽东和谭震林等人分别担任过书记。特委下辖宁冈、永新、遂川、莲花、酃县五县县委和茶陵特别区委。以毛泽东为领导的前委、特委和军委曾多次写信或派人向上级报告井冈山的工作，加强与中央和湘赣两省的联系，中央和江西、湖南两省省委也多次来信或派人来指导边界的工作。但是，由于受"左"倾盲动主义错误思想的影响，1928年3月，前委取消，使边界一度遭到损失，造成"三月失败"。4月，毛泽东、朱德两部胜利会师后，开始边界的割据。5月20日，边界特委成立，负责领导边界各项工作。6月4日，党中央来信，指示边界有重新成立前委的必要。11月6日，特委在井冈山茨坪召开扩大会议，又重新组建了中共红四军前委，毛泽东、朱德、谭震林、毛科文、宋乔生为委员，毛泽东为书记。

2.红军医院旧址

红军医院旧址位于茅坪攀龙书院。1961年，该旧址被列为全国重点文物保护单位。

1927年10月7日，毛泽东率工农革命军进驻茅坪。在袁文才的帮助下，根据地的第一所后方医院在攀龙书院建立，由曹镲任院长，初期只有3名医生，加上看护和担架人员共20多人，并设立了医疗室和药房。当年医院的设备、药材十分简陋和缺乏，连常用的红药水、碘酒、药棉都很少。为此，医务人员自己动手，艰苦办院，使伤病员得到及时治疗。医务人员发动群众，就地取材，用竹木制作器械，到山上采挖草药配制中药；收集民间药方，用青苔草治疟疾、老茶叶水消毒、车前草吸脓等，用土办法克服困难。毛泽东、朱德等领导同志经常到医院看望伤病员，并把群众送的慰问品，如鸡蛋、红糖等转送给伤病员吃。当地群众还组织洗衣队、慰劳队、采茶戏班子到医院进行慰问，帮伤员洗伤口、洗衣服和被褥等，给伤病员端茶喂饭。在医务人员和当地群众的共同努力下，多数伤病员得到了及时治疗。同时，医院还免费给群众看病，并对俘虏过来的敌军伤病员也进行医治。这所医院的开办，对保证红军战斗力和巩固根据地起了很大的作用。

3.中共湘赣边界党的第一次代表大会会址——谢氏慎公祠

中共湘赣边界党的第一次代表大会会址在茅坪的谢氏慎公祠。1961年，该会址被列为全国重点文物保护单位。

1928年5月，井冈山革命斗争进入大发展时期，为加强边界党的统一领导，经中共江西、湖南两省省委同意，5月20日，中共湘赣边界党的第一次代表大会在茅坪谢氏慎公祠召开。出席会议的有宁冈、永新、莲花、遂川、

中共湘赣边界党的第一次代表大会会址——谢氏慎公祠

酃县五县县委和茶陵特别区委，以及军队党组织的代表共60余人，会期3天。大会总结了半年来井冈山斗争的经验。此前，由于"左"倾错误的干扰，造成了"三月失败"，导致边界被敌人占领一个多月。根据地内少数同志对革命前途悲观失望，提出了"红旗到底打得多久"的疑问，这是关系到中国红军和根据地能否存在和发展的根本问题，如果不答复，革命就不能前进一步。在会上，毛泽东分析了中国革命的形势，深刻阐明了中国革命的性质和特点，批判了某些右倾悲观论调，初步回答了"红旗到底打得多久"的疑问。

会议还制定了一系列根据地建设的政策：坚决地和敌人作斗争，创建罗霄山脉中段政权，反对逃跑主义；深入割据地区的土地革命；军队的党帮助地方党的发展，军队的武装帮助地方武装的发展；对统治势力比较强大的湖南取守势，对统治势力比较薄弱的江西取攻势；用大力经营永新，创造群众的割据，布置长期斗争；集中红军把握机会迎击当前之敌，反对分兵，避免被敌人各个击破；割据地区的扩大采取波浪式的推进政策，反对冒进政策。这些政策不仅适应当时的对敌斗争，也是工农武装割据思想的最初体现。

会议选举产生了湘赣边界党的第一届特委，选举毛泽东、朱德、陈毅、刘寅生、宛希先、谭震林等人为特委委员，毛泽东任特委书记。大会开过之后，边界各县掀起了轰轰烈烈的以打土豪分田地为主要内容的土地革命运动。

4.八角楼毛泽东同志旧居

八角楼是茅坪谢氏慎公祠后面的一栋带天井的院落，土砖结构，上下两层，原系中医谢池香的住宅。这栋楼房因楼上装饰有一个八角形的天窗，故称"八角楼"。工农革命军在毛泽东的率领下，于1927年10月7日从古城出发到达茅坪，并在此设立了留守处和后方医院。毛泽东、朱德、陈毅等重要红军领导都曾在八角楼居住。这里也曾是红四军的指挥中心，多次召开过关于革命前途和军队建设的重要会议。

八角楼的灯光，是毛泽东在井冈山斗争中创立红色理论的象征。毛泽东根据中国的国情，将马克思列宁主义与中国的实际相结合，把革命的重心从

◉ 茅坪八角楼

城市转到农村，在井冈山创建了第一个农村革命根据地。但是，在半殖民地半封建的中国，怎样用武力推翻反动统治，建立人民民主政权的问题，就全党来说没有解决。加之井冈山革命根据地建立之后，由于"左"倾盲动主义思想的影响和干扰，根据地先后遭到了"三月失败"和"八月失败"。同时，敌人频繁的军事"进剿"和严密的经济封锁，给根据地造成了极大的困难。因此，有些同志提出了"红旗到底打得多久"的疑问。为了从理论上阐明中国革命发展的规律，排除"左"倾、右倾思想的干扰，引导党和人民朝着胜利的道路前进，毛泽东深入调查研究，在八角楼内一盏昏暗的油灯下，撰写出了《中国的红色政权为什么能够存在？》《井冈山的斗争》这两篇光辉著作。

八角楼毛泽东同志旧居是井冈山革命根据地内极少数没有被国民党反动派烧毁的革命遗址之一，非常珍贵。墙上还保存有当年红军战士写的几条标语，室内的床架子、桌子、砚台、油灯、茶几、高背椅等都是毛泽东和贺子珍当年在这里居住时用过的。1961年，茅坪八角楼被列为全国重点文物保护单位。

5.八角楼朱德同志旧居

井冈山斗争时期，朱德也常在八角楼居住和办公，与毛泽东一起领导和指挥井冈山的伟大斗争。他们经常在一起商讨创建和巩固井冈山革命根据地的根本大计，研究部署作战方案，制定方针和政策，并指导红军深入地方开展土地革命运动。朱德深入前线，同毛泽东一道指挥了七溪岭、五斗江、坳头垅和睦村等战斗，领导边界军民粉碎了国民党反动派的军事进攻。朱德卓越的军事才能和在战场上的沉着勇敢使敌人闻风丧胆，在井冈山军民中享有崇高的威望。

6.红四军士兵委员会旧址（含陈毅旧居）

红四军士兵委员会旧址与陈毅同志旧居和八角楼连为一体，为砖木结构瓦房。井冈山会师后，红四军成立，陈毅来到茅坪就在八角楼居住和办公。1961年，该旧址被列为全国重点文物保护单位。

三湾改编时，工农革命军曾在连队中成立士兵委员会。1928年4月底，工农革命军第四军党的第一次代表大会决定取消军队政治部，成立士兵委员

📍红四军士兵委员会旧址（含陈毅旧居）

会。1928年5月，红四军在砻市（今龙市）成立后，红四军士兵委员会设在茅坪谢氏慎公祠南侧村民谢时慎的住房内，主任陈毅就常在此居住和办公。陈毅曾在此接待来访士兵，处理士兵委员会的日常工作。他还经常向毛泽东和朱德汇报工作，并协助他们指挥湘赣边界工农武装割据的伟大斗争。

士兵委员会既是红军中的民主组织，又是群众中的监察机关。该组织由广大官兵民主推荐5至7名代表组成士兵委员会的执行委员，主要任务是参加军队民主管理，维护军队纪律，监督军队经济，做群众工作和新兵的政治教育工作。士兵委员会的建立对在军队内实行民主主义，破除封建雇佣军队的管理制度和军阀作风，提高广大干部战士的革命积极性起到了重要的作用。

7.湘赣边界工农兵政府旧址

湘赣边界工农兵政府旧址坐落在茅坪苍边村。1961年，该旧址被列为全国重点文物保护单位。

随着井冈山革命根据地形势的发展，边界各县的红色政权相继建立。为

湘赣边界工农兵政府旧址

加强领导，1928年5月下旬，湘赣边界工农兵政府成立，为边界各县的最高政权机关，下辖宁冈、永新、莲花、遂川、酃县、茶陵等6个县工农兵政府。政府领导人员由湘赣边界工农兵代表大会选举产生。成立之初，袁文才被推选为主席。边界政府下设土地部（谭震林负责）、军事部（张子清负责）、财政部（余贲民、李筱甫负责）、司法部（邓允庭负责）、工农运动委员会（宋乔生、毛科文负责）、青年部（肖子南、刘真负责）、妇女部（吴仲莲、彭儒负责）。

边界政府不仅认真贯彻执行边界党制定的方针政策，发展和组织广大群众开展武装斗争，动员组织群众参军参战，保卫各级红色政权，还领导广大农民分配土地，大力发展农业生产，巩固土地革命成果。同时，边界政府筹集大量物资支援红军，为井冈山革命根据地的建设和发展作了很大贡献。

七、龙市景区

龙市景区位于井冈山黄洋界西南面，距茨坪50千米，是著名的朱毛会师、红四军成立、工农革命军第四军第一次党代会召开、工农革命军军官教导队成立的所在地，有闻名中外的龙江书院、红四军建军广场旧址、井冈山会师纪念碑、井冈山会师纪念馆、古城会议旧址等人文景观。

（一）毛泽东与朱德在龙江书院胜利会师概述

井冈山会师是指1928年4月下旬，朱德、陈毅率领南昌起义保存下来的部队和湘南起义的农军，在江西宁冈县砻市（今龙市）与毛泽东率领的秋收起义部队胜利会师。这是中国人民解放军建军史上的重要历史事件。朱德曾为此赋诗道："红军荟萃井冈山，主力形成在此间。领导有方在百炼，人民专政靠兵权。"

1927年10月，毛泽东率领湘赣边界秋收起义的工农革命军上了井冈山，创建了以井冈山为中心的井冈山革命根据地。1928年1月，朱德、陈毅率领南昌起义保存下来的军队余部800余人，从粤北来到湘南宜章地区。在中共湘

油画：《井冈山会师》（何孔德绘）

南特委和当地农军的领导和配合下，他们发动了湘南武装起义。接着，南昌起义军余部改编为工农革命军第一师，朱德任师长，陈毅任党代表。3月底，敌军约7个师的兵力，分南北两路向湘南地区进攻。为保存革命力量，避免在不利条件下同敌军决战，朱德作出退出湘南、上井冈山的重要决策。除留一部分武装继续坚持斗争外，朱德、陈毅率南昌起义军余部和湘南农军分两路从耒阳、郴州向湘赣边界的井冈山转移。在毛泽覃带领的特务连接应下，部队于4月中旬到达井冈山下的宁冈砻市。4月下旬，毛泽东率领部队返回砻市，立刻到龙江书院去见朱德，这就是有名的井冈山会师。毛泽东与朱德的这次历史性会见，是我党我军历史上光辉的一页。

　　井冈山会师，使由中国共产党领导的两支具有北伐战争传统和战斗力很强的部队聚集到一起，壮大了井冈山的革命武装力量，对巩固扩大全国第一

个农村革命根据地，推动全国革命事业的发展具有重大意义。

（二）景点基本情况介绍

1.龙江书院

龙江书院位于井冈山市龙市镇，始建于1840年，由当时宁冈、酃县、茶陵三县的客籍绅民捐款集资修建，当年也是三县客籍人的最高学府。整座书院分前、中、后三进，面积2000余平方米，大大小小的房间有100多间，现存42间，系砖木结构。1961年，该书院被列为全国重点文物保护单位。

1928年4月底，朱德、陈毅等同志率领的南昌起义保存下来的部队和湘南起义的农军来到砻市，与毛泽东领导的秋收起义部队胜利会师。会师后，毛泽东和朱德、陈毅、王尔琢、袁文才、何长工等人一道登上书院的最高层文星阁进行交谈。毛泽东向大家介绍了井冈山革命根据地的主要情况，朱德

⦿ 龙江书院

谈了湘南起义和部队转移上山的经过。在亲切的气氛中，大家商谈了两军会师后的有关事项，并决定于5月4日召开军民庆祝大会。

2.中国红军第四军建军广场旧址

中国红军第四军建军广场旧址位于龙市镇龙江河畔。1961年，该旧址被列为全国重点文物保护单位，并在原来的位置上修复了会台，以纪念红四军的诞生。

1928年5月4日，井冈山革命根据地2万多军民在这里隆重集会，庆祝朱毛两军会师。陈毅主持大会，何长工担任司仪。陈毅宣布成立工农革命军第四军（后改称"工农红军第四军"），毛泽东任党代表和军委书记，朱德任军长，陈毅任士兵委员会主任，王尔琢任参谋长。全军下设3个师（十师、十一师、十二师）9个团（第二十八团至第三十六团），其中第二十八、第二十九、第三十一、第三十二团为主力团，分别由王尔琢、胡少海、张子清、袁文才担任团长。这四个主力团由南昌起义保留下来的部分部队、宜章农军第三师、秋收起义部队和改编的地方武装袁文才、王佐的部队组成。

中国红军第四军建军广场旧址

毛泽东和朱德等人分别在会上讲话。毛泽东在讲话中阐述了两军会师的伟大意义，指明了红军的光明前途。同时，毛泽东还在会上重申了红军的"三大任务"和"三项纪律、六项注意"，要求部队正确处理好军队工作和政权建设、军队和老百姓的关系。

井冈山会师和红四军的成立，壮大了革命的武装力量，形成了夺取中国革命胜利的主力部队，对于发展井冈山的斗争、促进全国革命高潮的到来起了巨大的作用，在中国革命和人民军队的建设史上具有重要的意义。

当年，这里是一块沙洲，开会的会台是用禾桶、木头、门板搭成的，顶上覆盖着晒垫。后来，井冈山人民在原来的位置上修复了会台，会台前方矗立了一尊毛泽东、朱德握手铜像，以纪念朱毛会师和红四军的诞生。

3. 工农革命军军官教导队旧址

工农革命军军官教导队旧址位于龙江书院的中厅"明道堂"。1961年，该旧址被列为全国重点文物保护单位。

井冈山革命根据地初创时期，为了培养工农革命军和地方武装的指挥员，1927年11月中旬，毛泽东在这里创办了第一期军官教导队。教导队的学员由边界各县选派的工农分子和部队中的干部组成，其中宁冈、永新、莲花等县选派来的工农分子60余人，工农革命军的基层军官30余人，共约100人。由吕赤担任教导队队长，陈士榘、张令彬、陈伯钧等人任区分队长，袁炎飞任教官。

学习期间，实行"三操两讲一点名"作息制度，既学政治，又学军事。政治学习以阶级斗争、土地革命、建立政权为主；军事学习以军事基本要领、战术训练为主。毛泽东十分重视教导队的工作，经常给学员们讲课，指导学员们进行军事训练，还指示学员们要理论联系实际，一边学习，一边做群众工作。同时，教导队还派学员到古城、新城、茅坪一带进行社会调查，调查的内容包括行政区划、人口、阶级状况、土客籍姓氏关系、文化、风俗习惯和统治阶级内部矛盾等。经过政治教育和军事训练，学员们的素质大大提高。

这期教导队原计划办3个月，由于斗争形势的发展，只办了2个多月，于新城战斗后就结业。学员们回到各地后，积极投入根据地的各项斗争，对发展边界的工农武装割据起了很大的作用。至今，书院前栋墙上还保留着当年学员们写的两幅标语。

4.井冈山会师纪念碑

井冈山会师纪念碑矗立于龙市会师桥西端，为庆祝井冈山革命根据地创建50周年，于1977年10月动工兴建，1980年5月4日建成开放。

纪念碑高19.28米，碑座长5米、宽4米，取意1928年5月4日，纪念朱毛两军会师的日子。碑身两侧是红色大理石镶嵌而成的两面巨大军旗，分别代表湘赣边界秋收起义部队和南昌起义部队。碑顶正面镶嵌的金色镰刀、斧头是中国共产党的标志，象征着两支部队在党的领导下胜利会师。碑身正面刻有叶剑英题写的"井冈山会师纪念碑"8个大字。碑座后面是毛泽东手书的"星星之火，可以燎原"；碑座的两边刻有朱德纪念会师的诗篇。碑座正面镌刻的碑文是经胡乔木审定后，由当年参加过井冈山会师的老红军唐天际书写的，高度概述了会师的经过和伟大的历史意义。建立此碑，为的是纪念井冈山会师的伟大历史功绩。

5.井冈山会师纪念馆

井冈山会师纪念馆位于龙市龙江路北段，与龙江书院连为一体。馆标"井冈山会师纪念馆"为井冈山斗争老战士、全国人大常委会原副委员长谭震林题写。

井冈山会师纪念馆于1977年动工兴建，1980年5月4日建成并正式对外开放，占地面积6789平方米，建筑面积3827平方米，主体建筑面积1827平方米。该馆分为1个序室、5个展厅和1个书法长廊，陈列内容主要有：毛泽东率领湘赣边界秋收起义部队引兵罗霄山脉中段创建井冈山革命根据地的历史；朱德、陈毅等人率领南昌起义军余部及湘南起义农军到达宁冈砻市，与毛泽东领导的秋收起义部队胜利会师并创建红四军的历史；以及彭德怀、滕代远

领导的红五军到宁冈新城与红四军会合的艰难过程。

井冈山会师纪念馆馆藏文物十分丰富，一、二、三级文物70余件，待定等级文物千余件。这些革命文物集中反映了毛泽东、朱德、彭德怀、陈毅等老一辈无产阶级革命家当年在井冈山斗争时期的战斗风采和光辉历史。纪念馆管理着八角楼毛泽东同志旧居、中共湘赣边界党的第一次代表大会会址、红四军士兵委员会旧址（含陈毅旧居）、茅坪红军医院旧址、中共前敌委员会和中共湘赣边界特别委员会旧址、龙江书院（含工农革命军军官教导队旧址）、中国红军第四军建军广场旧址、古城会议旧址、柏露会议旧址等9处全国重点文物保护单位和洋桥湖红四军军部旧址等4处省级文物保护单位及60余处市级及其以下文物保护单位。

6. 工农革命军第四军党的第一次代表大会会址

工农革命军第四军党的第一次代表大会会址位于龙江书院的中厅。

1928年4月底，朱毛两军胜利会师后，为加强对两支革命武装的统一领导和指挥，在龙江书院的中厅召开了工农革命军第四军党的第一次代表大会。出席会议的有连以上干部100多人，毛泽东、朱德、王尔琢等同志讲了话。会议决定：依照湘南特委关于"朱毛两部合编"的指示，成立工农革命军第四军，并任命了连以上的干部；在工农革命军第四军中设立各级党代表和士兵委员会；选举产生了工农革命军第四军军委，毛泽东任书记。5月4日，庆祝两军会师大会召开，并正式宣布成立中国工农革命军第四军。

7. 古城会议旧址

古城会议旧址坐落在原宁冈县古城街旁，原为联奎书院。井冈山斗争时期，在这里召开过两次重要会议。1961年，古城会议旧址被列为全国重点文物保护单位。

1927年10月3日，毛泽东率领工农革命军从三湾来到古城，在这里主持召开前委扩大会议。前敌委员会委员、工农革命军营以上的党员干部及宁冈县党组织负责人共40多人出席了会议。会议历时2天，总结了湘赣边界秋收起义以来的经验教训，作出了在罗霄山脉中段建立革命根据地的战略决定，确定了开展武装斗争以及争取改造袁文才、王佐两支地方武装等问题，史称"古城会议"。

古城会议是三湾前委扩大会议的继续和发展。这次会议为井冈山革命根据地的创建，为中国共产党实现工作重心的转移奠定了基础。

1929年5月10日，湘赣边界特委第二届第四次执委扩大会议在联奎书院中厅召开，会议由特委书记邓乾元主持。会议全面分析了边界的政治、军事、土地等问题；根据前委来信的指示，介绍了东固革命根据地的工作经验；制定了游击大纲，划分了游击范围。由于形势的发展，会议还提出边界的指挥中心由山上转到山下去，因为永新是有更广大群众基础的农村。因上届执委委员许多人不在边界，增补了常委委员，产生了邓乾元、刘天干、陈正人、刘真、谭思聪、滕代远、彭德怀等15人组成新的执委会。改组了执委会常委，重新推举邓乾元、刘天干、陈正人、刘真、谭思聪5位同志组成特委常委，邓乾元任书记，刘天干任副书记兼组织委员，刘真任宣传委员，陈正人为秘书长。湘赣边界特委第二届第四次执委扩大会议是一次具有重要意义的

◎ 古城会议旧址

会议，为湘赣革命根据地的建立打下了良好的基础。从此，湘赣革命根据地在井冈山革命根据地的基础上逐步建立发展起来。

八、柏露会议旧址

柏露会议旧址坐落在桐木岭景区北面，距茨坪30千米。1961年，柏露会议旧址被列为全国重点文物保护单位。

1929年1月4日，中共红四军前委、湘赣边界特委和共青团特委、红四军和红五军军委以及边界各县县委联席会议在宁冈县柏露村召开。会议由毛泽东主持，朱德、陈毅、彭德怀、滕代远、袁文才、王佐、何长工、谭震林、陈正人等60多人出席了会议。这次会议是在面临国民党反动派大兵压境、形势十分严峻的情况下召开的。湘赣敌军在第二次"会剿"被红军打破之后，不甘心失败，又发动了对井冈山革命根据地的第三次"会剿"。敌人调动了湘赣两省18个团的兵力，分五路向井冈山革命根据地进攻。

会议传达了中国共产党第六次全国代表大会的决议，讨论通过了毛泽东代表前委写给中央的报告（《井冈山的斗争》），着重讨论了如何粉碎敌人第

柏露会议旧址

三次军事"会剿"的兵力部署。会议通过激烈的讨论和分析，认为在目前大敌压境的情况下，军队和地方党组织都要积极行动起来，建立积极的而不是消极保守边界政权的应对政策，决定采取"攻势的防御"方针。红四军、红五军合编，红五军暂编为红四军的第三十团，彭德怀任红四军副军长兼红三十团团长，滕代远任红四军副党代表兼红三十团党代表。为了解决根据地的经济困难，决定采取"围魏救赵"的方针，毛泽东、朱德、陈毅率领红四军主力出击赣南，先求打破敌人封锁，解决经济困难，在敌"会剿"开始后，则在外线作战，配合内线部队打破敌"会剿"，以巩固和发展井冈山革命根据地。彭德怀、滕代远率红五军主力、红三十二团和莲花、遂川、酃县的赤卫队留守井冈山革命根据地坚持斗争，茶陵、永新、宁冈三县赤卫队坚守九陇山革命根据地。

柏露会议后，红四军主力出击赣南，因强敌的一路猛追，连战失利，直到大柏地战斗后才转败为胜，进入东固革命根据地。当红四军主力离山后，红五军和边界军民坚持与敌浴血奋战，但未能打破敌人的"会剿"。红四军到达东固时，得知红五军在边界失利。柏露会议制定的"围魏救赵"的方针没有完全实现。敌人的第三次"会剿"虽然没有被打破，但是，红四军转赴赣南开创了中央革命根据地；红五军和边界军民与敌浴血奋战的献身精神，将永载史册，彪炳千秋！

九、行洲红军标语群遗址

行洲红军标语群遗址位于茨坪行洲境内。行洲，又称小行洲，位于井冈山南面，距朱砂冲哨口5千米。古时候这里人烟稠密，是个比较繁华的地方，当地人称为"行洲府"。"行洲府，茨坪县，大小五井金銮殿。"早年井冈山流传的这首歌谣，说明行洲是井冈山上一个较大的地方。毛泽东、朱德等人都曾在这里居住过。

毛泽东、朱德领导的革命队伍每到一处，都注重进行广泛的宣传活动，

📍 行洲红军标语群遗址

在墙上刷写标语是重要的形式之一。1928年五六月间，红四军在行洲的墙上写下了"实行马克斯（思）主义，实行共产主义"等30多幅标语。这些标语有宣传中国共产党的纲领、红军的宗旨和各项政策的，也有揭露国民党反动派罪恶行径的，涉及的范围广泛，内容极为丰富。

在1929年1月红四军主力向赣南进军后，井冈山遭到国民党反动派的严重摧残。在敌人"石头要过刀，茅草要过火，人要换种"的灭绝人性的政策下，井冈山的许多村庄被烧毁，但这些标语群却在群众的保护下保存了下来。农民李文銮为避免敌人的迫害，用黄泥巴把整幢屋墙糊了一遍，标语也被覆盖在里边。1973年，井冈山革命博物馆发现此遗址留有红军的标语。当时标语被泥土覆盖，洗掉泥土后，一行行大字赫然在目，虽然年代已久，但字迹仍很清晰。1982年，井冈山革命博物馆组织力量恢复了部分倒塌的墙体，并采取了加固等保护措施。2006年，该遗址被列为全国重点文物保护单位。

十、永新三湾改编旧址

（一）永新三湾改编历史概述

1927年9月21日，湘赣边界秋收起义部队从文家市出发，9月29日来到永新县三湾村时，起义部队剩下不足1000人。当时，部队基层没有建立党的组织，党不能切实掌握部队，部队思想相当混乱。为了适应革命斗争的需要，巩固这支新生的革命队伍，毛泽东召集中共前敌委员会在三湾村一家名为"协盛和"的杂货铺里召开会议。会议总结了秋收起义的经验教训，分析了部队的政治思想和组织状况，提出了对部队进行改编的主张。9月30日，毛泽东在枫树坪向全体指战员宣布了三项改编决定：第一，整编部队，把原来的工农革命军第一军第一师缩编为一个团，下辖两个营和特务连、军官队、卫生队，称工农革命军第一军第一师第一团。第二，建立党的各级组织和党代表制度，支部建在连上，班排设党小组，连以上设党代表，营、团建立党委，部队由毛泽东任书记的前敌委员会统一领导，确立了"党指挥枪"的原则。"支部建在连上"是建党建军的一项基本原则和制度，它保证了党对军队的绝对领导，改变了军队政治工作薄弱的状况。第三，为了扫除旧军队的一切不良制度与习气，在部队内部实行民主制度，规定长官不打骂士兵，实行官兵平等；团、营、连三级设立士兵委员会，参加部队管理，维护士兵权益，协助进行政治工作和群众工作，经济公开，破除旧军队雇佣关系。10月3日，改编后的中国工农革命军第一军第一师第一团在三湾村的枫树坪集合。毛泽东向部队作了重要讲话，进一步阐明了向井冈山进军的意义，坚定了广大指战员的革命意志，同时宣布部队行军纪律：说话要和气，买卖要公平，不拿群众一个红薯。这就是后来对人民军队建设有重大意义的"三大纪律"的开端。之后，起义部队开始向井冈山挺进。从此，这支革命武装在中国共产党的领导下，开始创建井冈山革命根据地的伟大斗争。

三湾改编从组织上确立了党对军队的绝对领导，初步解决了如何把以农民及旧军人为主要成分的革命军队建设成为一支新型人民军队的问题，奠定了政治建军的初步基础。三湾改编是中国共产党建设新型人民军队最早的一次成功探索和实践，也是毛泽东建设人民军队思想的重要开端。

（二）景点基本情况介绍

三湾村坐落在永新县西南部的九陇山北麓，过去处于茶陵、莲花、永新、宁冈四县交界处，这里青山绿水，环境优美。1927年9月29日至10月3日，

毛泽东在永新县三湾村领导部队进行了著名的三湾改编，创造性地确定了"党指挥枪""支部建在连上""官兵平等"等人民军队建军原则。永新三湾因此而闻名天下，享有"中国红色之旅第一村"之美誉。三湾改编旧址群现已成为全国红色旅游经典景区，主要景点有：协盛和三湾改编旧址、三湾枫树坪、三湾改编纪念馆、毛泽东同志旧居、工农革命军第一军第一师第一团团部旧址、工农革命军士兵委员会旧址、红双井等。

1.三湾改编旧址

三湾改编旧址原为协盛和杂货铺，1929年被国民党反动派烧毁，1967年由永新县人民政府按原貌修复。1927年9月29日，毛泽东率秋收起义部队来到三湾，居住在这里，并在厅堂召开了中共前敌委员会扩大会议，作出了整顿和改编部队的重大决定。

2.三湾枫树坪

三湾枫树坪原名三湾社官坪。1927年9月30日，起义部队在枫树坪召开

三湾枫树坪

会议，毛泽东宣布了三项改编决定。10月3日，改编后的中国工农革命军第一军第一师第一团在三湾村的枫树坪集合，毛泽东向部队作了重要讲话，宣布了行军纪律，阐明向井冈山进军的意义，随即率部队向井冈山进军。为纪念三湾改编这段光荣历史，当地政府在枫树坪的大枫树周围修建了护栏，并竖立了大理石纪念碑，碑上镌刻了有关三湾改编历史的铭文。

3.三湾改编纪念馆（湘赣革命纪念馆、贺子珍纪念馆）

三湾改编纪念馆位于永新三湾村，占地面积6000平方米，总建筑面积2144.3平方米，展厅面积1163平方米，分"历史背景""政治建军的伟大开端""确立政治建军根本原则""铸牢听党指挥的强军之魂"四个部分，共展出文物（含复制件）100余件、图片200多幅、场景复原2个、雕塑作品10余件、美术作品25幅，全面再现了三湾改编的重大历史。

三湾改编纪念馆是全国爱国主义教育示范基地、国家国防教育示范基地、全国人文社会科学普及基地，是全国百家红色旅游经典景区之一，是全国30条红色旅游精品路线之一，是国防大学、中国井冈山干部学院等众多军事、政治院校的现场教学点和德育基地。

三湾改编纪念馆

第二章
人民军队的摇篮——南昌

第一节　南昌红色历史概述

　　南昌，为江西省省会城市，全省政治、经济、文化、科技、交通中心。南昌地处江西省中部偏北，赣江、抚河下游，濒临鄱阳湖。截至2023年，全市下辖6个区、3个县，总面积7195平方千米。

　　南昌，是一座国家历史文化名城。它始建于西汉，意为"南方昌盛之地"，已有2200多年的悠久历史。南昌又是一座风光旖旎的滨江城市、绿色城市、生态城市，千里赣江悠然穿城而过。南昌自然景观秀丽，人文景观众多。江南三大名楼之一的滕王阁因唐朝王勃写下的千古名篇《滕王阁序》而蜚声中外。

　　南昌，是一座具有光荣革命传统的英雄城市。历史上，南昌人民为了反对封建统治阶级的剥削与压迫，曾进行了无数次的反抗和斗争。南昌是人民军队的摇篮，也是新四军的主要诞生地，红色资源非常丰富。震惊中外的南昌起义，书写了中国革命史上光辉的一页。1927年8月1日，遵照中共中央决定，在以周恩来为书记的中共前敌委员会领导下，贺龙、叶挺、朱德、刘伯承等人率领在党直接掌握和影响下的军队2万余人，在南昌举行起义，打响了武装反抗国民党反动派的第一枪。8月3日起，起义军撤离南昌，向广东挺进。10月，在潮汕失败后，起义军余部一部分进入海陆丰地区，另一部分在朱德、陈毅等人率领下转战粤赣湘边界地区，并于1928年4月到达井冈山，与毛泽东领导的部队胜利会合。南昌起义举世闻名，是中国共产党独立领导革命战争，开始创建人民军队和武装夺取政权的标志。南昌也因此成为人民解放军的诞生地，被誉为"英雄城"。

南昌是新四军的主要诞生地。1938年1月6日，新四军军部从汉口移驻南昌后正式对外办公。为加强党对新四军和东南地区抗日救亡运动的领导，中共中央决定成立中共中央东南分局和中共中央革命军事委员会新四军分会。1938年1月6日至4月4日，新四军军部、中共中央东南分局在南昌成功组织南方八省红军游击队下山改编为新四军，广泛开展抗日救亡活动，指挥新四军开赴抗日前线。

南昌的红土地上留下了许多伟人的足迹。在1955年授衔的共和国十大元帅和十位大将中，有6位元帅、4位大将直接参加了南昌起义，他们在英雄城南昌创造了其早期革命生涯中最辉煌、最灿烂、最伟大的篇章，留下了一段不可磨灭的英雄战绩。一代伟人邓小平在南昌郊区的新建县（今新建区）留下了一条充满传奇的"小平小道"。红军的杰出领导人方志敏在南昌留下了充满革命豪情的英雄诗篇。

今日南昌，融山水名胜、古迹人文、革命遗址、新城雄姿于一体。红色故土、绿色家园、古色风情、特色魅力、金色田野，成就了南昌的"雄州雾列，俊彩星驰"。

第二节　南昌红色旅游景点介绍

南昌风景名胜众多，旅游资源丰富，拥有众多文化遗址。1986年，国务院将南昌市命名为国家级历史文化名城。在长期的革命和斗争中，诸多革命文物、革命旧址遍及城寰，见证了无数革命先辈探求真理的奋斗历程，南昌因此成为名副其实的革命历史博物馆。

南昌红色旅游景点中最著名的是南昌八一起义革命旧址群。为纪念南昌起义，1956年9月开始在原起义指挥部旧址内筹建南昌八一起义纪念馆。经

过3年的筹备工作，八一起义的主要革命遗址原貌基本恢复。八一起义纪念馆于1959年对外开放。南昌八一起义革命旧址群包括：南昌八一起义纪念馆（南昌起义总指挥部旧址）、贺龙指挥部旧址、朱德军官教育团旧址、叶挺指挥部旧址、朱德旧居5处景点。另外，南昌还有许多以"八一"命名的地方，如八一广场、八一起义纪念塔、八一大道、八一公园等。

1969年10月至1973年2月，党的第二代中央领导集体的核心、改革开放的总设计师邓小平曾在江西新建县拖拉机修造厂劳动和生活。为此，2008年，人民政府在小平同志当年工作的地方建立了小平小道陈列馆，他当年劳动和生活的地方被开辟成"小平小道"和"将军楼"。

此外，在南昌西郊的梅岭山麓，1959年8月建立了方志敏烈士陵园，方志敏烈士之墓就坐落于此。

为了宣传新四军的光荣历史，弘扬铁军精神，1988年，人民政府在南昌市友竹路7号建立了南昌新四军军部旧址陈列馆，并于2008年进行了改扩建。

一、南昌八一起义革命旧址群

（一）南昌起义概述

南昌起义是土地革命战争时期，中国共产党为挽救中国革命在江西省南昌市领导和发动的武装起义。

1.危难中奋起

1927年春夏，蒋介石和汪精卫相继叛变革命，实行"清党"和"分共"，对共产党人和革命群众进行了疯狂的大屠杀，大革命失败。血的教训，使中国共产党人认识到独立掌握军队、领导武装斗争的极端重要性。他们没有被反动派的嚣张气焰所吓倒，而是从血泊中爬起来，首先在江西的土地上开始了英勇的武装反抗。

1927年7月中旬，中共中央临时政治局常务委员会派遣李立三、邓中夏、谭平山、恽代英等人赴江西九江，准备组织中国共产党所掌握和影响的国民革命军中的一部分武装力量，联合以张发奎为总指挥的第二方面军举行武装起义，并南下广东，会合当地革命力量，以建立新的革命根据地，实行土地革命。

7月20日，谭平山召集在九江的李立三、邓中夏、吴玉章、叶挺、聂荣臻等人举行会议，分析当时的政治、军事形势，研究武装反抗国民党反动派的行动计划。会议认为，汪精卫武汉国民政府在政治上已经完全反动，在军事上也已到了极其严重的时期。张发奎的态度已转向支持汪精卫，并开始在第二方面军中迫害共产党人。因此，会议认为应该抛弃依靠张发奎的政策，进行独立反对南京和武汉的国民党政府的军事行动，在南昌举行武装起义。这是中国共产党第一次明确提出独立在南昌举行武装起义的主张，是酝酿南昌起义的一次重要会议。

九江会议后，当即由李立三、邓中夏等人与中共领导人瞿秋白等人商议。瞿秋白等人表示赞同，并由瞿秋白亲赴武汉向中共中央报告九江会议关于南昌起义的意见，请中央作出决定。7月23日，第二十军军长贺龙到达九江，对起义也极表赞同。7月23日至24日，李立三、谭平山、邓中夏、恽代英等人在九江再次举行会议，作出如下决定：在军事上于7月28日晚在南昌举行武装起义；在政治上组织中国国民党革命委员会与南京、武汉国民党中央党部相对立。7月24日至25日，中央临时政治局常委周恩来等人和共产国际代表在武汉举行会议，同意九江会议提出的关于举行南昌起义的建议，并决定由周恩来、李立三、恽代英、彭湃4人组成中共前敌委员会，以周恩来为书记，前往南昌组织和领导这次起义。

2.起义准备

7月27日，周恩来从武汉经九江到达南昌。根据中共中央决定，以周恩来为书记的中共前敌委员会（以下简称"前委"）在南昌江西大旅社正式成立。前委成立后，立即对有关起义的重大问题进行讨论，并决定：因原定于7月28日起义的军事准备工作来不及完成，起义时间改为7月30日晚。为统一指

挥起义部队的作战行动，由贺龙任第二方面军总指挥，叶挺任前敌总指挥。

当时准备参加南昌起义的武装力量有：驻在九江的由叶挺率领的国民革命军第十一军第二十四师、驻在南浔路马回岭车站的第四军第二十五师、新从鄂东开来九江由贺龙率领的第二十军。以上3支部队均属国民革命军第二方面军建制。此外还有朱德为团长的第五方面军第三军军官教育团、南昌市公安局的武装力量等。这些部队共2万余人。而当时国民党在南昌的兵力总共只有6000余人。在敌我力量对比中，我方占据明显优势，起义时机相当成熟。

在中国共产党积极进行武装起义的军事准备工作的同时，国民党武汉政府也加紧了军队中的"清共"活动。7月24日，张发奎通知叶挺、贺龙上庐山开会，企图趁机解除他们的兵权。时任第四军参谋长的叶剑英将内情秘密通知叶挺、贺龙。叶挺、贺龙立即于25日、26日分别率部乘火车进驻南昌。在此前后，刘伯承、林伯渠、吴玉章、徐特立、恽代英等许多党的重要干部和著名活动家也秘密集中到南昌。革命军队集中到南昌后，前委加紧了起义的准备工作。

正当起义准备工作紧张进行时，7月30日晨，张国焘以中央代表的身份赶到南昌，由于他对张发奎仍存幻想，主张一定要得到张发奎的同意才举行起义。这个意见，遭到周恩来和前委的一致反对和否决。前委最终确定，8月1日凌晨4时举行起义。7月31日下午，贺龙、叶挺共同签署了由叶挺起草的作战命令。由于第二十军一名副营长突然叛变，前委决定起义时间由凌晨4时改为2时。

3.起义胜利

8月1日凌晨2时，在周恩来、贺龙、叶挺、朱德、刘伯承等人的领导下，南昌起义爆发了。起义部队以"河山统一"为口令，颈系红领带，左臂扎白毛巾，在马灯和手电筒上贴红十字，向驻守在总指挥部、新营房、大营房、老营房、天主堂、牛行车站等处的敌军发起猛烈进攻。由于指挥正确，部署严密，起义部队经过4个多小时的激战，歼灭守敌3000余人，占领了南昌城。

当日下午，驻在九江马回岭的第二十五师在聂荣臻、周士第率领下起义，于8月2日到达南昌集中。

起义成功后，为了争取和团结国民党中部分愿意继续革命的人士，揭露蒋介石和汪精卫背叛孙中山革命精神的面目，起义军仍使用国民党左派的旗帜。8月1日上午，由国民党中央委员、各省区特别市和海外党部代表参加的联席会议召开，成立了中国国民党革命委员会，推举宋庆龄、邓演达、贺龙、周恩来等25人为委员，由宋庆龄、邓演达、谭平山、贺龙、郭沫若等7人组成主席团。会议通过了《中央委员宣言》，号召一切革命力量共同努力，为获得新的根据地，解决土地问题，反对帝国主义、封建势力和一切新旧军阀而斗争。革命委员会任命吴玉章为秘书长，任命周恩来、贺龙、叶挺、刘伯承等人组成参谋团，作为军事指挥机关，刘伯承为参谋团参谋长，郭沫若为总政治部主任。起义军仍沿用国民革命军第二方面军番号，由贺龙兼代总指挥，由叶挺兼代前敌总指挥。所属第十一军，由叶挺任军长，聂荣臻任党代表；第二十军，由贺龙任军长，廖乾吾任党代表；第九军，由朱德任副军长，朱克靖任党代表。全军共2万余人。

4.南下广东转战上井冈

南昌起义的胜利使国民党反动派极为震惊。8月2日，汪精卫急令张发奎、朱培德等部向南昌进攻。8月3日起，前委按照中共中央原定计划，指挥起义军分批撤出南昌，取道临川（今抚州）、宜黄、广昌，计划经瑞金、寻邬（今寻乌）进入广东省，以期恢复建立广东革命根据地，并占领出海口，取得国际援助，然后重新进行北伐。

起义军撤离南昌向广东进军途中，由于时间仓促，部队未经整顿，党的领导和政治工作薄弱，加上酷暑远征，部队减员较多。起义军行至进贤县时，在起义时就表现出动摇的第十师师长蔡廷锴，率部脱离起义军。起义军在南下途中同前来堵截的国民党反动派进行了多次激烈的战斗，虽然取得了重大胜利，但本身也遭受了很大伤亡。9月下旬，起义军决定分兵行动，部分军队

留守三河坝；主力部队攻占广东潮安（今潮州）、汕头后，经揭阳向汤坑西进。10月初，这些部队在敌人优势兵力的围攻下均遭到严重失败。起义军失利后，革命委员会和起义军领导人分散转移：一部分转入海丰、陆丰地区，与当地农军会合，继续坚持斗争；另一部分由朱德、陈毅率领，经过赣南三整、湘南起义后，于1928年4月到达井冈山同毛泽东领导的湘赣边界秋收起义部队会合。朱毛会师后组成工农革命军第四军，为进一步巩固和扩大井冈山革命根据地创造了条件。

南昌起义，是中国共产党直接领导的具有全局意义的一次武装起义。它打响了武装反抗国民党反动派的第一枪，用血与火的语言，宣告了中国共产党人不畏强暴、坚持革命的坚强决心。它在全党和全国人民面前树立了一面革命武装斗争的旗帜，标志着中国共产党独立领导革命战争、创建人民军队的开始。1933年7月11日，中华苏维埃共和国临时中央政府根据中央革命军事委员会的建议，决定将8月1日定为中国工农红军成立纪念日。

（二）景点基本情况介绍

1.南昌八一起义纪念馆（南昌起义总指挥部旧址）

南昌八一起义纪念馆，是为纪念1927年8月1日中国共产党领导的南昌起义而建立的，系全国重点文物保护单位、国家4A级旅游景区、国家一级博物馆、全国首批爱国主义教育示范基地和国家国防教育示范基地，馆址为原南昌起义总指挥部旧址。该旧址位于南昌市中山路380号，原是由商人包竺峰等集资兴建的江西大旅社，建成于1924年，是当时南昌首屈一指的高大建筑。整栋大楼是一座中西合璧式的砖混建筑，外观呈银灰色。整个建筑呈"回"字形布局，中间是天井，房间环绕天井排列，是中国传统民居样式。大楼主体建筑共4层，整个屋顶是个大平台，在平台北端有一个两层小楼和一根旗杆，在此可凭栏俯瞰南昌全城。大旅社原有96间客房，一楼有"喜庆厅"，供举行婚寿庆典之用。大旅社地处闹市，喧嚣繁华，盛极一时。1927年7月下旬至8月初，中国共产党领导的南昌起义总指挥部就设在这里。

　　南昌起义前夕，一批来自全国各地的工农革命运动领袖先后来到叶挺、贺龙军中。为准备起义，党又集中了一批干部，动员了不少著名的国民党左派进步人士等一起来到南昌。为了安置这些革命人士，贺龙根据党的指示，以第二十军第一师的名义包租下江西大旅社，并把师部设在这里。7月27日，在大旅社"喜庆厅"召开会议，成立了以周恩来为书记，李立三、恽代英、彭湃为委员的中共前敌委员会，这里便成为领导南昌起义的总指挥部。随后，前委又多次在"喜庆厅"举行会议，研究和部署起义的有关问题。"喜庆厅"旁边就是军事参谋团的办公地点，它是起义的最高军事指挥机关。周恩来当时住在二楼25号房间，他在这里夜以继日地工作，筹划和指导有关起义的各项活动，与国民党左派进步人士研讨起义政纲宣言与革命委员会的人事安排，与全国各地工农运动领袖座谈，接见南昌地区的群众代表，等等。大旅社的二楼、三楼还汇聚了当时全国的革命精英，他们在这里商讨政纲、交流经验，研究各地区今后如何开展工作。吴玉章、林伯渠等人也住在这里，这里也成

◎ 南昌八一起义纪念馆

📍 南昌八一起义主要领导人雕塑（由左至右分别是叶挺、刘伯承、周恩来、贺龙、朱德）

为革命委员会成立后的办公场所。革命委员会的各种通告、宣言和任职命令都是从这里发出的。四楼是政治宣传工作人员的活动场所。起义前后，他们曾在这里草拟过"八一宣言"，写出了"反对帝国主义""反对封建主义""实现土地革命""反对蒋介石"等标语、传单。南昌地区群众代表在这里进行联络，听取指示。7月31日，南昌起义前夜，整座大楼进入临战前的紧张状态。8月1日凌晨2时，起义的枪声响起，胜利后的鲜艳红旗在这栋楼房屋顶的旗杆上高高飘扬。

1952年，包家人经过协商，将江西大旅社捐赠给政府。1956年，经文化部批准，南昌八一起义纪念馆筹备处成立，办公地点设在江西大旅社内。经过3年筹备，1959年10月1日，纪念馆正式对外开放。纪念馆门前的"南昌八一起义纪念馆"9个大字为陈毅亲笔手书。1997年，时任中共中央总书记的江泽民在建军70周年前夕亲笔为南昌城题词"军旗升起的地方"。

2007年，筹资1.53亿元的陈列馆竣工，并对外开放。新陈列馆在南昌起义总指挥部旧址南侧，大楼共4层，外立柱由18支"汉阳造"步枪造型组成，外墙采取镂空造型，所有玻璃窗方框都印有八一军徽图案。大楼内采用声光电幻影成像、多媒体同步地台模型、120度多通道环幕投影等多种先进陈列手段，展示文物237件、历史照片495幅。整个陈列分三大部分：第一部分主题为南昌起义，全面展示了中国共产党独立探索武装革命道路的艰辛历程；第二部分展示了中国人民解放军的光辉历程；第三部分展示了党和国家领导人对南昌起义伟大功绩的高度评价和对南昌八一起义纪念馆的深切关怀。在新建陈列馆的同时，起义总指挥部旧址大楼也进行了全面维修和复原陈列，重新复原了喜庆礼堂、军事参谋团、部分起义领导人住过的房间、医务室、警卫室等，还新增了账房、营业厅、中西餐厅等，再现了八一起义时的历史场景。

2017年，建军90周年之际，南昌八一起义纪念馆"一馆五址"进行了全面提升，以全新面貌重新对外开放。

2.贺龙指挥部旧址

贺龙指挥部旧址位于南昌市子固路165号，原为中华圣公会宏道堂及其主办的宏道中学，建于1916年。有前后两栋楼房，主楼临街，是一栋飞檐高翘的中西合璧的三层楼房，一楼的大厅是学校的礼堂，二楼是中华圣公会的宏道堂。后院有一栋幽雅别致的小洋楼，是中华圣公会会长的住房。1927年7月下旬，贺龙率领国民革命军第二十军进驻南昌，参加南昌起义，军部就设在主建筑宏道堂内，各机关办公室分别设在主楼教室和礼堂内，贺龙、刘伯承等起义领导人住在主楼后面的小洋楼里，并在这里指挥了南昌起义的战斗，这里实际上成了起义军的军事指挥中心。

1927年7月28日，周恩来来到贺龙指挥部，向贺龙传达了前委关于举行南昌起义的决定，并征求他的意见。贺龙表示坚决拥护党的决定。周恩来随即以前委名义任命贺龙出任起义军的总指挥，贺龙当即表示一定努力完成起义的各项任务。随后不久，军事参谋团参谋长刘伯承也搬到指挥部居住，与贺龙一起草拟起义作战和南下行军的计划，并多次在此举行策划起义行动的

🔴 贺龙指挥部旧址

重要会议。7月31日，当前委最后确定起义时间后，贺龙随即在指挥部的礼堂内召开团以上军官会议，发布起义命令，下达作战任务。1927年8月1日凌晨，起义战斗打响后，战斗打得最激烈的是进攻敌军总指挥部。敌军的精锐部队驻扎在这里，并且因为叛徒告密，加强了防守。敌军利用鼓楼、端表楼等制高点，用火力封锁起义军出击的街道，并向第二十军指挥部猛烈扫射。在激战时刻，贺龙、刘伯承、周逸群冒着枪林弹雨站在小楼门前的台阶上镇静沉着地指挥战斗。经过几个小时的激战，起义军最终攻克了敌指挥部这一顽固堡垒。贺龙指挥部旧址大楼三楼靠东的窗沿，至今仍留有当年敌人机枪射击留下的弹痕，这是起义时激战情形的历史见证。

　　1956年，贺龙指挥部旧址被修复。1977年，旧址维修恢复原貌，并对外开放。旧址小楼现复原了贺龙、刘伯承等起义领导人当年的办公室兼卧室、军指挥部会议室、会客室、军部办公室等。大楼大厅还设有《贺龙元帅生平展》，用大量的实物、图片展示了贺龙元帅光辉战斗的一生。1961年，贺龙指挥部旧址被列为全国重点文物保护单位。1997年，该旧址被列为全国爱国主义教育示范基地。

3.朱德军官教育团旧址

朱德军官教育团旧址位于南昌市八一大道376号。该旧址始建于清朝末年，1905年为江西陆军小学堂，1926年改为江西陆军将校讲习所（俗称"讲武堂"）和陆军测量局。该旧址建筑保存完好，占地面积2674.24平方米。讲武堂坐北朝南，是一个园林式的砖木结构的平房院落。院内房屋平面大致呈"匡"字布局，学员营房、课堂、礼堂整齐排列，各排、列房屋回廊相连，幽雅洁静。整个大院庄严肃穆、布局合理，是一个颇具特色的军事人才教育场所。1927年春，讲武堂经历了它在历史上最光辉的时刻，朱德受中共中央军事部和国民政府的指派，利用他在滇军的关系，在这里创办了国民革命军第三军军官教育团，并亲任团长。操场东后侧有两排小平房，那是朱德当年教学和办公的地方。平房的其他房间，分别住着教育团的其他负责同志和政治、

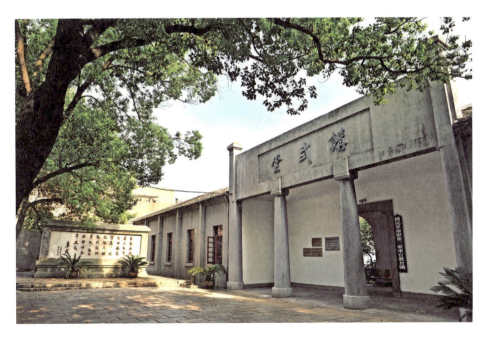

📍朱德军官教育团旧址

军事教官，并驻有参谋处、军需处、书记处等机关。

朱德创办的军官教育团当时共编为三个营，有学员1100多人，其中第一、第二营为第三军排级以上的官佐，第三营招录的主要是江西各地进步青年。1927年2月开课后，朱德每周亲自作报告，进行形势政治教育。他还邀请方志敏、邵式平等人来校讲课，讲授工农运动等相关知识，培养了大批有觉悟的军事干部。随着学员政治觉悟的提高，学员中的共产党人数，由最初的每连一二人至四五人，到学期结束前，发展到十几人，有的连队共产党员人数甚至占到三分之一以上。在朱德领导下，军官教育团在南昌开展了一系列的革命活动。他们走上街头宣传革命，并与敌人进行了面对面的斗争。他们还到全省各地农村宣传革命，发展农民运动。1927年6月，随着政治形势恶化，朱德果断将军官教育团第一、第二营学员提前毕业，自己则被迫前往武汉，只有第三营学员继续留校。7月21日，朱德秘密返回南昌，领导军官教育团部分学员进行了战斗演习，为参加起义作准备。1927年8月1日，在朱德领导下，军官教育团部分学员参加了南昌起义。起义后，教育团的学员编入第九军的建制，跟随朱德南下广东。

抗日战争时期，讲武堂遭到日本侵略军的狂轰滥炸，校舍大部分被炸掉了，但朱德当年的办公室幸运地保留了下来。新中国成立后，人民政府恢复了该旧址平房原貌。1952年，朱德办公旧址正式对外开放。1954年，朱德曾亲临旧址视察，并在当年使用过的办公桌上挥毫写下了"发扬革命传统，努力学习马克思列宁主义，把我国建设成为一个伟大的社会主义国家"的题词。1956年，江西军区将该旧址移交南昌八一起义纪念馆筹备处管理。1977年，工作人员按原貌布置陈列了团长室、会议室。2007年，旧址进行了全面修缮。2009年，旧址再次进行整修，并设计制作了朱德军官教育团活动图片展、朱德同志生平图片展等。1961年，朱德军官教育团旧址被列为全国重点文物保护单位。1997年，该旧址被命名为全国爱国主义教育示范基地。

4.叶挺指挥部旧址

叶挺指挥部旧址位于南昌市苏圃路1号的南昌市第二中学（原心远中学）内，始建于1925年，原为心远中学校舍之一，为一栋坐南朝北、砖瓦结构、灰色"工"字形西式两层楼房。1927年7月下旬，叶挺率领国民革命军第十一军第二十四师从九江来到南昌后，将指挥部设在这栋楼里。当时楼上是指挥部的办公室、会议室和电话总机房，楼下住着警卫部队。叶挺就是在这里指挥部队参加了南昌起义的战斗。

1927年7月30日下午，叶挺在指挥部召开了第二十四师营以上及师直机关的军官会议，传达了关于举行南昌起义的决定，并部署战斗任务。7月31日，周恩来来到这里，和叶挺一起指挥战斗。起义中，叶挺指挥第二十四师主攻驻守在天主教堂、贡院、新营房一带的三个团的敌军。起义军所向披靡，连战皆捷，又一次显示了"铁军"的威力。起义胜利后，第二十四师和第二十五师组成第十一军，由叶挺任起义军前敌代总指挥兼第十一军军长，聂荣臻任党代表，这个指挥部也就成了整编后的第十一军指挥部。

叶挺指挥部旧址

新中国成立后,心远中学易名为南昌市第二中学。为了纪念叶挺和"铁军"在南昌起义中的不朽功绩,1956年人民政府修缮了这栋"工"字楼,使它基本保持了原貌,并恢复了当年军部的陈设,于1997年正式对外开放。2007年,建军80周年时,南昌市对叶挺指挥部旧址进行了全面复原整修,恢复了叶挺、聂荣臻的办公室,并布置了叶挺生平和第十一军军史陈列。1961年,叶挺指挥部旧址被列为全国重点文物保护单位。1997年,该旧址被列为全国爱国主义教育示范基地。

5.朱德旧居

朱德旧居位于南昌市花园角街2号,原是一座私人住宅,建于20世纪20年代,是一栋砖木结构的两层楼房,具有仿明代建筑风格,富有典型江南民居特色。1927年,朱德受党的委派来到南昌,租住在这栋楼房里。其间,朱德为发展和保护革命力量做了大量工作。旧居的一楼北侧是朱德的卧室,南、北前房及正房是警卫员的住房。二楼北侧是郭沫若的住房,当时担任国民革命军总政治部副主任的郭沫若曾在此居住。1927年年初,郭沫若来到南昌后

朱德旧居

与朱德相识，后受朱德邀请来此小住，并在这里写下了当时在全国引起巨大反响的讨蒋檄文《请看今日之蒋介石》。

1927年7月27日，肩负着组织和领导起义重任的周恩来从武汉经九江来到南昌。当天，他就找到朱德，入住花园角街2号，二人一起研究了敌人的反共形势、南昌起义的部署及作战方案。也就是在这次会见中，朱德主动请缨，提出了"设宴请敌军团长，加速瓦解敌军"的妙计。7月31日晚，遵照前委的部署，朱德利用其威望和社会关系，宴请国民革命军第三军第二十三团团长卢泽明、第二十四团团长肖日文和一个副团长到佳宾楼吃饭。晚饭后，朱德又请他们到大士院32号打麻将。大士院在城西，敌二十三团、二十四团驻地在城东。拖住这几个敌团长，就为解除这两个团的武装创造了条件。到了麻将桌上，敌团长纷纷入局，他们的卫兵也被朱德支到外面吃酒寻乐去了。朱德暗中嘱咐自己的卫兵，阻止人员来访，严密监视这几个敌团长，并趁机拿走他们的武器。8月1日凌晨，起义时刻快到时，朱德借故离席，佩好手枪，做好起义前的准备。凌晨2时，起义枪响，几个敌团长急忙寻找自己的武器。这时候，埋伏在门外的起义军一拥而入，三个敌团长成了俘虏，从而大大削弱了南昌守敌的指挥力量，有力地配合了起义军的战斗。

1977年，为庆祝建军50周年，朱德旧居正式恢复，并在旧址内布置了朱德革命史迹陈列。2002年，朱德旧居进行了陈列更新，设计制作了《红土地上的朱德》展览，内容分五个部分：受命赴南昌、巨浪涌豫章、南下为先锋、转战上井冈、情系红土地。2007年，朱德旧居再次进行了全面复原整修，按原貌恢复了朱德卧室及周恩来住过的厅堂。1961年，朱德旧居被列为全国重点文物保护单位。1997年，朱德旧居被列为全国爱国主义教育示范基地。

除了上述5个旧址外，纪念南昌八一起义的还有八一广场、八一南昌起义纪念塔等。

八一南昌起义纪念塔：位于南昌市八一广场南端。1977年8月1日开工建设，1979年落成。纪念塔塔身为长方体，总高45.5米。正北面塔身镌刻着叶

📍 南昌八一广场

剑英题写的"八一南昌起义纪念塔"9个铜胎镏金大字，其他三面分别是"宣布起义""攻打敌营""欢呼胜利"三幅大型花岗岩浮雕，真实地再现了当年起义的场景。顶部由一支花岗石雕刻的汉阳造步枪和一面迎风飘扬、用红色花岗石拼贴成的八一军旗组成。塔身基座有27级台阶，意指1927年。塔身两侧各有一片翼墙，嵌有青松和万年青环抱的中国工农红军旗徽浮雕。

2004年10月1日，八一广场改造工程竣工。改造后的八一广场分为纪念区、文化区和休闲区三个部分，以八一南昌起义纪念塔为南北主轴。广场中部设置了8块浮雕，分别是"八一起义""秋收起义""井冈斗争""红都瑞金""万里长征""抗日战争""解放战争""钢铁长城"，浮雕背面是江西8个国家级风景名胜区的山水浮雕。同时，八一南昌起义纪念塔也经过了改造扩建。新纪念塔比原塔加高了8.1米，顶部军旗加了一道20厘米宽的白边，旗杆高度也增加了20厘米。改造后的纪念塔，在保持原基本风格不变的基础上，以更雄伟、更挺拔、更亮丽的身姿展现在世人面前。2017年，为纪念八一南昌起义暨中国人民解放军建军90周年，八一广场迎来了新的改造。在这次改造中，八一广场周边的地标建筑群经历了一场"退商还文"的洗礼。

二、小平小道

（一）小平小道的故事

在新建县（今新建区）拖拉机修造厂西面的荒坡上，有一条不足2尺宽、约1.5千米长的狭窄小路，一直延伸到南昌步兵学校（现南昌陆军学院）"将军楼"（原校长楼）。这是当年新建县拖拉机修造厂的工人为了方便小平同志出行，特意在"将军楼"与工厂之间修通的一条道路，也就是现在的小平小道。邓小平在这条小道上行走了三年多，也思索了三年多。这是一条小道，一条普通得不能再普通的泥泞小道；这又是一条大道，一条连接着中国特色社会主义的康庄大道。50多年前，一代伟人邓小平在这里劳动和生活，并对中国的命运和前途进行深入思考，踩出了这条坚实的"小平小道"，为后来开辟中国特色社会主义道路奠定了重要基础。中国改革开放的思想由此萌芽，中国就是从这里走上了改革开放、民族复兴的康庄大道。

1.小平同志来到江西

1966年"文化大革命"开始不久，邓小平被作为"党内第二号走资本主义道路的当权派"受到错误的批判和斗争，并被剥夺一切职务。1969年10月，中共中央作出将在京的一些老干部疏散到外地的决定，邓小平夫妇被安排到江西的工厂劳动锻炼。10月18日，周恩来电话通知当时任江西省革命委员会核心小组办公室主任的程惠远，要求江西方面对邓小平妥善安置，生活上要给予照顾，并将具体安置意见报告中央。次日，得知江西方面准备将邓小平夫妇安置在赣州时，周恩来在电话中指示：把邓小平夫妇安排在赣州不妥，那里交通不便，山区条件差。应安排在南昌市郊为宜，并住两层楼房，独家独院，便于照顾和保证安全。据此，江西省革命委员会重新调整方案，拟定将邓小平夫妇安置在南昌市郊。10月22日，邓小平夫妇及继母夏伯根从北京乘飞机到达南昌。随后，邓小平一行人被安排在南昌市新建县望城岗原福州

📍 邓小平及家人居住过的"将军楼"

军区南昌陆军步兵学校校长住宅（将军楼）居住，并被安排在新建县拖拉机修造厂劳动。从此，邓小平在这里度过了长达三年零五个月的特殊日子。

2. 邓小平在新建县的日子

在新建县三年多的日子里，在"将军楼"的小院内，邓小平一家人在困境中保持着乐观精神，相互照顾，以克服一切困难的勇气顽强地生活着。无论酷暑盛夏还是数九寒冬，无论是烈日炎炎还是刮风下雨，邓小平夫妇每天都按时进厂，认真劳动。工人们十分关心和照顾邓小平夫妇。在劳动中，邓小平也体察到了工人们的疾苦，同他们结下了深厚的友谊。小平同志每天参加劳动、看书、看报、听广播，密切关注政治形势。1970年9月上旬，邓小平从广播中得知党的九届二中全会召开的消息后，马上致信汪东兴，并请汪东兴转报毛泽东和党中央，表示他坚决拥护党的九届二中全会公报的各项决议和号召，决不做不利于党和人民的事情。1971年11月，他在工厂听取传达中共中央关于林彪叛国出逃的通知及其反党集团的罪行材料后，就林彪、陈伯达问题等给毛泽东写信，表示坚决拥护中央关于林彪反党集团的决议。他还说，个人没有什么要求，只希望有一天还能为党做点工作。1972年8月3日，邓小平致信毛泽东，希望再为党、为人民工作。9月，邓小平向江西省革命委员会提出，希望能到井冈山、赣州老区考察。11月至12月，根据江西省革命委员会安排，邓小平和卓琳先后赴井冈山、赣南等地区参观访问。1973年1月，中共中央通知邓小平于近期回北京工作。2月19日，邓小平全家离开南昌返回北京。3月，邓小平正式恢复国务院副总理职务。

在新建县参加劳动、与工人们朝夕相处，以及通过对江西一些地方的考察，邓小平了解了人民群众生产生活情况和当时社会的基本状况。身处逆境，邓小平不屈不挠，沉着坚韧，对马克思主义和社会主义有着坚定的信念，对社会主义事业的未来持乐观态度。其间，邓小平不仅阅读了大量的马列著作、毛泽东选集和古今中外的书籍，而且接触到了最基层的工人群体，对中国的命运和前途进行了深入的思考，他深刻反思"什么是社会主义，怎样建设社会主义"。通过三年多的观察和思考，邓小平更加心系国家的命运前途，思想更加明确、思路更加清晰、信念更加坚定。这些，对于他复出不久即领导进行全面整顿，以及在党的十一届三中全会后制定新时期路线方针政策产生了直接影响。

3.情系江西

邓小平从1931年2月第一次踏上江西的土地，到传奇般"三起三落"，两次缘结江西。1973年2月，小平同志离开江西回到北京后，始终忘不了曾经战斗过的这块红土地，忘不了这个让他更加了解人民疾苦的拖拉机修造厂，忘不了和他相处3年多的淳朴、善良的工人们。邓小平始终关心他们，关心江西的建设和发展。

（二）景点基本情况介绍

1969年10月至1973年2月，党的第二代中央领导集体的核心、改革开放的总设计师邓小平在新建县拖拉机修造厂劳动和生活了3年多。2002年，新建县开始对邓小平工作过的车间及原厂区进行整修复原，并于2002年5月1日对外展出。2003年，新建县启动小平小道纪念馆改扩建一期工程，对小平

小道纪念馆及周边区域进行整修，包括小平小道纪念馆区、革命史迹游览区、滨水休憩区、户外活动区等。2007年，新建县再度启动小平小道纪念馆改扩建二期工程，兴建新陈列馆并恢复车间原貌。2008年，小平小道新陈列馆正式竣工并对外开放。南昌市小平小道陈列馆先后被评为国家4A级旅游景区、全国红色旅游经典景区、江西省爱国主义教育基地、江西省国防教育基地、江西省干部党性教育现场教学示范点、江西省中小学生研学实践教育基地等。

1.小平小道陈列馆

小平小道陈列馆建筑面积2134.5平方米，陈展面积1720平方米，共分为五大部分，采用不同版式、色调、光线，并以具有代表性的作品为暗衬，同时引入声光电、多媒体等科技手段，展示了从1969年10月到1973年2月受到错误批判的邓小平被下放到江西新建县拖拉机修造厂劳动的这段岁月中的工作、生活和思想的经历。陈列馆首先映入人们眼帘的便是小平同志的一尊铜雕像，在雕像之后，便是一篇《人民日报》上刊载、出自邓小平女儿毛毛之手的文章《在江西的日子里》。其他部分还展示了邓小平被疏散到江西直至

⊙ 小平小道陈列馆

复出前后相关的文件。展厅还运用先进技术制作了多媒体景观，展现了江西新建县拖拉机修造厂、小平小道、"将军楼"的总体场景，让人有身临其境的感觉。

2.小平小道

1969年10月至1973年2月，邓小平被下放到南昌市新建县劳动。他住在原福州军区南昌陆军步兵学校"将军楼"里，开始的时候，小平夫妇每天上班从"将军楼"出来，走出学校大门，经过320国道，要步行3千米、花40多分钟，才能走到工厂，中间还有一个长途汽车站，很不安全。工厂的干部、工人们考虑到小平同志的安全，在工厂的后墙开了一个小门，花了三天三夜，沿着田埂抢修出一条通向他宿舍的小路，这条小道全长1.5千米，从这条小道走到工厂，只需要20多分钟，时间减半，也比较安全。这就是人们所说的"小平小道"。在通往工厂的路上，在"将军楼"的四周，邓小平迈着坚定的步伐，踩出了一条坚实的小道，小平同志在这条小道上行走了3年多，也思索了3年多。在这段非常岁月里，邓小平真实地了解到当时中国的现状，并进行了深入思考。这条"小平小道"，为后来开辟中国特色社会主义道路奠定了重要的基础。正是在江西3年多的劳动和生活中，小平同志更加忧虑党和国家的前途命运；正是有了这条小平小道，才有今天改革开放的大道。邓小平的夫人卓琳说："从小平小道延伸出去的，是一条通往国家富强人民幸福的中国特色社会主义康庄大道。"事实证明，小平小道是中国改革开放的策源地，这里是小平同志蛰伏等待之地、改革开放的思想孕育之地和行动策源之地。

小平小道

3.修理车间（小平劳动车间）

📍 邓小平工作过的修理车间

1969年的新建县拖拉机修造厂设有金工、钣锻、铸造、修理4个车间，邓小平夫妇被安排在修理车间劳动。给邓小平安排什么活，当时的修理车间主任陶端晋确实

费了一番心思。开始时，他让邓小平清洗零件，以为简单易做，后来发现这活不太适应邓小平，清洗零件需接触到油污，容易导致皮肤过敏，且需蹲下站起，邓小平腰劲不太好。于是他就让邓小平描图纸，可线条太细，邓小平看不清楚。他只好商量着问邓小平："那要不给您安排点力气活，搞钳工？"邓小平当时就笑着说："要得，要得。"一上工作台，工人们非常惊讶，邓小平的钳工活手法熟练、技艺精湛。原来，邓小平年轻时在法国勤工俭学，做的就是钳工。工人们都说，邓小平的技术达到了"八级钳工"的水平。后来邓小平自己也说：没想到40多年后，我又重操旧业了。邓小平在钳工岗位上工作了三年零四个月。至今，这里还保存着邓小平当年用过的劳动工具以及各种拖拉机配件产品。卓琳则被分在电工班，和女工们一起清洗线圈。在这三年多时间里，邓小平夫妇每天按时进厂，认真工作，夏天做工时衣衫常常被汗水浸透。工人们十分关心和照顾邓小平夫妇，在劳动中，邓小平也体察到了工人们的疾苦，同他们结下了深厚的情谊。

1970年3月的一天，邓小平正在车间里参加劳动，因为犯了低血糖的老毛病，体力不支，晕倒在地。工人们立即停下手中的活，纷纷围拢过来，将他扶坐起来，急得团团转。闻讯赶来的卓琳眼含泪花，对工人们说："谁家有白糖，他喝点糖水就没事了。"女职工程红杏一听，赶紧跑回家里，心急火燎地端来一杯糖水。果然，邓小平喝下糖水后，渐渐地苏醒过来，人们悬着的一颗心总算放了下来。随后，工人们用厂里唯一的一辆车——丰收27型拖拉机，将邓小平送回"将军楼"，这是邓小平享受的唯一一次特殊待遇。几十年过去了，工人们一直珍藏着这辆拖拉机，因为它不仅见证了那段非常岁月，也记录下了工人们对小平同志的无限爱戴。

三、方志敏烈士陵园

（一）方志敏的故事

方志敏，1899年8月21日出生，江西省弋阳县漆工镇人。早在青少年时期，他就开始探索解救中国的道路，参加了反对帝国主义和封建主义的斗争。1922年8月，方志敏加入了中国社会主义青年团。1924年3月，方志敏加入了中国共产党，参与了江西党、团组织的创建。1928年1月，方志敏参与领导弋横起义，随后创建赣东北苏区，领导组建中国工农红军第十军，并先后任赣东北省、闽浙赣省苏维埃政府主席，红十军、红十一军政治委员，中共闽浙赣省委书记。1934年11月初，方志敏奉命率红军北上抗日先遣队北上，任中国工农红军北上抗日先遣队军政委员会主席。1935年1月，部队在皖南遭国民党反动派重兵围追堵截，被七倍于己的敌军围困。他带领先头部队奋战脱险，但为接应后续部队，复入重围，终因寡不敌众，于1月29日在江西玉山县怀玉山区被俘。在狱中，面对敌人的严刑和诱降，他正气凛然，坚贞不屈，并写下了《可爱的中国》《清贫》《狱中纪实》《我从事革命斗争的略述》等重要文稿。1935年8月6日，方志敏在南昌市下沙窝英勇就义，时年36岁。

方志敏被俘后，引起了海内外爱国志士的强烈反响。海外侨胞纷纷致电中国驻各国公使馆及南京国民党政府，表示抗议，并要求释放方志敏等人，西方各友好团体也通电援助。方志敏殉难后，各地侨胞举行了追悼会。方志敏英勇就义后，党中央多次对他给予高度评价，将他誉为"民族英雄"，伟大

的无产阶级革命家、军事家。1937年1月，党中央机关刊物《斗争》出刊"纪念民族英雄方志敏专号"。新中国成立前后，国内出版了许多方志敏遗著和宣传书籍。方志敏的遗著被翻译成20多种外文，在海内外广泛传颂，他的爱国之情和高尚的革命情操感染了众多读者。中国共产党的历届领导人都对他给予了高度评价。毛泽东称赞"方志敏是民族英雄"，"不仅是一个革命家，而且确实是文武双全的干部"。1984年，邓小平为《方志敏文集》题写了书名。1997年1月，江泽民在中纪委第八次全会上号召全党学习方志敏的革命精神和浩然正气。1999年，纪念方志敏诞辰100周年座谈会在北京召开，胡锦涛在会上对方志敏作出了高度评价："方志敏同志是我们党的骄傲，人民的骄傲。在他身上体现的崇高品格和浩然正气，是我们党的宝贵精神财富，必将激励一代又一代人，为党和人民的事业不懈奋斗。"习近平总书记深情地说："我多次读方志敏烈士在狱中写下的《清贫》。那里面表达了老一辈共产党人的爱和憎，回答了什么是真正的穷和富，什么是人生最大的快乐，什么是革命者的伟大信仰，人到底怎样活着才有价值，每次读都受到启示、受到教育、受到鼓舞。"江西省委、省政府也非常重视对方志敏的褒扬与宣传。1977年8月6日，江西省党政军民在方志敏烈士墓前隆重举行了方志敏烈士遗骨安葬仪式。

1. 方志敏的革命斗争

1919年秋，方志敏考入江西省立甲种工业学校。在校读书期间，他积极投身反帝爱国运动，带领爱国青年游行示威，抵制日货，成为反帝爱国运动的主要组织者，被推选为校学生自治会的领导人和南昌学生联合会的负责人。1921年春，他领导学生要求改革校政，组织了驱逐校长赵宝鸿的"驱赵风潮"。同年夏天，方志敏因领导学潮，被学校开除学籍。6月，他加入江西第一个革命团体"江西改造社"，参与编辑《新江西》季刊，并发表了《私塾》《哭声》等小说、诗歌。

1922年7月，方志敏到上海寻求革命真理，直接受到党的教育和影响。1922年8月，他结识了赵醒侬等共产党人，并由赵醒侬介绍，在上海加入了中国社会主义青年团。不久，方志敏回到江西开展革命活动，参与了创建江西党团组织、改组国民党江西省党部、建立革命团体、领导反帝爱国运动等一系列重要工作。1922年9月，方志敏与赵醒侬、袁玉冰等人创办南昌文化书社，编印《青年声》周刊和《新江西》季刊，出售《中国青年》《向导》等革命书刊，宣传革命思想。1923年1月，方志敏与赵醒侬、袁玉冰等人建立中国社会主义青年团江西地方团。1924年3月，他光荣地加入了中国共产党。5月，在方志敏、赵醒侬等人筹备下，中国共产党南昌特别支部正式成立。6月，方志敏与赵醒侬、曾天宇一起在南昌创办"明星书店"，开展革命宣传。7—8月，方志敏等人又创办了"黎明中学"，秘密培训进步青年，培养革命干部。"明星书店""黎明中学"是继"南昌文化书社"之后江西党团组织新的活动据点。这年秋天，方志敏在弋阳漆工镇湖塘村创办"平民夜校"和"旭光义务小学"，宣传马克思主义。11月，他与赵醒侬一起，创建了江西最早的

农协组织——扬子洲农民协会。1925年7月，国民党江西省党部成立，方志敏被选为执行委员兼农民部部长。1925年秋，方志敏秘密组建了赣东北第一个农民协会，积极开展农民运动。1926年11月19日，江西省农民协会筹备处在南昌成立，方志敏任筹备处秘书长。筹备处成立的第二天印发了《农民协会章程》。1927年2月27日，江西省农民协会在南昌正式成立，方志敏当选为执行委员兼秘书长。

为了培养江西农民运动的骨干，方志敏先后派出三批学员分别赴广州农民运动讲习所、武汉中央农民运动讲习所学习，还在南昌举办了农民运动训练班，并亲自讲课，推动了全省农民运动的发展。1927年3月，武汉国民党中央二届二次常委扩大会议通过决议，委派方志敏等8名特派员赴南昌改组国民党江西省党部。不久，方志敏出席"粤、湘、赣、鄂农民协会代表和河南农民自卫军代表联席会议"，在会上当选为中华全国农民协会临时委员会执行委员。

南昌起义后，方志敏返回赣东北，在弋阳、横峰一带发动农民举行武装起义，组建了中国工农红军第十军，创建了赣东北革命根据地。1934年10月，方志敏率部北上抗日。1935年1月，在皖南遭到国民党重兵围追堵截，于1月29日被国民党所俘。

方志敏被俘后，辗转羁押于玉山、上饶、南昌等地。1935年2月2日，国民党当局以4辆装甲车、9辆大卡车用木笼子将方志敏等人押到南昌，关押在南昌国民党"驻赣绥靖公署"军法处看守所。敌人软硬兼施，使用各种手段对方志敏进行威逼利诱，但始终不能丝毫动摇方志敏的革命意志。在狱中的180多个日日夜夜，方志敏面对极其险恶的环境，凭着钢铁般的意志和崇高的信仰，领导狱友与敌人进行斗争，并积极组织越狱工作。

在被俘的当晚，敌人要方志敏写一点文字。方志敏写下《方志敏自述》，明确表示："我已认定苏维埃可以救中国，革命必能得最后的胜利，我愿牺牲一切，贡献于苏维埃和革命。"

在狱中，方志敏利用简陋的条件，克服重重困难，写下了16篇近14万字的文稿，全面回顾了自己的革命生涯，认真总结了自己领导革命斗争成功的经验和失败的教训，充分表达了他对中国共产党、中国工农红军和中华苏维埃共和国的无限敬意和忠诚，表达了对革命必胜的坚定信念和对帝国主义、国民党反动派的无比憎恨。这些文稿体现了方志敏的豪气激荡、大义凛然，堪称中国近代史上最具精神价值的狱中遗著，为后人留下了宝贵的精神财富。

🔴 方志敏在狱中

《在狱中致全体同志书》是方志敏较早发表的遗著。在信中，方志敏对赣东北苏区的全体同志，阐述了自己对过去斗争中经验教训的看法，并提出了具体的意见和建议，表现了一个共产党员对革命事业的无比忠诚。

方志敏的手稿《可爱的中国》完稿于1935年5月2日，原稿现存于中国国家博物馆。这篇文稿是方志敏狱中遗稿中流传最广、影响最大的一篇，它既是一篇饱含着爱国主义激情的不朽之作，也是一篇文辞华美的优秀文学作品。

方志敏的手稿《清贫》反映的不仅仅是革命先辈为了革命事业而甘于过清贫、朴素的生活，更体现了一种高尚的革命气节。

《狱中纪实》作于1935年6月9日，方志敏以自己的亲身经历"照实将军法处看守所的实际情形写了一点"，这是近代少有的由揭露国民党监狱的黑暗，进而揭露国民党黑暗统治的文章。

为将文稿安全带出监狱，方志敏积极争取狱中部分中下级管理人员和同牢关押的国民党上层人士，做了大量的宣传教育工作，启发他们的爱国心，使他们同情革命。在狱中看守人员的同情和帮助下，这些文稿陆续被带出监

狱，转交给党组织。

1935年8月6日，方志敏被敌人秘密杀害于南昌下沙窝，时年36岁。

2.寻找方志敏烈士遗骨

1955年，党中央作出寻找方志敏烈士遗骨的决定，江西省委、省政府成立由方志纯等人组成的方志敏遗骨调查小组。当时距方志敏烈士牺牲已过去20年，又由于方志敏是被国民党反动派秘密杀害的，这项工作进展艰难。但调查小组从不言弃，执着而细致地寻找。1957年，江西化纤厂在南昌下沙窝破土动工，工人们在挖地基时突然发现了一堆伴有脚镣的遗骨。调查小组得到报告后，立即指示专家和有关人员到现场进行勘察，清理后一数，共计有3个骨盆、79根遗骨。据知情者回忆，当年方志敏是唯一一个戴着脚镣赴刑场的人，而在这堆尸骨中果然就有一副锈蚀的铁镣。这时，一份以江西省政府名义发出的加急电报发往浙江东阳北麓中学，请当年一度任看守所所长的凌凤梧火速到南昌。凌凤梧当年将方志敏的重镣改为轻镣，为此以"通共"罪名被撤职押回原籍。面对掩埋了22年之久的遗骨，凌凤梧用手抹去剥落的锈屑，仔细辨认镣铐的型号，确认"就是这副镣铐"，在场的人听后都潸然泪下……

那么，套在脚镣中的那两根胫骨当属方志敏的无疑。江西省公安厅法医张伟纳，根据方志敏约1.80米的身高和36岁的年龄，经认真甄别，确定有数根遗骨是方志敏烈士的。之后，调查小组带着这些遗骨和脚镣来到上海中央司法部法医研究所，并请苏联专家共同参与鉴定。专家们经过反复仔细的检测，最终从79根尸骨中鉴定出9根（块）是方志敏的遗骨。中苏专家共同在上报党中央的鉴定书上落笔签名。当方志敏遗骨从上海运抵南昌时，场面隆重庄严，时任江西省省长的邵式平和方志敏家属臂戴黑纱肃立于南昌火车站广场，两名解放军战士手捧遗骨箱正步走出站台，遗骨箱上覆盖着鲜红的中国共产党党旗。

1964年，毛泽东亲笔为方志敏烈士题写了墓碑名，陵园选建在风景秀美的南昌梅岭。1977年8月6日，在方志敏牺牲42周年的日子，经中共中央批准，江西省委为方志敏隆重举行了追悼会和遗骨安葬仪式。江西省委、省政府的主要领导都出席了安葬仪式并致辞；中共中央、全国人大、国务院、中央军委、各大军区及邓小平、叶剑英、粟裕等党和国家领导人送了花圈。

（二）景点基本情况介绍

方志敏烈士陵园是江西人民为纪念江西党、团组织的创始人之一和农民运动的主要领导人方志敏，于1962年开始兴建的，1965年方志敏烈士墓建成。江西省委为方志敏烈士墓选址于南昌市昌北的梅岭山脚，墓基由大理石砌成，碑石高35米、宽24米，上面刻有毛泽东的亲笔题词"方志敏烈士之墓"。墓道用花岗岩砌成，共11层157级台阶，寓意为方志敏烈士1924年入党后，为共产主义事业奋斗的11个春秋和1931年任赣东北特区苏维埃主席至牺牲时的1570个日日夜夜。墓道第九层立有中共江西省委、江西省人民委员会撰写的方志敏同志简历。

1977年8月6日，烈士忠骨安葬仪式隆重举行。从此，这座面朝滔滔不绝

方志敏烈士陵园

📍 方志敏烈士墓

赣江的方志敏烈士陵园，成为继承和发扬革命光荣传统和向青少年进行爱国主义教育的基地。1986年，方志敏烈士陵园被批准为全国重点烈士纪念建筑物保护单位。2001年，该陵园被列为全国爱国主义教育示范基地。

1999年，在方志敏诞辰100周年之际，陵园进行了较大规模的改造，修建了800平方米纪念广场，修整了广场北面山脚护坡，种植了约4000平方米的草坪，竖立了方志敏烈士铜像。2001年，建设了方志敏烈士事迹陈列馆。该陈列馆于2002年正式对外开放。布展内容包括六大部分。第一部分：探求真理，投身革命；第二部分：革命先锋，农运领袖；第三部分：创建闽浙赣（皖）苏区，投身土地革命；第四部分：北上抗日，血战东南；第五部分：狱中斗争，坚贞不屈；第六部分：英雄伟业，光照千秋。2020年，方志敏烈士陵园更名为方志敏烈士纪念园。

方志敏广场位于南昌市东湖区下沙窝沿江北大道。方志敏广场于2007年动工兴建，2008年竣工。广场占地面积约1万平方米，分为"红色畅想"革命足迹区、"铁骨忠魂"雕塑纪念区、"薪火传承"文化景观区等三大功能区。广场中央立有方志敏雕像，面向东北，高3.6米。其左右两边矗立4块纪念墙，上面镌刻着党和国家领导人对方志敏的题词及相关文章。广场东北、西南两侧环绕建有弧形文化墙。东北面文化墙镌刻着方志敏手稿《清贫》及浮雕，西南面文化墙镌刻着方志敏手稿《可爱的中国》及浮雕。方志敏爱国事迹陈列馆位于广场的西南部，占地面积约500平方米，于2009年竣工开放。陈列馆分上下两层：第一层为展厅，分为立志报国、求索系国、革命救国、以身殉国、永恒纪念五个部分；第二层为多功能厅，用多媒体形式播放方志敏的名篇、名诗、名句、名言，以及方志敏烈士遗骨被发现、挖掘、保护和保存的过程。

四、南昌新四军军部旧址

（一）新四军的光荣历史概述

新四军是中国抗日战争时期中国共产党领导的坚持在华中抗战的人民军队。

1.三年南方游击战争

1934年10月，第五次反"围剿"失败，红军被迫进行战略转移。中央红军主力长征后，奉命留在中央苏区和其他苏区的部分红军和游击队，在以项英、陈毅为领导的苏区中央分局、中央军区和中华苏维埃共和国中央政府办事处的领导下，在江西、福建、广东、浙江、湖南、湖北、安徽、河南等8个省的赣粤边、闽赣边、湘赣边、湘鄂赣边、皖浙赣边等十几个地区开始了极其艰苦的游击战争。他们依靠人民群众，挫败国民党反动派的反复军事"清剿"、政治瓦解和经济封锁，在极端艰难困苦的条件下，钳制国民党反动派的军事力量，在战略上配合了红军主力的长征；而且保存了革命骨干力量，坚守游击根据地，为后来组建新四军奠定了基础。南方各游击区保持了中国人民抗日战争在南方的战略支点，为中国革命作出了重要贡献。

南方八省的红军游击战争，总的来说，经历了三个阶段。

第一阶段：从1934年10月到1935年春。这是红军和游击队由正规战向游击战转变的阶段。红军主力转移后，留在根据地的部队有红二十四师、独立团及地方游击队约1.6万人，加上党政机关工作人员和红军伤病员，共约3万人。面对国民党军队的反复军事"清剿"和血腥镇压，为保存革命力量，红军和游击队由阵地战开始转为游击战。部队以小游击队的形式有计划地分散行动，采取灵活机动、伏击袭击、出奇制胜的游击战术。

第二阶段：从1935年春到1936年年底。这是坚持开展游击战争以及保存、

巩固和发展红军、游击队和游击区的阶段。这是最艰苦、最困难的斗争阶段。国民党当局采取频繁的军事"清剿"和严密的经济封锁等手段，企图把红军、游击队斩尽杀绝。1935年3月底，项英、陈毅以及赣南军区司令员蔡会文、少共赣南省委书记陈丕显率领的约300人，先后到达赣粤边地区，同以李乐天为书记、杨尚奎为副书记的赣粤边特委和赣粤边军分区率领的游击队会合。他们采取依靠群众、坚持斗争、积蓄力量、创造条件迎接新高潮的方针，在以油山为中心的赣粤边地区，坚持艰苦卓绝的游击战争。与此同时，关英、唐在刚领导的皖浙赣地区，陈寿昌、徐彦刚等人领导的湘鄂赣地区，彭辉明、谭余保领导的湘赣地区等，都开展了艰苦曲折的斗争。在极其险恶的环境里，红军和游击队的干部、战士同甘共苦，在当地人民群众支持下，采取机动灵活的游击战术和巧妙的斗争策略，同敌人周旋。他们经常出没于崇山峻岭和茅草密林之间，昼伏夜行，风餐露宿，条件异常艰苦。

第三阶段：从1936年年底到1937年全面抗日战争爆发。这是由继续游击战争向国共合作抗战转变的阶段。各红军和游击队一方面对国民党反动派的"清剿"继续进行有力的反击，另一方面经过中共中央和各地方党的领导人在谈判桌上同国民党进行复杂的政治斗争，迫使国民党军队逐步停止进攻。

2.谈判改编组建新四军

1937年7月7日，日本侵略者制造卢沟桥事变，悍然发动全面侵华战争。中国共产党面对民族危机，展开了建立抗日民族统一战线的斗争。为早日实现国共两党合作抗日，进一步推动全国抗战，1937年7月中旬，中共中央派周恩来、秦邦宪、林伯渠再上庐山，同国民党就发表国共合作宣言、红军改编等问题进行谈判。8月上旬，中共中央派周恩来、朱德、叶剑英赴南京同国民党继续谈判。双方达成协议：西北红军主力改编为国民革命军第八路军（简称"八路军"），由朱德任总指挥、彭德怀任副总指挥。1937年8月1日，中共中央根据全国政局的变化，及时发出《中共中央关于南方各游击区域工作的指示》，要求南方各红军游击队，"在保存与巩固革命武装，保障党的绝对

领导的原则下"，"可与国民党的附近驻军，或地方政权进行谈判，改变番号
与编制以取得合法地位，但必须严防对方瓦解与消灭我们的阴谋诡计与包围
袭击"。从8月至12月，中共中央与国民党中央就南方八省红军游击队改编为
抗日部队的原则、方法及部队领导人等问题，先后在南京、南昌、武汉等地
进行了多次谈判。南方各红军游击队也相继与国民党地方当局达成停战以合
作抗日的协议。9月11日，陈毅赴赣州与国民党江西省政府代表谈判。双方
达成协议，将红军游击队改编为江西抗日义勇军。9月下旬，项英又赴南昌与
国民党江西省政府谈判，双方就国民党从红军游击区撤军、释放政治犯和南
方各地红军游击队改编为抗日义勇军等事宜达成协议。9月22日，国民党以
发表《中共中央为公布国共合作宣言》的形式，宣告国共两党第二次合作的
成立，以此为标志的抗日民族统一战线形成。9月29日，项英、陈毅以中共
中央分局的名义发表《告南方游击队的公开信》，宣传谈判成果，要求各游击
队按时集中，听候改编，并在南昌设立南方红军游击队接洽处，辗转到各游
击区联络各游击队下山集中改编。

经过与国民党当局谈判斗争，1937年10月，国共两党在南京达成协议，
将在湘、赣、闽、粤、浙、鄂、豫、皖等南方八省的中国工农红军和游击队
改编为国民革命军陆军新编第四军（简称"新四军"）。国民政府军事委员会
任命叶挺为军长，项英为副军长，张云逸为参谋长，周子昆为副参谋长，袁
国平为政治部主任，邓子恢为政治部副主任。新四军辖4个支队，计10个团、
1个特务营，共1万余人。长江以南各省的红军游击队编为第一、第二、第三
支队。第一支队司令员陈毅，副司令员傅秋涛；第二支队司令员张鼎丞，副
司令员粟裕；第三支队司令员张云逸（兼），副司令员谭震林。长江以北鄂豫
皖地区的红二十八军和豫南、鄂北等地区的红军游击队编为第四支队，高敬
亭任司令员。

1937年11月12日，经中共中央同意，叶挺开始在武汉正式组建新四军军
部。12月25日，新四军军部在汉口成立。1938年1月6日移驻南昌，正式对

外办公。自1939年起，新四军军部确定10月12日为新四军成立纪念日。新四军军部在南昌期间，机关内部各处、各部门机构迅速建立起来并积极工作。军部有司令部和政治部，还有教导队和战地服务团。

为加强党对新四军和东南地区抗日救亡运动的领导，1937年12月14日，中共中央决定成立中共中央东南分局和中共中央革命军事委员会新四军分会，项英任分局书记兼军分会书记，曾山任分局副书记，陈毅任军分会副书记。在组建新四军的同时，新四军驻赣办事处在南方红军游击队总接洽处的基础上于1937年11月开始筹建，1938年1月6日在南昌成立，黄道任主任。办事处受中共中央东南分局领导，不仅是新四军驻江西的机构，也是中国共产党在江西国民党统治区公开合法的工作机构。新四军军部、中共中央东南分局（包括新四军驻赣办事处）在南昌期间，成功地组织南方红军和游击队集中改编为新四军，广泛开展抗日救亡活动，指挥新四军开赴抗日前线。在此前后，在南方坚持了三年艰苦卓绝斗争的各游击队纷纷走出深山，开赴指定地点，集中整训，编入新四军。

3.敌后抗战

从1938年2月开始，根据中共中央关于向敌人后方发展的指示和国民政府军事委员会关于集中整训的命令，新四军江西各支队共约3500人，陆续由集结地开向皖南前线，投入抗日战斗。1938年三四月间，新四军军部和第一、第二、第三支队先后到达皖南歙县岩寺地区集中，第四支队在皖西霍山地区集中后向皖中开进，随后在长江南北作战略展开。六七月间，陈毅、张鼎丞分别率领第一、第二支队相继进入苏南，开辟了以茅山为中心的抗日游击根据地，并将丹阳的抗日武装改编为新四军挺进纵队。第三支队留在皖南担任长江防务。第四支队在皖中、皖东以游击战频繁打击日军。此后，新四军驰骋在大江南北，深入华中敌后广泛开展抗日游击战争，展开了英勇卓绝的抗日作战，开辟和巩固了华中抗日根据地，成为华中坚持长期抗战的重要力量，为民族解放战争的胜利建立了卓著功勋。

1941年1月，国民党在第二次反共高潮中，制造了震惊中外的皖南事变，叶挺被扣，项英遇害。1月17日，蒋介石下令取消新四军番号。1月20日，中共中央革命军事委员会发布命令，重建新四军军部，任命陈毅为代理军长，刘少奇为政治委员，张云逸为副军长，赖传珠为参谋长，邓子恢为政治部主任。部队整编为7个师和1个独立旅，全军共9万余人。5月，中共中央中原局与中共中央东南局合并组成中共中央华中局，刘少奇任书记，同时组建中共中央军委华中分会，并成立苏中、淮南、盐阜、淮海、淮北等军区。至年底，地方武装和民兵发展到60余万人。1943—1944年春，华中各抗日根据地军民粉碎日伪军多次"扫荡""清乡"，度过了困难时期。

（二）景点基本情况介绍

南昌新四军军部旧址位于南昌市西湖区象山南路119号。该旧址原为北洋军阀张勋公馆，建于1915年，内有两栋两层的楼房和一栋平房，属中西合璧砖木结构的建筑。1938年1月6日，国民革命军陆军新编第四军军部从汉口迁驻南昌，开始在此正式对外办公。同时，中共中央东南分局和新四军驻赣办

📍南昌新四军军部旧址

事处在南昌成立。军长叶挺、副军长兼东南分局书记项英、东南分局副书记曾山、新四军驻赣办事处主任黄道等人都曾在此居住。1938年1月6日至4月4日，新四军军部和中共中央东南分局在这里组织指挥南方八省红军游击队下山改编为新四军，开赴抗日前线，南昌因此成为新四军的主要诞生地。1938年4月，叶挺、项英率新四军军部离开南昌，迁往皖南开辟和建立抗日根据地。新四军驻赣办事处和中共中央东南分局便由东书院街危家大屋转移到这里办公，在南昌继续领导抗日救亡斗争。

为了加强对南昌新四军军部旧址的保护，宣传新四军的光荣历史，弘扬铁军精神，1988年，南昌市政府决定建立南昌新四军军部旧址陈列馆。2008年，南昌新四军军部旧址改扩建工程正式启动。维修扩建后的陈列馆场地东起友竹路，西至象山南路，南至东书院街，北达三眼井街，占地面积约3万平方米，总建筑面积11633平方米。场馆由三大部分组成：一是旧址保护区，内有军部旧址主楼（7号楼）、8号楼两栋两层砖瓦楼房和一栋平房，属中西合璧的建筑，主要是复原陈列军部机关办公室和军首长叶挺、项英、曾山、张云逸、周子昆、邓子恢、黄道等人的办公室及卧室。二是陈列展示区，新建一座上下两层、建筑面积为4833平方米的陈列大楼，陈列面积3000平方米，陈列文物有500余件，重点是展示南方红军三年游击战争和新四军在南昌组建、发展和浴血抗战的历史。三是纪念广场区，占地面积20亩，安放了新四军早期领导人的雕像，栽种了松柏、翠竹、香樟、桂花等树木，突出了园林的主题性、纪念性。南昌新四军军部旧址先后入选全国重点文物保护单位、全国爱国主义教育示范基地、国家国防教育示范基地、全国人文社会科学普及基地、国家4A级旅游景区、全国红色旅游经典景区名录。

第 三 章
共和国的摇篮——瑞金

第一节　瑞金红色历史概述

瑞金，地处江西省东南边陲，武夷山脉西麓，与福建省长汀县相邻。古代这里产金子，"掘地得金，金为瑞"，是吉祥之意，故名瑞金。五代南唐保大十一年（953年）瑞金监升为瑞金县。1994年，瑞金撤县设市。全市土地总面积2441.4平方千米。

瑞金，是蜚声海内外的红色故都、共和国摇篮和中央红军长征出发地之一，是土地革命战争时期中央革命根据地（亦称"中央苏区"）的心脏。中央苏区是毛泽东、朱德等人直接领导苏区军民在赣南、闽西小块红色割据区域的基础上开辟、打造出来的。1929年1月，毛泽东、朱德率领红四军主力下井冈山，转战赣南，揭开了创建中央革命根据地的序幕。此后，赣南、闽西的革命斗争如火如荼地向前发展。红军攻占于都、兴国、宁都县城，建立了赣南三县红色政权；随后，红军二次入闽，三克龙岩，攻占上杭，建立了永定、龙岩、上杭红色政权。朱毛红军由此在赣南、闽西站稳脚跟，安营扎寨。1930年3月，赣西南和闽西分别成立了苏维埃政府。1930年年底至1931年9月，红军连续粉碎了国民党军队的3次"围剿"，使赣西南和闽西根据地连成一片，形成了包括江西的瑞金和福建的长汀等21个县的中央革命根据地。

1930年5月，中共中央在上海秘密召开了有各地代表参加的全国苏维埃区域代表大会，开始计划建立统一的全国苏维埃政权。同年10月，中共中央政治局讨论通过的《中共中央政治局关于苏维埃区域目前工作计划》进一步

📍 瑞金革命旧址群全景图

确定，依据军事基础、群众基础和便于向一个或几个中心城市发展3个条件，将全国各革命根据地划定为中央区（赣西南、湘鄂赣）、赣东北、湘鄂边、鄂东北、闽粤赣、广西的苏维埃区域（后来的左右江革命根据地）6个，并确定湘鄂赣连接到赣西南为一大区域，要巩固和发展它成为苏区的中央革命根据地。1931年1月，中共苏区中央局在江西宁都成立。5月9日，中央政治局通过《关于目前政治形势及中共党的紧急任务决议案》，提出"建立苏维埃中央临时政府与各区政府来对抗南京国民政府，公布与实施苏维埃政府的一切法令"，"是苏区最迫切的任务"。随后，中共中央和苏区中央局领导苏区人民为建立国家政权做了大量工作。在经过4次延期之后，苏区中央局在1931年10月最终决定，11月7日在瑞金召开中华苏维埃第一次全国代表大会。

1931年11月7日至20日，中华苏维埃第一次全国代表大会（简称"一苏大会"）在瑞金叶坪村召开。大会选举了中华苏维埃共和国中央执行委员会，作为全苏大会闭幕后的最高权力机关，毛泽东为中央执行委员会主席，项英、张国焘①为副主席；宣告成立中华苏维埃共和国临时中央政府，以瑞金为首都，改名"瑞京"；决定临时中央政府设外交、军事、劳动、财政、土地、教育、内务、司法、工农检察等部委和国家政治保卫局。"一苏大会"的召开和中华苏维埃共和国临时中央政府的成立，标志着中央苏区的正式建立。

　　1933年1月，中共临时中央政治局被迫由上海迁至中央苏区，江西成为中国共产党领导土地革命的大本营和中国革命的中心地区。1933年秋，中央革命根据地发展到全盛时期，总面积约8.4万平方千米，总人口约450万人，而且是中共中央、苏维埃临时中央政府、中央革命军事委员会等党、政、军、群首脑机关所在地，成为全国革命根据地和红军的领导指挥中枢。以瑞金为中心的中央革命根据地，是全国苏维埃运动的大本营和中心区域。1934年1月21日，第二次全国苏维埃代表大会（简称"二苏大会"）在瑞金沙洲坝举行。大会通过了宪法大纲和《关于国旗、国徽、军旗的决定》等多项决议，选举博古等175人为中央执行委员、邓子恢等36人为中央候补执行委员，组成中央执行委员会。此次大会新组成的第二届中央政府，去掉了"临时"二字。

　　"二苏大会"后，中央苏区进入日益严酷的第五次反"围剿"斗争。中央政府的工作全面转向组织战争和后方服务，直至离开江西进行战略转移。1933年9月底，国民党反动派第五次"围剿"开始，由于蒋介石采取了新的战略策略，加之红军处于王明"左"倾盲动主义的错误军事指挥之下，反"围剿"越打越糟。1934年10月，中央红军主力被迫离开中央革命根据地，开始长征，同时留下部分红军就地坚持游击战争。

　　中华苏维埃共和国临时中央政府的成立，对各根据地在一定程度上起到了加强中枢指挥的作用，在政治上也产生了很大的影响。它标志着土地革命中产生的中国共产党领导的工农民主专政的政权，首次以国家形态登上中国的政治舞台，极大地鼓舞了革命群众的斗志，推动了中国苏维埃运动的发展。

---

①　张国焘：1938年投靠国民党，被中国共产党开除党籍。

中国共产党领导人民在中央苏区进行的建立新型国家政权的伟大实践，为中国革命的最终胜利奠定了基础，瑞金也因此作为"共和国摇篮"彪炳史册。同时，瑞金人民也为中国革命作出了巨大贡献和牺牲，当年仅24万人口的瑞金，共有11.3万人参军支前，5万多人为革命捐躯，其中1.08万人牺牲在长征途中，瑞金有姓名记载的烈士17166名。此外，瑞金人民还以支援粮食、认购公债、捐赠银器等方式，支持苏区建设和红军北上抗日战略转移。

第二节　瑞金红色旅游景点介绍

因光荣的革命历史而闻名中外的瑞金，共留有革命旧居旧址180多处，其中有红军广场、"一苏大会"会址、"二苏大会"会址、红井等全国重点文物保护单位。从1995年新华通讯社在瑞金"寻根问祖"、修复革命旧址以来，已有50多家中央机关和国家部委来瑞金重续"红色家谱"、建立爱国主义和革命传统教育基地，瑞金因其曾经的辉煌成为全国最大、影响最广的革命传统教育名城之一。

2015年，瑞金共和国摇篮景区被批复为国家5A级旅游景区。它占地面积4550余亩，包括叶坪、红井、"二苏大会"会址、中华苏维埃纪念园（南园和北园）等。

一、叶坪革命旧址群

叶坪革命旧址群位于瑞金市叶坪镇叶坪村，距城区约3千米，是全国保存得最为完好的革命旧址群之一。它拥有革命旧址和纪念建筑物23处，其中全国重点文物保护单位16处。旧址内有"一苏大会"会址、中共苏区中央局旧址、红军检阅台、红军烈士纪念塔、红军烈士纪念亭、博生堡、公略亭等革命遗址。这里既是中国第一个全国性红色政权中华苏维埃共和国临时中央政府的诞生地，又是中共苏区中央局和临时中央政府机关在瑞金的第一个驻地。

1.中华苏维埃第一次全国代表大会会址

中华苏维埃第一次全国代表大会会址位于瑞金市叶坪村。

1931年11月7日，中华苏维埃第一次全国代表大会在瑞金市叶坪村隆重召开。出席大会的正式代表和列席人员共610余人，来自中央苏区、闽西、赣东北、湘赣、湘鄂赣、湘鄂西、豫东北（鄂豫皖）、琼崖（海南岛）各革命根据地，各红军部队，以及全国总工会、全国海员总工会等。当天上午，在叶坪广场上举行了隆重的阅兵典礼；下午大会开幕，项英致开幕词。晚上，时任瑞金县委书记的邓小平为大会精心准备了提灯庆祝晚会，将庆祝活动推向高潮。为确保大会安全，大会筹委会还在福建省长汀县近郊设置了一个假会场迷惑敌人。大会历时14天，听取了毛泽东代表苏区中央局向大会作的政治问题报告，项英作的劳动法问题报告，张鼎丞作的土地问题报告，朱德作的红军问题报告，周以栗作的经济政策问题报告，王稼祥作的少数民族问题报告，邓广仁作的工农检察问题报告；通过了宪法大纲、土地法、劳动法以及红军问题、经济政策问题、工农检察问题、少数民族问题等决议案；选举了

中华苏维埃第一次全国代表大会会址

毛泽东、朱德、项英、周恩来、瞿秋白、方志敏等63人为中央执行委员会委员，组成中央执行委员会，作为大会闭幕后的最高政权机关；发表了《中华苏维埃共和国临时中央政府对外宣言》，向全国全世界庄严宣告：中华苏维埃共和国临时中央政府正式成立，定都瑞金。

该会址原为当地谢氏宗祠，已有几百年的历史，是中华苏维埃共和国临时中央政府的诞生地和1931年11月至1933年4月期间的驻地。中央红军主力长征后，该会址没有被敌人拆毁。新中国成立后，该会址按"一苏大会"的场景和临时中央政府原貌进行复原陈列，并于1953年对外开放。"一苏大会"会址内，还保存有"一苏大会"召开后临时中央政府所设的外交、军事、劳动、财政、土地、教育、内务、司法、工农检察等部委和国家政治保卫局（即"九部一局"）旧址。1961年，该会址被列为全国重点文物保护单位。

2.中华苏维埃共和国国家银行旧址

中华苏维埃共和国国家银行旧址位于瑞金市叶坪村。

中华苏维埃共和国国家银行于1932年2月1日在叶坪正式成立。成立之初，银行只有5人，行长由毛泽民担任，会计、记账、出纳、杂务各1人。国家银行先后发行了壹圆、伍角、贰角、壹角、伍分5种面值的苏维埃纸币，铸造了伍分、壹分的铜币和少量苏区银币、银元，以及可在白区流通的"大头洋""小头洋"等。国家银行的成立与发展，使中央苏区的经济变得活跃，促进了工农业生产和合作社运动发展。毛泽民是国家银行行长，是苏区的"财神爷"，但他从不喝酒、抽烟，吃得很简单，穿得很朴素，从不将公家的钱作为己用。1933年，毛泽民兼任闽赣省苏维埃政府财政部部长。有一次，闽赣省委会议开到深夜，大家都饿了，邵式平笑着说："泽民同志，开开恩搞点东西吃吧！肚子都要造反了。"毛泽民也笑着说："不行呀，邵大哥！财务上没有这笔开支，你就让肚子唱唱空城计吧！"

1933年4月，中华苏维埃共和国国家银行随临时中央政府迁驻沙洲坝。

中华苏维埃共和国国家银行旧址于1991年对外开放，2006年被列为全国重点文物保护单位。

3.中共苏区中央局旧址（毛泽东等同志在叶坪村的旧居）

中共苏区中央局旧址位于瑞金市叶坪村。

中共苏区中央局是全国苏维埃区域党的最高领导机构。1931年1月15日，中共苏区中央局在宁都小布成立，委员有周恩来、项英、毛泽东、朱德等9人，周恩来任书记。周恩来未到达苏区之前，项英、毛泽东先后代理书记。中共苏区中央局成立之初，机构不完善，人员也没法到位，一直随红军总部行动，几经辗转，于1931年9月从永丰龙岗迁来瑞金，这栋谢氏私宅就成为中共苏区中央局固定的办公地点。在这栋房的楼上居住和办公的有毛泽东、周恩来、朱德、王稼祥、任弼时及其他工作人员，楼下是群众住房。当时身居中华苏维埃共和国主席、中共苏区中央局委员等职务的毛泽东非常关心群众，并积极帮助群众解决生活困难。当时居住在一楼的谢大娘的房间很暗，即使在白天也要点煤油灯才能干活，毛泽东知道后，就让贺子珍叫来当地的木匠，毛泽东亲自设计，将屋面部分小青瓦换成玻璃瓦，再把楼板锯成天窗，

中共苏区中央局旧址

光线透过玻璃瓦照射进天窗里，谢大娘的家亮起来了，谢大娘白天做事再也不用点煤油灯了。

该旧址建于1924年，于1954年修复开放，1961年被列为全国重点文物保护单位。

4.红军检阅台

红军检阅台

红军检阅台位于瑞金市叶坪村的红军广场。1931年11月7日上午，"一苏大会"开幕前，这里举行了阅兵仪式，毛泽东、朱德等领导人登台检阅了红军。20日，大会又在这里嘉奖了在历次战斗中有功的红军部队和指挥员，授予红一、红二、红三、红四、红六、红七、红十、红十二、红十六军和红三军团红旗各一面，并授予毛泽东、朱德、彭德怀、方志敏等8位指挥员奖章各一枚。此后，该台一直作为集会、演讲和文艺演出的场所。

检阅台是为召开中华苏维埃第一次全国代表大会时检阅红军而建造的，当时是用竹木搭成的简易便台。1933年，临时中央政府决定重修检阅台，由梁伯台任工程指导，钱壮飞设计，并于8月1日开始动工兴建，1934年1月31日竣工，并将原来的竹木结构改为砖木结构。1934年10月，中央红军主力长征后，红军检阅台遭国民党反动派拆毁，仅存遗迹。1955年，人民政府按原貌修复了此台。1961年，该旧址被列为全国重点文物保护单位。

5.红军烈士纪念塔

红军烈士纪念塔位于瑞金市叶坪村的红军广场。

红军烈士纪念塔是中华苏维埃共和国临时中央政府为了褒扬先烈，永远纪念历年来在革命战争中光荣牺牲的红军指战员而兴建的。1933年动工，

1934年落成。塔高13米，塔座为五角形，塔身为炮弹形。布满塔身的一粒粒小石块，象征着无数革命烈士。塔座四周分别镶着毛泽东、朱德、周恩来、博古、项英、张闻天、王稼祥、凯丰、邓发等领导人的题词和建塔标志共10块碑刻。塔的正前方地面上用煤渣铺写着"踏着先烈血迹前进"8个苍劲大字。

1934年2月2日上午8时，苏维埃中央政府在这里隆重举行了红军烈士纪念塔揭幕典礼。中革军委主

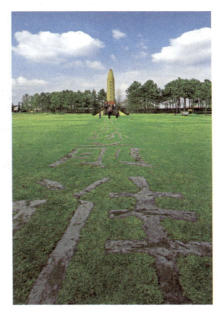

📍红军烈士纪念塔

席朱德走上塔座，介绍了红军从井冈山斗争以来英勇战斗的经过，以及红军领袖赵博生、黄公略等同志牺牲的情形，缅怀了被国民党反动派屠杀的五六十万革命志士。朱德号召大家要继承先烈遗志，踏着先烈血迹前进，彻底粉碎敌人的第五次"围剿"。1934年10月，中央红军主力长征后，红军烈士纪念塔被敌人拆毁。当地群众在沉痛和愤怒之中，冒着生命危险，把从红军烈士纪念塔拆除下来的仅有的完整的"烈"字抬回家隐藏起来，一直珍藏到新中国成立。

1955年，人民政府在遗址上按原貌修复纪念塔。1961年，红军烈士纪念塔被列为全国重点文物保护单位。

6.红军烈士纪念亭

红军烈士纪念亭位于瑞金市叶坪村的红军广场，也称五角亭，是中华苏维埃共和国临时中央政府为了悼念在土地革命战争中英勇牺牲的红军指战员而建造的。

红军烈士纪念亭由第二次全国苏维埃代表大会准备委员会筹建，1933年8

红军烈士纪念亭

月1日开始动工，1934年1月竣工落成。1934年10月，中央红军主力长征后，红军烈士纪念亭被国民党反动派拆毁。1955年春，人民政府按原貌重修此亭。"红军烈士纪念亭"几个字是模仿"红军烈士纪念塔"的字体制作而成的。1961年，红军烈士纪念亭被列为全国重点文物保护单位。

7.博生堡

博生堡位于瑞金市叶坪村的红军广场，是中华苏维埃共和国临时中央政府为纪念赵博生烈士而建造的。赵博生生于1897年，河北省黄骅县（今黄骅市）人，1917年保定军校毕业后，曾任西北军特种兵旅长、国民革命军第二十六路军参谋长等职。1931年春，蒋介石为消灭异己部队和"围剿"红军，把第二十六路军调到苏区。在此期间，赵博生接受中共地下组织的帮助，决心跟共产党走，并于10月秘密加入共产党。12月14日，赵博生和董振堂、季振同等人率领第二十六路军17000余人在宁都举行起义，集体加入红军。起

博生堡

义部队改编为红一方面军第五军团，赵博生任军团参谋长兼第十四军军长。在以后的革命战争中，赵博生忠于党、忠于革命，立下了赫赫战功。1933年1月，赵博生率军进行江西南城黄狮渡阻击战，在险恶的环境中多次击退敌人的进攻，为我军取得胜利起到了重大作用。

1月8日，在战斗中，赵博生亲临前线指挥冲锋，不幸中弹，光荣牺牲，年仅36岁。

博生堡于1933年8月1日动工，1934年建成。整个堡由青砖砌成，呈四方形，其寓意为赵博生是在第四次反"围剿"中牺牲的。1934年10月，中央红军主力长征后，该堡被国民党反动派拆毁，堡内的《纪念赵博生同志》碑刻被当地群众秘密抢救回家保存下来。博生堡于1955年按原貌重建，朱德亲自题写了"博生堡"三字，嵌于堡首。中国人民解放军总政治部也重新拟写了纪念赵博生烈士碑文，立于堡内。博生堡现为全国重点文物保护单位。

8.公略亭

公略亭位于瑞金市叶坪村红军广场北角，是为纪念黄公略烈士而建造的。

黄公略生于1898年，湖南湘乡人，黄埔军校毕业后参加了北伐战争，1927年加入中国共产党，1928年和彭德怀共同领导了平江起义，后曾担任红五军第二纵队队长、军委书记和副军长，红五军军长，红一方面军总前委委员，红三军军长等职。1931年，第三次反"围剿"胜利后，黄公略率领红

公略亭

三军转移途中，在吉安东固遭到敌机扫射，中弹受重伤，不久牺牲，年仅33岁。毛泽东听到黄公略牺牲的消息后，非常悲痛，在兴国莲塘主持了黄公略的追悼大会，高度赞扬了黄公略的一生，并在主席台两侧拟写了这样一副挽联："广州暴动不死，平江暴动不死，而今竟牺牲，堪恨大祸从天落；革命战争有功，游击战争有功，毕生何奋勇，好教后世继君来。"1930年，毛泽东率领红四军从闽西向长沙进军的途中写下《蝶恋花·从汀州到长沙》一词，用"赣水那边红一角，偏师借重黄公略"两句，高度评价了黄公略。

公略亭于1933年8月1日动工，1934年建成。亭子有三个角，寓意黄公略是在第三次反"围剿"中牺牲的。1934年10月，中央红军主力长征后，该亭被国民党拆毁。1955年按原貌修复，公略亭建成后，彭德怀题写"公略亭"三字，以示纪念。1961年，该亭被列为全国重点文物保护单位。

二、沙洲坝革命旧址群

1933年4月，由于叛徒的告密，叶坪中央政府暴露，国民党飞机连续轰炸叶坪村。为安全起见，中央机关从叶坪搬迁到沙洲坝，从此这里成为中央革命根据地的心脏、中华苏维埃共和国临时中央政府的第二个驻地。

沙洲坝革命旧址群位于瑞金市沙洲坝镇。这里包括中华苏维埃共和国第二次全国代表大会会址（中央政府大礼堂）、中华苏维埃共和国中央执行委员会旧址、中华苏维埃共和国中央人民委员会旧址、红井、中国工农红军总政治部旧址、中华苏维埃共和国中央革命军事委员会旧址、中共中央局旧址、少共中央局旧址、中华全国总工会苏区中央执行局旧址、中华苏维埃共和国粮食人民委员部旧址、中华苏维埃共和国财政人民委员部旧址、中华苏维埃共和国审计人民委员部旧址、中华苏维埃共和国土地人民委员部旧址、中华苏维埃共和国国民经济人民委员部旧址等多处全国重点文物保护单位。

1.中华苏维埃共和国临时中央政府大礼堂

中华苏维埃共和国临时中央政府大礼堂坐落于瑞金市沙洲坝镇沙洲坝村。

　　1933年4月，临时中央政府从叶坪迁到沙洲坝后，为召开"二苏大会"，决定在沙洲坝老茶亭村的树林中，建造一栋规模大、造型美，具有苏维埃共和国标志的临时中央政府大礼堂。大礼堂由"二苏大会"准备委员会监造，钱壮飞负责图纸设计，并从江西和福建选调了200多名技术人员和建筑工人担任大礼堂的具体施工任务。大礼堂于8月1日动工兴建，毛泽东经常到工地慰问工人，工人们都说："这是我们自己选出的代表集会之处，请主席放心，我们一定会按时间、保质量把大礼堂建好。"只用了4个月时间，一座宏伟的建筑拔地而起，整个外形也非常别致，从空中往下看，就像一顶红军的八角帽。当时整个建筑用了48根木柱，这些木柱都是原有的大树。为防止被敌人空军发现，树顶上的枝丫都还保留着，很有创意。整个大礼堂可容纳2000余人，有三大特点：一是门多，便于疏散，四周共有17道门；二是视线好，无论坐在大厅的哪个位置，都可以看见主席台；三是回音效果佳，不用麦克风，台下的人都可以清晰地听到台上的人的讲话。另外，在大礼堂的北侧10米处，

📍 中华苏维埃共和国临时中央政府大礼堂

113

还修筑了一个"回"字形防空洞，可容纳上千人。在大礼堂的门首上方，还嵌着"中华苏维埃共和国临时中央政府"14个大字。

1934年1月21日至2月1日，第二次全国苏维埃代表大会在这里举行，出席大会的正式代表有693人、候补代表83人、旁听代表1500人左右。毛泽东在会上作了中央政府两年来的工作报告，总结了施政情况和根据地经济建设的经验。朱德、林伯渠等人也作了相关专题的报告。

中央红军主力长征后，"围剿"中央苏区的国民党东路军第十师、第三十六师占据瑞金，把大礼堂拆毁。大礼堂于1956年重新修建，室内陈列按"二苏大会"历史场面复原，现为全国重点文物保护单位。

2.中华苏维埃共和国中央执行委员会旧址（毛泽东等同志在沙洲坝的旧居）

中华苏维埃共和国中央执行委员会旧址位于瑞金市沙洲坝镇沙洲坝村的元太屋。

◎ 中华苏维埃共和国中央执行委员会旧址

中央执行委员会产生于1931年11月召开的第一次全国苏维埃代表大会，由63名委员组成，毛泽东当选为主席。在1934年1月召开的第二次全国苏维埃代表大会上，选举175人为正式中央执行委员、36人为候补委员，组成新的中央执行委员会，毛泽东继续当选为主席。中央执行委员会在成立后的三年时间里，共颁发了上百个法律条例，为中华苏维埃共和国建设和发展发挥了重要作用。

元太屋原是破产地主杨衍兰的私祠，建于1876年。1933年4月，中央执行委员会从叶坪迁驻此处。在这里居住和办公的有毛泽东、何叔衡、徐特立、谢觉哉等领导人。其间，毛泽东经常深入群众作调查研究，先后写下了《必须注意经济工作》《怎样分析农村阶级》《我们的经济政策》《关心群众生活，注意工作方法》等著作。

3.红井

红井位于瑞金市沙洲坝镇沙洲坝村。

以前的沙洲坝是个干旱缺水的村庄，当时村民非常迷信，认为挖井会破坏当地的风水，因此没有谁敢擅自开挖，群众平时要到几千米外的小河里挑水饮用，农忙季节只能挑村前的脏塘水吃。当时流传的民谣说："沙洲坝，沙洲坝，三天不下雨，无水洗手帕，三天无雨地开岔，天一下雨土搬家。"1933年4月，临时中央政府从叶坪迁来沙洲坝以后，毛泽东发现村民饮水困难后，便召开了一次解决饮水困难的村民大会。在会上，许多群众说："这个地方不能挖井，挖井会受到报应，就是挖也不一定能挖出水来，这个地方是旱龙。"毛泽东听了，哈哈大笑地说："迷信不可信，这井我来挖。"

9月的一天早上，毛泽东带着警卫员拿着锄头、铁锹来到池塘边找水源，被一早起来的老乡看见了。于是，毛泽东领头挖井的事，立即传遍了沙洲坝。一大伙群众来到了挖井现场，在毛泽东的带领下，没过几天，一口直径85厘米、深约5米的水井就挖好了。为了使井水更清澈，毛泽东又亲自下井底铺沙石、垫木炭。从此，沙洲坝人民结束了饮用脏塘水的历史，喝上了清澈甘甜的井水。

📍 红井

1934年10月，中央红军主力长征离开瑞金后，国民党反动派卷土重来，多次填掉这口井。当地群众就同敌人展开了针锋相对的斗争，敌人白天填井，群众夜晚又把井挖开，就这样填了又挖，挖了又填，反复好几次，沙洲坝人民最终取得了胜利。

1950年，瑞金人民为迎接中央人民政府南方老根据地慰问团的到来，全面整修了这口井，并取名为"红井"。同时，在井旁立了一块木牌，上面书写着"吃水不忘挖井人，时刻想念毛主席"，以示沙洲坝人民对毛泽东的怀念和感激之情，后又将木牌改为石碑。红井现为全国重点文物保护单位。

4. 中国工农红军总政治部旧址

中国工农红军总政治部旧址位于瑞金城西沙洲坝白屋子村。

中国工农红军总政治部是全国红军和地方部队的最高政治工作领导机关，1932年1月从中革军委中分离出来成为单独机构，直接隶属党中央和中央政府领导。1932年6月，红军总政治部随中革军委出发前方。1933年5月，从前方迁回瑞金驻在白屋子村。中国工农红军总政治部的内设机构有组织部、宣传部、动员部、敌工部、青年部、《红星》报编辑部等。1934年2月，中国工农红军总政治部在瑞金沙洲坝中央政府大礼堂召开了中国工农红军第一次全国政治工作会议。这次会议不仅总结了过去红军政治工作的经验，还提出了"政治工作是红军的生命线"的论断。

在这里办公和居住的有红军总政治部主任王稼祥、副主任贺昌和杨尚昆、代主任顾作霖、秘书长和《红星》报主编邓小平、秘书萧向荣等人。

该旧址系当地杨氏私祠，1987年被列为全省重点文物保护单位，2016年被列为全国重点文物保护单位。

5.中华苏维埃共和国中央革命军事委员会旧址

中华苏维埃共和国中央革命军事委员会旧址位于瑞金市城西沙洲坝乌石垅村。

中华苏维埃共和国中央革命军事委员会（简称"中革军委"），于1931年11月在瑞金叶坪宣告成立，由朱德任主席，王稼祥、彭德怀任副主席。中革军委先后设有总参谋部（后改称总司令部）、总政治部、地方工作部、武装动员部（后改称总动员武装部）、总经理部（后改称总供给部）、总兵站部（后改称总兵站运输部）、总军医处（后改称总卫生部）、政治保卫局以及秘书处、

🔴 中华苏维埃共和国中央革命军事委员会旧址

总抚恤委员会、中央军事政治学校等机构,总参谋部内设一至六局。1933年5月,中革军委根据临时中央政府的决定,从反"围剿"前线迁回沙洲坝乌石垅村办公,军委总参谋部本部以及新属第一局(作战局)等机构在此办公,中央军委主席、红军总司令朱德,中革军委副主席、代主席项英,中革军委副主席、红军总政委周恩来,红军总参谋长叶剑英、刘伯承,第一局局长张云逸等同志都曾在此办公和居住。中革军委的其他部门和总参谋部的其他局机关,则分布在乌石垅村其他民房或附近的村子里。

该旧址原系当地杨氏私祠。中央红军主力长征后,此处遭到敌人的破坏。1953年,旧址按原貌修复并正式对外开放,1996年被列为全国重点文物保护单位。

三、云石山革命旧址群

1934年7月,由于第五次反"围剿"失利,在沙洲坝的中央机关已被国民党发现,所以整个中央政府机关从沙洲坝迁往云石山。10月10日,中央红军不得不撤离中央苏区进行长征。中革军委在云石山发布第五号命令,"将军委总司令部及其直属队组织第一野战纵队,与主力红军组成野战军,同时行动",拉开了红军长征的帷幕。

云石山革命旧址群位于瑞金城西15千米的云石山乡境内。当时的中共中央局所属组织部、宣传部、妇女部、秘书处、党务委员会、党报委员会和审查委员会等机构都在此办公。先后在这里办公和居住过的领导人有:博古、董必武、陈云、李维汉、邓颖超、瞿秋白等。这里留下了梅坑中央革命军事委员会旧址、马道口中共中央政治局旧址等革命遗址。

1.长征第一山——云石山

云石山是中华苏维埃共和国中央政府1934年7月至10月的所在地,也是中央机关二万五千里长征的出发地,被人们称为"长征第一山"。

1934年7月,正是中央革命根据地硝烟四起、第五次反"围剿"最为激烈的时刻，驻沙洲坝的中央机关已被敌人发现。为安全起见，所有中央领导机关都迁移到较为隐蔽的云石山地区，并分散在附近的各个村庄。10月初，国民党反动派的北路军和南路军疯狂地对兴国、石城、长汀和会昌等地进攻。在严峻的形势下，红军内线粉碎敌人"围剿"的希望已经破灭，鉴于情况紧急，中央作出了战略大转

📍 长征第一山——云石山

移的决定。10日那天，风啸雨残，中央机关的领导齐聚在云石山的路旁，与当地群众洒泪告别，踏上漫漫长征路。

"长征第一山"五个字，是1986年由杨尚昆所题写。云石山是一座平地凸起的小山，高不过50米，方圆不足千米，四面悬崖峭壁，只有一条百级石砌小道可以弯曲通行，小道中途还有两道石门屏障，具有"一夫当关，万夫莫开"的气势。山中怪石林立，形态各异。中央红军主力长征后，该旧址一直未遭到敌人破坏。

2.中华苏维埃共和国中央政府旧址

中华苏维埃共和国中央政府旧址位于瑞金市云石山上的云山古寺。

1934年7月，中华苏维埃共和国中央政府从沙洲坝迁到云石山后，就驻在这云石山头的寺庙之中。当年在这里居住和办公的有中央执行委员会主席毛泽东、中央人民委员会主席张闻天以及贺子珍和部分工作人员。在这里，张闻天与毛泽东建立了深厚的革命感情，两人经常相互交流、相互沟通。从相交到相知，张闻天思想转变很大，他看到了革命战争受挫的根源，认识到了"左"倾错误给革命带来的危害，充分肯定了毛泽东的正确主张，这对后来遵义会议的胜利召开起了关键作用。

云山古寺建于清嘉庆年间，是一幢江南建筑风格的庭院式普通民房，土木结构，悬山顶，客家建筑风格，占地面积360.77平方米。1960年，旧址经

维修后陈列开放。2006年，该旧址被列为全国重点文物保护单位。

3.中华苏维埃共和国中央革命军事委员会旧址

中华苏维埃共和国中央革命军事委员会旧址坐落于瑞金市云石山梅坑岩背学堂。

云石山梅坑岩背学堂（现为梅坑中学），是中华苏维埃共和国中央革命军事委员会长征前的最后一个驻地。当年，中革军委在这里作出了许多有关中央机关和红军主力战略转移的重大决策，发布了许多有关长征的文告。

该旧址原为私宅，建于1911年，占地面积约764平方米。房屋建成后在这里创办了私立崇本小学，由于学校地处岩背村，人们都称它为"岩背学堂"。

4.中国共产党中央政治局（含中央政府办事处、中共中央分局）旧址

中国共产党中央政治局旧址位于瑞金市云石山马道口村。

1934年7月，正是中央苏区第五次反"围剿"最为紧张的时刻，为中央机关的安全起见，中共中央政治局从瑞金沙洲坝下肖村迁驻云石山马道口。马道口村是中共中央政治局机关长征前的最后一个驻地。

该旧址建于1844年，是土木结构的两层楼房，占地面积1340平方米。该房屋一直是当地梁氏群众集体活动场所。

四、红四军大柏地战斗旧址

为了粉碎国民党反动派对井冈山革命根据地的第三次"会剿"，1929年1月，毛泽东、朱德和陈毅率领红四军主力第二十八团、第三十一团和军部特务营、独立营共3600余人向赣南进军。红军一下山，就遭到国民党反动派两个旅兵力的轮番追击，他们企图把红军全歼于赣南地区。红军曾在遂川、大余和寻乌等地与敌人激战，但没有摆脱敌人的尾追。2月10日，红四军来到大柏地。这里是瑞金的北部山区，从麻子坳到杏坑是一条长约5千米的狭长地带，两边峰峦叠嶂，山林茂密，沟底只有一条羊肠小道自南向北通往宁都，是开展伏击战的好阵地。当日午后，红四军按照大柏地战斗干部会议的部署，

分三路进入阵地，在麻子坳至杏坑的山谷之中隐蔽待敌。下午3时左右，尾追之敌国民党赣军独立第七师刘士毅部一路摇旗呐喊，向大柏地开进。当敌人进至麻子坳时，我中路红军突然向敌发起攻击，并边打边退，引诱敌人进入我军伏击圈内，左右两翼红军以迅雷不及掩耳之势迂回敌后，截断了敌人的退路，把敌人围困在麻子坳至杏坑的山谷中，使之成了瓮中之鳖，无法突围。次日拂晓，红军向敌人发起了总攻，密集的火力射向敌阵，敌人渐渐招架不住。11日下午，大柏地战斗宣告胜利结束。此役，活捉敌正副团长及以下800余人，缴枪800余支。大柏地战斗的胜利，使红军摆脱了敌人的尾追，扭转了战局，同时扩大了党和红军的政治影响，为开辟新的革命根据地打开了新的局面。

1.红四军部署大柏地战斗干部会议旧址

红四军部署大柏地战斗干部会议旧址，位于瑞金市区北面30千米的大柏地乡王氏宗祠。

1929年2月10日，毛泽东、朱德在王家祠主持召开了红四军排以上干部参加的军事会议，部署大柏地战斗。会上研究了当时的形势，决定利用大柏地南侧的有利地形，歼灭尾追之敌，扭转被动局面。

◎ 红四军部署大柏地战斗干部会议旧址

该旧址建于1872年，砖木结构。该祠一直是当地王姓群众集体活动场所。大柏地战斗期间，毛泽东为了不打扰群众，就住在宗祠的右厢房里。战斗结束后，房屋仍由当地群众使用。1969年，为开展革命传统教育，瑞金县人民政府将旧址产权收归国有，并公布为县级文物保护单位。2006年，该旧址被列为全国重点文物保护单位。

2.红四军大柏地战斗战场遗址

红四军大柏地战斗战场遗址位于麻子坳前村一带，战线长约2千米。

1929年2月10日，红四军在毛泽东、朱德、陈毅的指挥下，围歼刘士毅两个团，生俘敌军800余人，取得了红四军从井冈山下来后的首次胜利。陈毅说，大柏地战斗是"红军成立以来最有荣誉之战争"。1933年夏，毛泽东经过大柏地，看到前村的战斗痕迹，回顾当年激烈的战斗，以无产阶级革命家的雄伟激情，写下了光辉的辞章《菩萨蛮·大柏地》："赤橙黄绿青蓝紫，谁持彩练当空舞？雨后复斜阳，关山阵阵苍。当年鏖战急，弹洞前村壁。装点此关山，今朝更好看。"

大柏地乡前村，原名杏坑。1968年，为纪念大柏地战斗胜利和毛泽东《菩萨蛮·大柏地》一词发表35周年，当地群众将杏坑改名为"前村"。前村是大柏地鏖战的历史见证，在土坯墙上，至今仍保留着当年鏖战的累累弹痕。2006年，该遗址被列为全国重点文物保护单位。

五、瑞金市武阳镇革命旧址

武阳镇位于瑞金西南部，距瑞金市区18千米，是中国工农红军"长征第一桥"、苏区时期全中央苏区的模范区和春耕生产运动赠旗大会会址所在地。

1.长征第一桥——武阳桥

武阳桥横跨于瑞金市武阳镇绵江之上，是一座具有历史价值的木板桥。特别是在桥头有一株百年樟树，古朴苍劲。

1933年，蒋介石驱使百万军队，调集200架飞机，对中央革命根据地发动第五次"围剿"。当时党中央"左"倾领导人提出"拒敌人于国门之外"的错误主张，与十倍于己的强敌硬拼，结果在1934年7月丢掉广昌，10月失去兴国、宁都，红军损失惨重，不得不进行战略大转移，开始了举世闻名的二万五千里长征。红军撤出武阳镇时，因绵江阻隔，难以迅速撤离，武阳人民伐木、打桩、搭梁、铺板，老少上阵，日夜赶工，在绵江之上架起了一座大木桥，让红军顺利通过。送别之时，男女老少携粮带物，云集桥头送别红军，故此桥被誉为"长征第一桥"。

2.中华苏维埃共和国临时中央政府春耕生产运动赠旗大会会址

中华苏维埃共和国临时中央政府春耕生产运动赠旗大会会址位于武阳村邹氏公祠。

1932年2月，苏维埃临时中央政府颁布了《苏维埃临时中央政府关于春耕问题的训令》，要求苏维埃政府要努力领导人民群众解决春耕中的各种难题。瑞金武阳区委和区苏维埃政府组织全区民众热烈响应这一号召。在1933年的春耕运动中，他们在解决劳力、耕牛、水利、肥料及开垦荒田荒地等方面取得了优异成绩，多次受到苏维埃临时中央政府的表扬。苏维埃临时中央

🔴 春耕生产运动赠旗大会会址

政府为了发展苏区农业生产，支援革命战争，总结推广瑞金武阳区的革命、生产经验，1933年5月18日，苏维埃临时中央政府主席毛泽东率领中央政府代表团到达武阳区苏维埃政府所在地。19日，毛泽东在武阳竹头下村召开了有14000多名军民参加的春耕生产运动赠旗大会，并在会上作了关于发展农业生产的报告，称赞了武阳区特别是石水乡的春耕成绩，号召苏区军民向武阳区学习。会上，毛泽东亲自把"春耕模范"奖旗授予武阳区和石水乡。

武阳邹氏宗祠始建于1716年，砖木结构。苏区时期，这里是武阳区苏维埃政府所在地。中央红军主力长征后，整幢房屋被国民党武阳区公所占领。2006年，该旧址被列为江西省文物保护单位。

六、瑞金革命烈士纪念馆

瑞金革命烈士纪念馆坐落于中华苏维埃纪念园南园。

土地革命战争时期，瑞金人民在中国共产党的领导下，同敌人进行了艰苦卓绝的斗争，付出了巨大的牺牲，无数赤胆英雄用鲜血染红了"红色故都"的片片热土，千万革命志士用生命精心呵护"共和国摇篮"，英烈们为共和国的创建作出了重大贡献，在中国革命史上写下了光辉篇章。

当年，红军将士以及包括瑞金人民在内的苏区群众，流血流汗，为革命成功作出了巨大贡献。红军从井冈山下来时只有3600余人，在中央苏区发展到10余万人。第一、第二、第三、第四次反"围剿"中，红军打败敌军60余万人，歼敌2万多人，用枪杆子打出了一个红色世界。在一个没有港口、没有铁路的山城——瑞金建立起国都，从而在中国革命史上树起了一座具有划时代意义的巍巍丰碑。瑞金人民为此作出了巨大的牺牲与贡献，他们不仅为临时中央政府等中央机关和红军总部腾出房屋，修造了大量办公与生活用具，提供了食品和便利，承担了警戒保卫责任，而且创造了春耕模范的典型。此外，瑞金人民还通过参军参战、筹粮筹款等方式支持红军部队。从1930年起，瑞金妇女每年做出八九万双草鞋送给红军。1934年7月，全县捐出草鞋

瑞金革命烈士纪念馆

10万双。许多妇女还把头上、手上的首饰摘下，无偿捐给国家银行铸造银币。1933年，瑞金兴起借谷、节省运动，提出"节约一升米、一分钱，送到炮火连天的前线去"的口号。这一年，全县节省稻谷1.6万担，位列中央苏区前茅。

瑞金革命烈士纪念馆于1953年经江西省人民政府批准兴建，始建于瑞金城内，1955年建成开放，1979年迁至塔下寺风景区重建，1986年开放，1995年被民政部授予第一批全国爱国主义教育示范基地、国家级革命烈士纪念建筑物称号。瑞金革命烈士纪念馆踞山而建，临水而立，是集红色、绿色和古色精华于一体的经典名胜区。展馆建筑面积3320平方米，展线长327米，分设有序厅、纪念大厅、1—6号陈列室和休息室，馆内珍藏有17394位烈士英名录，陈列了100多位著名英烈和将军的画像、遗物和生平事迹。纪念馆占地面积约60000平方米，景物分置前、中、后、沿河四区，前区广场安放了石刻群雕《送郎当红军》，中区坐落有邓小平亲笔题词的巨型毛泽覃纪念碑，八角英烈亭与其遥相呼应，后区广场最高处为陈列馆，沿河景区保存有明朝万历年间

建造的龙珠塔和自然生态的山水园。

七、中央革命根据地历史博物馆（瑞金中央革命根据地纪念馆）

中央革命根据地历史博物馆位于瑞金市红都大道龙珠路口。

博物馆正面造型犹如一面迎风招展的旗帜。那高耸入云的建筑就是"旗杆"，也称为纪念碑，高度为31.117米，寓意中华苏维埃共和国成立于1931年11月7日。碑顶两侧镶嵌着镰刀、斧头、五角星图案，象征着中华苏维埃共和国是工农当家作主的人民政权。而以花岗岩镶嵌的636平方米的巨型浮雕墙面，就是旗帜的旗面。旗面内浮雕图案主题为"人民共和国从这里走来"，由三组主浮雕图案与若干小浮雕图案组成。中间的人物肖像浮雕主题是"伟人风采"，展示了毛泽东、朱德、周恩来等24位在中华苏维埃共和国创建中有卓越贡献的典型代表；右边浮雕主题为"土地革命"，反映的是红军打土豪、分田地，建立中华苏维埃共和国临时中央政府的热烈动人场景；左边浮雕主

📍 中央革命根据地历史博物馆

题为"战略转移",刻画了中国工农红军实行战略大转移,与当地群众难舍难分、依依惜别的动人场面。

在浮雕墙右上角为中华苏维埃共和国国徽图案以及中华苏维埃共和国成立时间"1931.11.7",左上角是中华人民共和国的五星红旗。整个墙面形似一本翻开的书,寓意历史翻开了新的一页,两边内容相互辉映,意义深远。仔细观看整个浮雕墙面,还有一条条弯曲的线形图案,似云似路,并有19颗红五星相配,喻示在1931年至1949年共19年时间里,中国共产党领导建立的人民政权踏着弯曲艰难之路,从瑞金通往北京。位于馆内的《人民共和国从这里走来——中华苏维埃共和国史》展览,分五大部分、上下两层展出,展厅面积5800平方米,展线总长973米,再现了中华苏维埃共和国的恢宏历史。

中央革命根据地历史博物馆于2004年经中共中央办公厅批准,在瑞金中央革命根据地纪念馆的基础上进行改扩建。党的十七大前夕,江泽民亲自为新馆题写了馆名:中央革命根据地历史博物馆。该馆于2007年竣工并对外开放,占地面积68亩,建筑面积为10100平方米。馆藏文物11146件,其中一级藏品148件、二级藏品365件、三级藏品621件,管辖瑞金革命旧居旧址127处。该馆是全国爱国主义教育示范基地、国家一级博物馆、全国红色旅游经典景区。2015年,"共和国摇篮旅游区"被评为国家5A级旅游景区。

第三节　瑞金周边地区红色旅游景点介绍

瑞金周边地区红色旅游资源十分丰富。整个赣南曾是个掀起历史风云的地方。20世纪30年代初,毛泽东、朱德、邓小平等老一辈无产阶级革命家转战赣南,建立了以瑞金为中心的中央革命根据地,创立了中华苏维埃共和国临时中央政府。中央苏区除瑞金外,还包括江西的宁都、于都、兴国、会昌、信丰、安远、寻乌、广昌、石城、黎川等县城。举世闻名的工农红军二万五千里长征从赣州的瑞金、于都等地迈出了第一步。在革命战争中,赣

州参加红军的人数达到33万余人，有姓名记载的烈士达10.8万人，占江西烈士总数的44%，占全国烈士总数的7.5%。赣州人民为中国革命的胜利作出了巨大的贡献。红军留下的旧居旧址大多保存完好，成为今天红色旅游参观、进行革命传统教育的生动教材。

一、宁都县红色景点

苏区时期，宁都是中央苏区的重要县域，是中共苏区中央局、中央革命军事委员会、中共江西省委、江西省苏维埃政府、江西省军区驻地，是第一、第二、第三次反"围剿"的政治军事指挥中心和重要战场，第四次反"围剿"的巩固后方，第五次反"围剿"阻击敌人的重要区域。

宁都有大量的红色遗存，据不完全统计，现仍保存的方面军级别机构和驻地旧地（遗址）60余处，毛泽东、朱德、周恩来等革命家的旧居百余处，相关的标语、壁画200余幅，相关的文物、资料2000余件。

1.东韶战斗遗址

东韶战斗遗址位于宁都县城东北部60千米东韶境内龙潭麻婆嵊。

1930年12月30日，红一方面军在毛泽东、朱德指挥下取得龙冈战斗胜利后，又挥师东进追击向东韶、洛口方向逃窜的敌谭道源第五十师。1931年1月3日，红军向谭师发起猛烈攻击，歼敌一个多旅，俘敌3000余人，缴获各种枪支2000余支，胜利粉碎了敌人第一次军事"围剿"。

2.中央苏区反"围剿"战争纪念馆

中央苏区反"围剿"战争纪念馆位于宁都县梅江镇背村与迳口村之间通往翠微峰道路南侧。

中央苏区反"围剿"战争纪念馆

该馆于2006年经中共中央办公厅批准同意兴建，占地面积220亩，于2013年开馆，先后被核定为国家二级博物馆、全国爱国主义教育示范基地、江西省爱国主义教育基地、江西省国防教育基地，入选全国红色旅游经典景区目录，是全国唯一一所反映中央苏区五次反"围剿"战争的革命纪念馆，是集生态观光、红色研学、运动拓展、红色教育、红色培训为一体的红色景区。

3. 宁都起义指挥部旧址

宁都起义指挥部旧址位于宁都县城梅江河畔。

1931年12月14日，驻宁都县城的国民党军第二十六路军1.7万余人在中国共产党的帮助指导下，由赵博生、董振堂、季振同率领，在这里举行起义，加入红军，被编为红五军团。

早在大革命时期，中国共产党曾派刘伯坚、刘志丹、邓小平等同志到西北军中从事政治工作，使大部分官兵深受共产党的影响。大革命失败后，很多共产党员都与党失去了联系，只有刘振亚一直隐藏在这支部队里与党保持

◎ 宁都起义指挥部旧址

联系，后来党中央派了3名共产党员与刘振亚一起秘密开展党的工作，不断扩大党的组织，到起义前夕，已发展了300多名共产党员。此外，当时苏区的干部群众积极进入国民党军第二十六路军中做宣传瓦解工作，并写下"穷人不打穷人""欢迎白军兄弟打土豪分田地"等标语，使得他们明白共产党好、红军好、苏区好，为后来的起义打下了扎实的政治思想基础。

第二十六路军的大部分官兵都是北方人，刚进驻宁都不久，就爆发了九一八事变。面对日寇侵犯同胞，大家激发了爱国主义的热情，发出了"回北方、打日本"的呼声，并试图离开宁都北上抗日，却遭到蒋介石的阻止。在这种情况下，第二十六路军官兵对蒋介石产生不满，也清醒地认识到，要抗日只有到红军中去。1931年12月14日，总参谋长赵博生以"宴请"的名义将团以上的军官集中到总指挥部，并当场宣布起义加入红军。除二十五师师长李松昆逃跑外，其余1.7万余人全部参加了起义。

起义成功后，赵博生、董振堂在县城南门外沙滩上带头撕下国民党帽徽，率领起义部队向苏维埃区域前进。该部队经过整编，成为一支无产阶级革命队伍，在革命战争中作出了重要贡献。由于红五军团在我军革命史上留下了光辉的篇章，1937年，毛泽东为宁都起义题词："以宁都起义的精神，用于反对日本帝国主义，我们是战无不胜的。"

该旧址是一座罗马式建筑，始建于1916年，原为英国牧师的住宅，名"耶稣堂"。旧址占地面积293.82平方米，为两层砖木结构，保存完好。1988年被列为全国重点文物保护单位。

4.宁都会议旧址

宁都会议旧址位于宁都县城东北部40千米的东山坝镇小源村。

1932年10月3日至8日，中共苏区中央局在此召开全体会议（史称"宁都会议"）。出席会议的有来自后方的中央局成员任弼时、项英、顾作霖、邓发和已在前方的周恩来、毛泽东、朱德、王稼祥，新上任的红军总参谋长刘伯承列席了会议，会议由周恩来主持。会上，"左"倾路线占据了上风，对毛泽东进行了错误的批判和处置，使他被迫离开红军领导岗位。事实证明，这是中国共产党历史上一次有严重错误的会议。

该旧址原为榜山翁祠，总占地面积283.5平方米，现为全国重点文物保护单位。

二、于都县红色景点

于都是土地革命战争时期的全红县，是1929年毛泽东、朱德率领的红四军和彭德怀率领的红五军游击赣南时建立的第一个县级红色政权。彪炳千秋的中央红军二万五千里长征从这里起步，是红军长征的集结地和出发地。

于都现有众多的革命景点，如中央红军长征第一渡、于都县革命烈士纪念馆、赣南省苏维埃政府旧址暨长征前夕毛泽东同志旧居——何屋、中央红军长征出发纪念馆、于都长征大桥、于都红军大桥、长征广场等，吸引着大批海内外游人驻足停留。

1.中央红军长征出发地纪念园（中央红军长征第一渡）

中央红军长征出发地纪念园位于于都县渡江大道东段。

由于第五次反"围剿"的失利，1934年10月10日，中央红军不得不撤离中央苏区进行长征。于都河（贡江）是中央红军长征首先要渡过的第一条大河，当时河宽600多米，水流湍急，除少数渡口插上河标可以涉水渡河外，大部分地方只能架设浮桥渡河。为此，在中共赣南省委、省苏维埃政府领导下，于都人民无私奉献，大力支援红军，沿河所有的民船全部停运，共汇集了800多条大小船只，有的用作架设浮桥，有的用作摆渡。为隐蔽红军的战略意图，避免国民党的飞机轰炸，架设浮桥都在夜间进行。一到傍晚，群众就有组织地涌向架桥工地，有的打火把，有的送茶送饭，还有的送门板木料，仅4天时间，就在河面上架设了5座浮桥，布设了众多摆渡和涉河点。

10月16日至19日傍晚，中革军委、红军总司令部和中央政府所属机关和红一、红三、红五、红八、红九军团共计8.6万余人分别从于都梓山的山峰

📍中央红军长征第一渡渡口

坝、花桥，县城的东门、南门、西门，罗坳乡的孟口、鲤鱼、中埠和靖石乡的渔翁埠等渡口渡过于都河，踏上漫漫长征路。渡河前，于都的男女老幼从四面八方来到桥头、渡口，送上一杯杯茶水、一顶顶斗笠，送不尽对红军的无限情意，红军战士则深情凝望着根据地的山山水水，依依惜别。

2009年，在纪念中央红军从于都出发长征75周年之际，于都县委、县政府为了弘扬长征精神、缅怀先辈伟绩，投资近千万元对中央红军长征第一渡纪念碑园进行改造扩建，兴建了中央红军长征出发地纪念园。纪念园占地面积60亩，由游客服务中心、小广场、主题雕塑、集结广场、纪念广场、中央红军长征出发纪念馆等组成。园区环境十分优美，是一处集爱国主义教育、观光游览、休闲娱乐为一体的综合性纪念园。该园先后被评为全国爱国主义教育示范基地、国家4A级旅游景区。

2.于都县革命烈士纪念馆

于都县革命烈士纪念馆位于于都县长征大道中路。

于都县革命烈士纪念馆占地面积约15000平方米，陈列面积943平方米，展线长360米，陈列了红二十军军长肖大鹏、于都农民起义总指挥李骏等187名于都籍和外县籍知名烈士的事迹及部分遗物。整个

📍 于都县革命烈士纪念馆

陈列以烈士牺牲先后为顺序，以英雄史实为依据，用文字、图表、实物、油画、照片、塑像等表现方式，展示了于都人民为中国革命事业不屈不挠、前仆后继、浴血奋斗的壮烈场面。

土地革命战争时期，于都县是中央革命根据地的重要组成部分，全县为革命光荣捐躯的烈士达16336名。为褒扬革命先烈的丰功伟绩，1955年，于都县人民政府在此处建有烈士纪念塔、纪念亭各一座。1987年，于都县革命烈士纪念馆举行奠基仪式，宋任穷题写了馆名，于1990年正式对外开放展出。2020年，政府对主体展览馆进行了修缮。

3.赣南省苏维埃政府旧址暨长征前夕毛泽东同志旧居——何屋

赣南省苏维埃政府旧址位于于都县长征大道中段旁。

1934年9月，毛泽东从瑞金云石山来到于都，住在这幢房子的东厢房。10月18日，毛泽东离开何屋，随同中央纵队渡过于都河，踏上了漫漫长征路。同时，这里也是1934年7月根据革命形势的需要成立的赣南省苏维埃政府机关所在地。

该旧址原为何姓人家的民房，房子较宽敞，前后有小院，共有房间30余间，占地面积636平方米。

三、兴国县红色景点

兴国,位于江西省中南部,赣州市北部,土地面积3215平方千米。兴国是全国著名的"将军县",中华人民共和国开国将帅中,兴国籍将军就有56位,与湖北的红安、安徽的金寨被誉为全国三大将军县。兴国还是著名的"苏区模范县",各项工作都成为全苏区的模范,创造了许许多多的"之最"和"第一",是影响深远的"苏区干部好作风"的发源地。在1934年1月召开的中华苏维埃第二次全国代表大会上,毛泽东将"模范兴国"红匾授予兴国,称赞"兴国的同志们创造了第一等的工作"。毛泽东在兴国长冈乡作过调查,还在兴国办过"土地革命干部训练班",留下了"四星望月"的动人故事。

兴国县红色旅游资源可以概括为"一园一院三馆七大革命旧址"。"一园"即苏区干部好作风纪念园,"一院"即潋江书院,"三馆"即革命历史纪念馆、毛主席作长冈乡调查纪念馆、革命烈士纪念馆,"七大革命旧址"即土地革命干部训练班旧址、中共江西省委旧址、江西省第一次工农兵代表大会旧址、江西军区旧址、长冈乡调查旧址、中央兵工厂旧址、中央红军总医院旧址。

1. 土地革命干部训练班旧址(潋江书院)

土地革命干部训练班旧址位于兴国县城文昌路8号,该旧址原为潋江书院。

1929年4月中旬,毛泽东率部抵达兴国县城。在兴国期间,毛泽东主持制定了兴国县《土地法》和《兴国县革命委员会政纲》,并指导成立了兴国县革命委员会。4月下旬,为了贯彻执行兴国县《土地法》,开展土地革命运动,红四军前委在潋江书院崇圣祠举办了萧华等40余人参加的土地革命干部训练班。毛泽东为训练班传达了党的六大精神,讲述了党的"十大政纲"及农民、土地等重要问题,讲解了土地革命的政策,为土地革命的发展培养了一批领导骨干。1930年至1934年间,该书院为兴国县苏维埃政府所在地。

潋江书院始建于清乾隆三年(1738年),占地面积4903平方米。书院坐北朝南，砖木结构，依山而建，五重递进，由门庭、讲堂、拜亭、魁星阁、文昌宫和崇圣祠组成一个建筑群。该旧址对于研究以毛泽东为代表的共产党人勇于探索，形成正确的土地斗争路线、方针和政策的实践活动和历史过程具有重要价值。1978年，人民政府按苏区时原貌修复潋江书院。该旧址先后被列为全国爱国主义教育示范基地、全国重点文物保护单位。

2.中央兵工厂旧址群

中央兵工厂旧址群位于兴国县兴莲乡官田村。

中央兵工厂由红军总供给部直属修械处、江西省苏维埃政府修械处和红三军团修械处合并组成，于1931年在此成立，属中革军委领导。中央兵工厂初创时设总务处（厂部）、枪炮科、弹药科、利铁科及护厂特务连和工人俱乐部等，仅有几十名工人，后发展为枪炮、弹药、杂械三厂，职工400多人，设备从仅有锉刀、打铁炉发展到有发电机、车床和鼓风机等机械设备。枪炮厂设在官田，弹药厂设在于都银坑，杂械厂设在兴国古龙岗寨上。至1934年春，中央兵工厂总计修理步枪4万余支、机枪2000多挺、迫击炮100多门、山炮2门，制造子弹40余万发、地雷5000多个、手雷6万余个，为支援革命战争作出了巨大贡献，这是我党我军创办的第一个大型综合性兵工厂，被誉为"人民兵工的始祖"。

2006年，该旧址被列为全国重点文物保护单位。

3.江西军区旧址（含红军检阅台）

江西军区旧址位于兴国县潋江镇筲箕村。

1932年1月，中革军委通令撤销江西省苏维埃政府军事部，成立江西军区总指挥部。同时，中革军委将中央红军独立第三、第四、第五、第六师调归江西军区总指挥部建制。1932年2月，江西军区正式成立，至1933年春，军区机关驻此。陈毅为军区总指挥兼政治委员，蔡会文为政治部主任。旧址后进二楼有陈毅卧室。军区驻此期间，积极动员青壮年参加红军，大力发展地方武装，精心组织地方部队配合红军作战，为巩固革命根据地作出了重大

中国人民解放军历史上的第一个军区

📍 江西军区旧址

贡献。1932年，在江西军区指导下，兴国组织了不脱离生产的地方武装"兴国模范师"。1933年6月1日，兴国模范师5000余人在筲箕广场红军检阅台前举行上前线誓师大会，陈毅亲自授旗并宣读贺电、贺信。6月6日，兴国模范师开赴前线，编为红一方面军第三军团第六师。

该旧址保存完整，原为私宅，始建于1924年，坐东朝西，砖木结构，悬山顶，分上下两层共28间房，占地面积2193.5平方米，四周砌有围墙。红军检阅台建于1933年年初，专为检阅兴国模范师上前线而建，坐南朝北，占地面积66平方米，台内尚存"全世界无产者联合起来"横批。2006年，该旧址被列为全国重点文物保护单位。

4.江西省第一次工农兵代表大会旧址

江西省第一次工农兵代表大会旧址位于兴国县城背街红军桥头西端南侧。

1932年5月1日至8日，江西省第一次工农兵代表大会在此召开，参加大会的有正式代表240余人、候补代表20余人。项英、曾山、陈毅等23人组成大会主席团。项英代表苏维埃临时中央政府作政治报告，曾山代表江西省苏维埃政府执行委员会作江西省苏维埃政府工作报告。大会通过了《苏维埃工作报告决议案》《土地问题决议案》《对扩大红军的决议案》《财政与经济问题的决议案》《文化教育工作决议》等决议案和《拥护临时中央政府对日战争宣言》。大会产生新的江西省苏维埃政府执行委员会，选举曾山为江西省苏维埃政府主席。

该旧址保存完整，占地面积945平方米。旧址原为陈姓宗祠，始建于清光绪二十七年（1901年），砖木结构，分上下两厅，厅间有天井，后厅左右配有厢房，前厅原有钟楼、鼓室。该旧址石柱和墙壁上保存有"进行持久的艰苦战争"等30条苏区标语和一幅宣传画，为研究我党新民主主义革命的纲领、方针和政策及党的宣传工作提供了珍贵史料。2006年，该旧址被列为全国重点文物保护单位。

5.长冈乡调查旧址

长冈乡调查旧址位于兴国县长冈乡长冈村，占地面积242.12平方米。

为了总结长冈模范乡先进经验，1933年11月，毛泽东率领临时中央政府检查团到长冈作调查。毛泽东在长冈列宁小学召开了有乡党支部委员、乡苏维埃政府干部、村代表、赤卫队长、妇女主任等参加的调查会，对长冈乡的政权建设、扩大红军、行政区划、经济建设、文教卫生和群众生活等19项工作作了详细调查，并通过参加劳动和个别访问等方法了解情况，总结了长冈模范乡的先进经验。1934年1月，第二次全国苏维埃代表大会印发了毛泽东写的《乡苏工作的模范（一）——长冈乡》小册子。会上，毛泽东号召"要造成几千个长冈乡，几十个兴国县"。

长冈乡调查旧址原为李春玉私宅，始建于1930年，苏区时期为列宁小学，坐北朝南，土木结构，二层楼房，占地面积242.12平方米，分前后两栋，中有天井。该旧址是毛泽东深入实际作长冈乡调查的历史见证，对于研究和宣传毛泽东注重调查研究的优良作风、党的实事求是思想路线的形成，均有重要价值。2006年，该旧址被列为全国重点文物保护单位。

6. 兴国革命烈士纪念馆（兴国烈士陵园）

兴国革命烈士纪念馆位于兴国县五福广场旁。

兴国县既是"将军县"，又是全国著名的"烈士县"。在土地革命战争时期，兴国只有23万人口，参军参战的就达9.3万人，为国捐躯的烈士有5万多名，其中有姓名记载的烈士达23179名，牺牲在长征途中的烈士有12038名，是全国烈士数量最多的一个县。

2009年，纪念馆启动实施全面翻新扩建工程，改扩建项目包括悼念广场、烈士浮雕墙群、烈士英雄长明灯、烈士悼念卧碑、革命烈士纪念馆、英名碑廊、纪念亭、纪念池及会议室、资料室、文物库等设施。馆内布展充分运用实物、图片、模型等多种表现形式，以及声、光、电等先进展示手段，将影像视频、自动解说系统、舞台灯光、背景画面和动感沙盘等视觉听觉因素融为一体。兴国县革命烈士纪念馆先后被列为全国爱国主义教育示范基地、全国重点革命烈士纪念建筑物保护单位。

7. 苏区干部好作风纪念园

苏区干部好作风纪念园位于兴国县将军大道南端，由苏区干部好作风陈列馆、将军园、模范书记亭等组成，为国家4A级旅游景区。

📍 苏区干部好作风纪念园

苏区干部好作风陈列馆总建筑面积6000平方米，布展面积4970平方米，展线长1130米，共有5个展厅。

将军园由将军馆、将军广场、大型群雕等部分组成。将军馆建筑面积4200平方米，屋顶是红军八角帽造型，展厅和大门由镰刀、斧头形状构成。馆内以图片、实物、文字等形式，再现了兴国籍将军们的英勇事迹。将军广场按长征路线进行规划，安放了56位兴国籍共和国开国将军的雕像，并用12块奇石分别雕刻萧华上将所作的12组长征组歌。大型群雕由土地革命战争中主要由兴国儿女组成的"中国工农红军兴国模范师""中国工农红军少共国际师""中国工农红军中央警卫师"的三面军旗雕塑及群雕组成，群雕正面是五次反"围剿"的战斗场面，背面是兴国人民在土地革命战争中母送子、妻送郎、兄弟争先上战场和被临时中央政府授予"模范兴国"红匾的动人场面。

四、大余县红色景点

1934年10月，中央红军主力长征后，项英、陈毅、杨尚奎、陈丕显等人领导赣粤边苏区人民坚持了艰苦卓绝的三年游击战争，大余成为南方红军三年游击战争的主阵地。

1.长岭会议旧址

长岭会议旧址位于大余县河洞乡长岭村沙湾。

1935年4月，项英、陈毅在大余县河洞乡长岭村沙湾农民罗学文家中，主持召开了党政军干部全体会议，近70人参加了会议，史称"长岭会议"。会议制定了"依靠群众，坚

长岭会议旧址

持斗争，积蓄力量，创造条件，迎接新的革命高潮"的游击战争方针，并进

行了分兵部署，将红军游击队分散到各区去开展斗争。长岭会议是红军游击队由正规战转为游击战的转折点，对胜利坚持赣粤边三年游击战争具有重要意义。

该旧址系山区民房，建于清朝中后期，土木结构，分上下两厅，占地面积约200平方米。大余县委、县政府分别于1978年、2007年对它进行了维修，保护较好。2005年，长岭会议旧址被列为赣州市不可移动文物保护名录。2011年，该旧址被列为大余县文物保护单位。

2.梅关旧址

梅关旧址位于大余县南安镇梅山村。

1935年10月，"北山事件"后，为安全起见，项英、陈毅和赣粤边特委由北山向油山转移，途中巧妙地渡过了敌人重兵把守的梅关。陈毅为此写下了《偷渡梅关》诗一首，记载了当时的艰难险阻，并留下了"一身卧两省"的佳话。

梅关旧址

梅关关楼处于驰誉中外的历史名山梅岭之巅，是古代中原通往岭南的一座重要关隘，故有"岭南第一关"之称，是兵家必争之地。梅关关楼雄跨赣粤两省，现存关楼始建于宋代嘉祐八年（1063年）。2001年，梅岭（梅关）被列为江西省爱国主义教育基地。2006年，梅关关楼和梅关古道被列为全国重点文物保护单位。

3.南方红军三年游击战争纪念馆

南方红军三年游击战争纪念馆建于大余县黄龙镇丫山脚下，占地面积210.7亩，气势恢宏，大气磅礴。

南方红军三年游击战争，即1934年10月中央红军主力撤离中央苏区开始

📍南方红军三年游击战争纪念馆

长征以后，到1937年年底集中整编为新四军，开赴抗日前线前，坚持在南方八省的红军游击队，同持续"清剿"的国民党军进行的游击战争。中央红军主力长征之后，大余人民在项英、陈毅和中共赣粤边特委的领导和组织下，坚持了艰苦卓绝的三年游击斗争，粉碎了国民党反动派多次大规模的军事"清剿"，保存和发展了革命力量，为实现第二次国共合作作出了积极贡献。

　　该纪念馆是全国唯一一座全面展示南方八省十五个游击区斗争历史的红色历史纪念场馆，建筑面积约2万平方米，包括主馆、红色文化街、红色体验区、主体雕像区和红色文化表演区等。2021年，该纪念馆被列入江西省爱国主义教育基地。

五、信丰县红色景点

1.中共赣粤边特委交通站接头处旧址——上乐塔

上乐塔位于信丰县油山镇上乐村塔下屋场右侧约100米处的小山上。

上乐塔

南方红军三年游击战争时期，项英、陈毅领导的游击队分为3个大队——一队在信丰，一队在北山，一队在三南（全南、定南、龙南）。项英、陈毅坐镇油山，并以油山为中心建立了秘密交通站。交通站分两条交通干线：一条通三南，一条通梅山、北山。上乐塔则为交通站接头处。当时，大量的情报、特委和游击队的文件，以及项英、陈毅编写的《红军战士识字课本》和军事、政治教材，都由交通站接头处交接或转发。游击队转移时还将枪支弹药、文件和油印器材藏在塔壁内或埋在塔下。新中国成立后，塔内先后发现埋藏的步枪等革命文物。

该塔系六面五层青砖塔，塔高29米，底层周长9.88米，对角距3.16米，塔身略向东头倾斜。上乐塔建造年代无记载。1979年，该塔进行过全面维修，现坚固完好，被列为全省重点文物保护单位。

2.赣粤边三年游击战争纪念馆

赣粤边三年游击战争纪念馆

赣粤边三年游击战争纪念馆位于信丰县城大圣寺塔旁边。

赣粤边三年游击区是南方八省十五块游击区的重要地区。1934年10月中央红军主力战略转移后，苏区中央分局书记、中央军区司令员兼政治委员项英和苏区中央分局委员、中华苏维埃共和国中央政府办事处主任陈毅在极端艰苦的条件下，领导中国红军进行了艰苦卓绝的赣粤边三年游击战争，为华中、华南地区人民进行抗日战争保存了力量，为中国革命和民族精神谱写了光辉的篇章。

该馆兴建于1997年，建筑结构独特，巧檐飞栋，与雄伟的古塔交相辉映。纪念馆分4个部分：重大战略转变；红军游击队的反"清剿"斗争；艰难困苦的游击生活；下山谈判，开赴抗日前线。

六、会昌县红色景点

会昌县保存有会寻安中心县委旧址等红色景点。会寻安中心县委旧址位于会昌县筠门岭镇坝笃下。

1932年，为加强党对苏区南线的领导，中共江西省委根据党中央的指示，于该年六七月间在会昌县筠门岭镇建立了会寻安中心县委，领导会（昌）、寻（乌）、安（远）三县军民进行革命斗争，邓小平担任县委书记。以邓小平为首的会寻安中心县委，顶着党内"左"倾错误的重重压力，坚持毛泽东的正确主张，为粉碎敌人的进攻，率领三县军民坚壁清野，以灵活的游击战术不断地袭扰敌人，为支援和配合中央红军进行第四次反"围剿"作出了积极的贡献，使南线的革命斗争搞得红红火火，富有生机。会寻安中心县委的成立，有力地加强了会（昌）、寻（乌）、安（远）三县党的建设和苏维埃政权建设。

该旧址为砖木结构，二层楼房，悬山屋顶，占地面积520平方米，设有原会寻安中心县委组织部、宣传部、妇联、会议室及邓小平旧居等。该旧址先后被列为全省重点文物保护单位和江西省爱国主义教育基地。

第四节　抚州红色旅游景点介绍

土地革命战争时期，随着井冈山革命根据地的建立以及进军赣南、闽西战略的实施，抚州的宜黄、广昌、乐安、黎川等县也成为红色革命根据地的

一部分；临川、东乡、金溪、崇仁成为敌我双方争夺的拉锯区。毛泽东、周恩来、朱德、彭德怀、陈毅等中央领导人曾多次在这里领导和指挥武装革命斗争，建立苏维埃新生政权。抚州是中国工农红军第四次、第五次反"围剿"的主战场，革命力量同反动派的周旋战斗，使得抚州大地留下了无数可歌可泣的英雄事迹，也留下了众多的红色遗迹。

东陂战役、黄陂战役、浒口战役、团村战役、金溪战役和大寨脑战斗、高虎脑战斗、万年亭战斗等都在中国人民革命斗争史上写下了不朽的一页。抚州保留了一批如黎川湖坊的闽赣省苏维埃政府旧址、红军"第一号布告"和大量红军标语等珍贵的革命历史文物。脍炙人口的"漫天皆白，雪里行军情更迫"就是毛泽东在广昌行军路上的佳作。"工农儿子惯征战，四破铁围奇中奇"就是陈毅"闻黄陂大捷，敌人第四次'围剿'被粉碎矣"的"喜赋"。在这血与火的斗争中，造就了李井泉、舒同等一批临川英雄豪杰，涌现了周建屏等诸多革命先烈。

一、黎川县红色景点

黎川县保存有闽赣省苏维埃政府旧址等红色景点。闽赣省苏维埃政府旧址位于黎川县湖坊乡龚家大屋。

土地革命战争时期，为使闽赣苏区成为巩固的革命根据地，同时打通中央苏区与闽北苏区的联系，1933年5月，按照周恩来的提议，经党中央批准，闽赣省革命委员会在苏区北部防线的战略要地黎川县湖坊成立，下辖闽赣边区黎川、建宁、泰宁等21个苏区县，邵式平任主席。12月，闽赣省革命委员会改组为闽赣省苏维埃政府，邵式平等人先后任主席。

该旧址系旧式砖木结构单厅重房式屋宇，有大小房室20余间，正厅一厅四房，两侧各有厢房，后有庭院围墙。新中国成立后，该旧址经当地政府多次修缮，保存完好。该旧址先后被列为省级文物保护单位、江西省国防教育基地。

二、广昌县红色景点

1.红一方面军总前委第三次会议旧址暨毛泽东同志旧居

红一方面军总前委第三次会议旧址暨毛泽东同志旧居位于广昌县盱江镇清水村沙子岭邱家祠。

1931年5月27日，毛泽东率领红一方面军攻克广昌县城，第二次反"围剿"第四仗取得胜利后，在此住宿。5月28日，红一方面军总前委在这里召开了第二次反"围剿"期间的第三次会议，到会成员有毛泽东、朱德、彭德怀等同志。会议总结了广昌战斗的情况，统一了继续东进的思想，作出了"不打南丰，攻打建宁"的战略决策。这次会议在第二次反"围剿"中起了关键作用，为第二次反"围剿"的彻底胜利奠定了基础。

该旧址正门有石刻"邱祥远公祠"门额，为清代砖木结构建筑。陈列室展出了当年红军在广昌反"围剿"时留下的部分武器和生活用具。

2.高虎脑红军烈士纪念碑

高虎脑红军烈士纪念碑位于广昌县驿前镇贯桥村街道大坪，坐东朝西。

高虎脑战斗被称为红军长征前夕的最后一场激战，也是红军在第五次反"围剿"中唯一一次取得全面胜利的战斗。战斗于1934年8月5日在广昌县境内的高虎脑、万年亭等地打响，敌军飞机、大炮残酷地向红军阵地轰炸。早上6时许，敌军以密集队形向红军阵地猛攻，红四师、红五师和红三十四师密切配合，战至下午3时，敌军狼狈后退。8月6日，敌两个纵队开始进攻，红五

🔶 高虎脑红军烈士纪念碑

师所属第十三、第十四、第十五团与敌激战数场，因弹药用尽，战士们冲出战壕与敌肉搏，击败敌军8次冲锋。8月7日，彭德怀、杨尚昆、袁国平等军团领导调整部署，组织了4次反冲锋，下午2时战斗结束，红军胜利地完成了阻击任务。高虎脑战斗，国民党军攻占距离不到3000米，却历时3天，死伤4000余人。红军在这次战斗中也牺牲1415人。

高虎脑红军烈士纪念碑由广昌县委、县政府批准，为曾经在高虎脑战斗中英勇牺牲的红军而建，于1988年建成。纪念碑占地面积约290平方米，其中碑座面宽5.9米、进深4.8米，碑高12米。碑的正面镌刻着杨尚昆的题词：高虎脑红军烈士纪念碑。碑的南面有刘志坚的题词：长征前夕的激战。碑的北面有张震的题词：向高虎脑战斗顽强作战英勇杀敌光荣献身的烈士们致敬！

3.广昌县革命烈士纪念馆、广昌县革命烈士纪念碑

土地革命战争时期，广昌是个全红区，是中央革命根据地的一个重要组成部分，因地处苏区前哨，素有苏区"北大门"之称。毛泽东、周恩来、朱德、彭德怀等老一辈无产阶级革命家都曾在这里从事过伟大的革命实践，斗争历史较长，革命影响较大。广昌人民在党的领导下，为创立、发展和保卫革命根据地和巩固红色政权，进行了艰苦卓绝的斗争，作出了杰出的贡献。据统计，苏区时期，广昌参加红军人数达1.5万多人，占当时广昌人口的五分之一以上；牺牲人数达6100多人，占当时人口的近十分之一，其中有姓名记载的革命烈士达3300多人，为中国革命的胜利作出了巨大贡献。

广昌县革命烈士纪念馆坐落在盱江河畔。为了纪念广昌县在土地革命战争

🔴 广昌县革命烈士纪念碑

时期牺牲的烈士，经江西省人民政府批准，该馆于1956年兴建，1958年落成。馆院内建有红军塑像、烈士公墓和陈列馆，总占地面积2.7万平方米。1986年，该馆更新了陈列内容，共展列了80多名著名烈士的事迹。

广昌县革命烈士纪念碑坐落在纪念馆前100米处，高8米，占地面积23平方米，建于1976年，下为水磨石碑座，碑身上为象征战争年代团结如一人的红军战士和农民形象的雕像。

三、乐安县红色景点

乐安县保留有登仙桥大捷等红色景点。登仙桥位于乐安县谷岗乡登仙桥村，始建于北宋天圣年间，原名叫红门桥。相传南宋嘉定年间，白玉蟾夜宿桥头，有"仰卧红桥似登仙"的佳话，遂改名为"登仙桥"。

1933年2月27日至3月1日，周恩来、朱德指挥中央红军主力在宜黄县黄陂、蛟湖和乐安县登仙桥一带，采取声东击西与大兵团伏击的战略战术，歼

登仙桥大捷旧址

灭了敌军第五十二、第五十九两个师，取得第四次反"围剿"的重大胜利。这便是闻名的登仙桥大捷。

　　登仙桥历经近千年沧桑，屡坏屡修，1912年被山洪冲毁，1922年当地群众捐款重建，即现在的亭式单孔拱桥。桥宽6米、长19米、高6米，拱跨17米，全用麻石砌成。桥基建在天然石上，坚固结实。桥中央建了"将军庙"，两边通道设有13级石台阶。

第四章
中国工人运动的摇篮——安源

第一节　赣西红色历史概述

　　赣西，位于江西省西部，通常包括萍乡、宜春、新余三市。萍乡地处湘赣边界，群山环抱，素有"吴楚咽喉"之称。公元267年，萍乡县设立，距今已有1700多年的历史。萍乡市现辖安源区、湘东区、芦溪县、上栗县、莲花县。全市土地总面积3823.99平方千米。截至2022年年底，全市常住人口180.88万人。宜春位于江西省西北部，地处湘赣要冲。汉高祖六年（公元前201年），堂邑侯陈婴奉命在秀江之畔筑城而治，因"城侧有泉，莹媚如春，饮之宜人"，故名宜春。宜春现辖3市（樟树、丰城、高安）6县（靖安、奉新、上高、宜丰、铜鼓、万载）1区（袁州）和宜春经济技术开发区、宜阳新区、明月山温泉风景名胜区3个功能特色区。全市土地总面积1.87万平方千米。截至2022年年底，全市常住人口496.97万人。宜春享有"月亮之都""禅宗圣地""温泉之乡"的美誉。新余位于赣西中部，现辖分宜县、渝水区、仙女湖风景名胜区、新余高新技术产业开发区和仰天岗管委会。全市土地总面积3178平方千米。截至2022年年底，全市常住人口120.28万人。

　　赣西是一块红色的土地，这里不仅是中国工人运动的摇篮，也是湘赣边界秋收起义的爆发地、湘鄂赣革命根据地的中心所在地。

一、安源路矿工人运动

　　萍乡安源区现为萍乡市政治、经济、文化中心，总面积198.78平方千米。

安源最初是江西省袁州府萍乡县城东南6千米处的一个山村。1898年，清末大臣盛宣怀引进西方资金和技术，在安源开始了大规模机器开采的建矿工程。萍乡安源煤矿是当时江南第一大煤矿，是当时全国最大的产业公司汉冶萍公司的主要厂矿之一。安源是近代民族工业最早崛起的地区之一。作为一座煤城，萍乡闻名全国，而萍乡人民最引以为荣的，是这里曾上演了一段轰轰烈烈的革命斗争史。

在中国共产党成立前，萍乡安源路矿工人曾自发地进行过多次英勇的反帝反封建斗争。1901年，义和团反帝爱国运动波及萍乡，萍乡煤矿工人纷纷响应。1906年，安源工人还参加了在同盟会影响下反对清朝封建统治的萍（乡）浏（阳）醴（陵）起义，成为起义中的一支重要力量。从1901年到1919年，安源工人先后进行了7次较大规模的斗争，但由于没有无产阶级政党的领导，这些斗争在敌人的武力镇压下最后都失败了。

1921年中国共产党成立后，首先集中力量领导工人运动，安源路矿成为我党开展革命工作的重点地区。1920至1930年，毛泽东先后10次到萍乡安源组织领导工人运动和武装斗争。1922年9月，在毛泽东、刘少奇、李立三的领导下，安源路矿工人大罢工成功举行，成为全国"绝无而仅有"的最成功范例，在全国产生了重大影响。安源路矿工人运动从1921年起，它具有全国意义的组织和斗争历时近十年，为中国革命作出了一系列具有开创性的重大贡献。安源路矿工人运动创造了多个"第一"：成立了中国共产党在产业工人中建立最早的支部——中共安源路矿支部，成立了全国工运中最早的具有武装性质的工人纠察队，创办了中国共产党最早的经济事业组织——安源路矿工人消费合作社，创办了中国共产党历史上最早的党校——安源党校（亦称团校）。党的许多著名活动家和重要领导干部，如毛泽东、刘少奇、李立三、陈潭秋、蔡和森、恽代英、夏明翰等人都曾在这里从事过革命活动。安源路矿工人运动是中国共产党早期领导工人运动的光辉典范，安源也因此成为中国工人运动的摇篮。20世纪20年代的安源，革命斗争如火如荼，被誉为中国的"小莫斯科""无产阶级的大本营"。

二、湘赣边界秋收起义

1927年是中国人民饱经血与火洗礼的一年。由于蒋介石、汪精卫的反革命政变和血腥屠杀，大革命遭到失败，整个中国笼罩在一片白色恐怖之中。党的八七会议确定了土地革命和武装反抗国民党反动派屠杀政策的总方针。9月初，毛泽东来到安源张家湾，主持召开秋收起义军事会议，部署和领导湘赣边界秋收起义。随即，安源的工农武装2000余人组成工农革命军第一军第一师第二团，率先举起旗帜，发动秋收起义。起义失败后，安源工人又转战湘赣边界，在毛泽东率领下进军井冈山。此后，安源工人在中国共产党的领导下，参加了湘赣和湘鄂赣革命根据地的创建，有5000多人参加红军，在中国革命的第一次战略转变中发挥了重大作用。

与湖南浏阳接壤的美丽山城铜鼓县，不仅有历史悠久的铜鼓石、风景秀丽的天柱峰，还有一段激荡人心的革命历史。这里不仅是土地革命战争时期湘鄂赣革命根据地的主要组成部分，是毛泽东领导湘赣边界秋收起义的重要策源地之一，也是毛泽东革命生涯中唯一一次落入敌手又逢凶化吉的脱险福地。1927年9月8日，毛泽东在浏阳与铜鼓交界处遇险。毛泽东历经艰险来到铜鼓，于9月10日晚在萧家祠召开了工农革命军第一师第三团排以上干部会议，传达了八七会议精神，阐述了当时的形势和任务，号召大家拿起枪杆子，举行秋收起义。在这里，毛泽东创建了工农革命军第一军第一师第三团；在这里，毛泽东打出了镰刀斧头的红色军旗；在这里，毛泽东写下了礼赞武装起义的《西江月·秋收起义》。

三、湘鄂赣革命根据地的中心

1928年7月，彭德怀、滕代远等人领导平江起义，成立了中国工农红军第五军，开辟了湘鄂赣革命根据地。11月，红五军主力转往井冈山后，留下

的一部分红军在湘鄂赣边界地区坚持游击战争，发动群众，建立农村苏维埃政权。1929年9月2日，湘鄂赣边境特委在万载县陈坑召开有红五军军委负责人参加的扩大会议。会议总结了斗争经验，确定了工作方针，决定成立湘鄂赣边境革命委员会，选举了以王首道为书记的第二届特委执行委员。湘鄂赣边境特委的"九二"扩大会议，使边区的党、政、军进一步达到统一，它标志着湘鄂赣革命根据地正式形成。1931年7月，中共湘鄂赣省委正式成立；9月，湘鄂赣省苏维埃政府成立。这时的湘鄂赣革命根据地扩展到湘东北、鄂东南、赣西北的广大地区。

宜春万载县是湘鄂赣革命根据地较长时期的中心所在地。1932年4月，湘鄂赣省委、省苏维埃政府等数所省级机关从修水上衫迁驻小源（今万载县仙源乡），使小源一度成为湘鄂赣革命根据地政治、经济、军事、文化的中心。

四、新余罗坊会议

1930年10月25日至11月1日，毛泽东在新余罗坊主持召开了红一方面军总前委和江西省行委联席会议，史称"罗坊会议"。罗坊会议是在中国共产党走向农村包围城市道路，为抵制"左"倾冒险主义错误，坚持正确道路的关键时刻召开的一次重要会议。它及时纠正了红军和江西党内的"左"倾错误，对于农村包围城市、武装夺取政权的理论和毛泽东思想的形成及红军战略战术原则的形成都起到了十分重要的促进作用。

会议期间，毛泽东利用休息时间召开了为期一周的调查会，形成了一部光辉著作——《兴国调查》。《兴国调查》是中国共产党调查研究的光辉典范，集中体现了毛泽东思想的精髓——实事求是与群众路线。1930年10月下旬至11月初，罗坊曾是红一方面军总部办公地，当年毛泽东与朱德在此签署和发布了《红一方面军在原地延长三天工作的命令》，提出"诱敌深入赤色区域待其疲惫而歼之"的战略方针，部署红军诱敌深入的行动计划。

第二节 赣西红色旅游景点介绍

赣西的红色旅游资源非常丰富，是中国"红色之旅"的重要组成部分。萍乡革命斗争薪火相传，绵延不断，革命志士舍生取义，前仆后继，留下了大量的红色历史遗迹与革命文物，有安源路矿工人俱乐部旧址、总平巷、谈判大楼、安源路矿工人消费合作社旧址、萍浏醴起义旧址等全国和省、市重点文物保护单位。新中国成立后，这里建造了安源路矿工人运动纪念馆，收藏革命文物8000余件。赣西又是秋收起义的重要策源地、爆发地。萍乡有张家湾秋收起义军事会议旧址（中国工农革命军诞生地），市内建有秋收起义广场。宜春铜鼓县有秋收起义景区，包括秋收起义铜鼓纪念馆、湘赣边界秋收起义前敌委员会旧址——萧家祠、毛泽东同志脱险处——排埠月形湾、秋收起义阅兵处旧址、革命烈士陵园等。秋收起义铜鼓纪念馆被列为全国爱国主义教育示范基地、全国重点文物保护单位。宜春万载县有丰富的湘鄂赣时期的革命旧址、旧居和战场遗址等。2006年，仙源湘鄂赣革命根据地旧址被国务院公布为第六批全国重点文物保护单位，其中重点的有中共湘鄂赣省委旧址、湘鄂赣省苏维埃政府旧址等。新余有罗坊会议纪念馆，包括陈家闹罗坊会议旧址、院前村红一方面军总部旧址、彭家洲兴国调查会旧址等。

一、安源路矿工人运动纪念馆及革命遗址

（一）安源路矿工人运动

1.灾难深重的安源工人

1898年，清末大臣盛宣怀在萍乡安源开始了大规模机器开采的建矿工程，到1908年建矿工程才全部完成。专运萍乡矿煤的株萍铁路于1899年动工兴建，1905年建成。安源路矿是安源煤矿和株萍铁路两个企业的合称，是汉冶萍公司的一部分。20世纪20年代初，该企业有工人1万多人，是江西诞生最

📍20世纪20年代江西萍乡煤矿全景图

早、人数最多的现代产业工人集中地。安源路矿工人大多数是来自湖南、湖北和江西等省的破产农民，他们深受帝国主义、封建主义和官僚资本主义三重压迫，工作之苦、受压迫之重、被剥削之深极为惊人。工人们不仅劳动时间长、劳动强度大、劳动条件差，而且毫无人身自由，经常遭到工头、职员、矿警的打骂、处罚和各式各样的凌辱。工人们的工资极其微薄，经济上受剥削，生活非常困苦。不少工人患职业病和其他各种疾病，有的因病、因伤无钱医治，在贫困中死去。"少年进炭棚，老来背竹筒。病了赶你走，死了不如狗。"这是旧社会安源工人悲惨生活的真实写照。压迫越深，反抗越烈。在中国共产党成立前，路矿工人曾自发地进行过多次英勇的反帝反封建斗争。

2.毛泽东来到安源

1921年8月，为加强对工人运动的统一领导，中国共产党成立了领导工人运动的第一个公开机构——中国劳动组合书记部。中国劳动组合书记部在长沙建立了湖南分部，由中共湖南支部书记毛泽东任湖南分部主任。党组织非常关心安源路矿工人的疾苦，安源路矿庞大的产业工人队伍情况也引起了党中央的重视。1921年秋冬，中国劳动组合书记部委派毛泽东具体指导安源路矿工人运动。28岁的毛泽东，以湖南第一师范附属小学主事的公开身份，从长沙来到安源进行实地考察。他利用同乡的关系住在安源煤矿西平巷段长毛紫云家里，以参观矿山的名义下矿井、进工棚，广泛接触工人，了解工人的疾苦和受压迫情形。他以交朋友的方式与工人谈心，用许多生动而浅显的比喻向工人宣传劳工解放的思想。他告诉工人，工人受穷吃苦不是命中注定的，是帝国主义和资本家压迫剥削的结果。工人只要结成团体，就可以打倒剥削者，建立劳动人民当家作主的新世界。他以"垒石成山"的生动比喻，启发工人的阶级觉悟，鼓励他们团结起来进行斗争。通过大约一个星期的实地考察，毛泽东认为，安源工人群众受到种种残酷剥削，生活特别痛苦，是工人运动可能很快开展的地方。他决定在安源播下革命的火种，作为发展工人运动的基本立足点。毛泽东回湖南后，经常托人给安源工人寄送《工人周刊》和《劳动周刊》。这些进步刊物"乃时出张于工厂附近之墙壁，宣传因而大广，于是要求解放之念，在此少数工友之心中，乃如雨后春笋，勃然怒放"。

油画：《毛主席去安源》（刘春华绘）

1921年12月初，安源路矿的火车司机朱少连等一部分有觉悟的工人联名致函中国劳动组合书记部，请求派人到安源帮助并指导工作。接到安源工人的邀请，毛泽东和李立三等人再次到安源，考察安源工人的状况和组织工人团体的条件，教育和团结了一些工友。在此基础上，毛泽东提出：以少数先进工人

为骨干，多串联一些工友，先创办工人学校，然后组织工人自己的团体，名称可以叫"安源路矿工人俱乐部"。在毛泽东的主持下，中共湖南支部确定了以党为核心组织安源路矿工人俱乐部的工作方针，同时决定派遣李立三进驻安源领导工人运动。

3.罢工斗争的成功典范

李立三重返安源后，积极开展"打好基础"的工作。他首先创办了第一所平民学校，免费招收工人子弟入学。之后，他以平民小学教师的身份，广泛接触工人，在矿区开展了组织、发动工人的活动。在此基础上，1921年12月吸收了8名工人入团，建立了安源第一个社会主义青年团支部。1922年1月，又创办了安源第一所工人补习学校，将文化教育和思想教育结合起来，逐步唤醒了工人阶级的觉悟。1922年2月，在萍乡煤矿的一个火车房里，李立三、朱少连、李涤生、周镜泉、杨万乔（杨近仁）、杨连秋、李炳德7人组成了中国产业工人的第一个中国共产党基层组织，也是江西省境内的第一个中国共产党组织——中共安源路矿支部，李立三任书记。中共安源路矿支部成立后，继续以工人补习学校为阵地，不断向路矿工人宣传马克思主义，使工人觉悟得到很大提高。1922年3月，经党支部讨论，决定成立安源路矿工人俱乐部，作为党联系广大工人群众的纽带以及领导工人开展革命斗争的公开指挥部。1922年5月1日，安源路矿工人俱乐部宣布正式成立。到这年9月大罢工前夕，党员增加到10余人，青年团员增加到30余人，工人俱乐部成员发展到700余人。党、团组织和工人俱乐部的建立，使安源工人有了谋幸福求解放的坚强战斗指挥部，安源工人形成了一支有组织有领导的无产阶级战斗队伍，工人运动得到了蓬勃发展。在内部，随着工人俱乐部的成立和宣传教育工作的开展，安源工人迅速团结和觉醒，以罢工的方式争取经济利益和政治权利的呼声日益高涨。在外部，路矿工人受汉阳铁厂工人罢工胜利的鼓舞，斗争情绪日益高涨。而这时候，路矿当局害怕汉阳铁厂罢工风潮席卷安源，便以工人俱乐部是所谓"乱党机关"为由，要求萍乡县署和赣西镇守使署下令查封。这更激起了工人们的极大愤怒，直接引爆了安源路矿工人大罢工。

1922年9月初，毛泽东又一次来到安源。在听取情况汇报后，毛泽东作出了立即组织路矿两局工人大罢工的决定，并对罢工进行了具体部署。他指示安源党组织，在罢工斗争中，要依靠工人坚固的团结和顽强的斗志，要有勇有谋，号召共产党员站在斗争的前列，领导工人进行义无反顾的斗争。毛泽东指出，罢工必须运用"哀兵必胜"的策略，提出哀而动人的口号，取得社会舆论的同情和支持，争取罢工的胜利。为了加强对罢工斗争的领导，刘少奇被委派来安源，协助李立三共同领导安源路矿工人大罢工。1922年9月11日，安源路矿工人俱乐部致函路矿当局，提出了三项要求，并限其两日内完全答复，如不圆满解决，即举行罢工。9月12日，路矿当局作出答复，勉强答应了两项要求，第三项则借口财政困难予以拒绝，这引起了工人们的极大不满。9月13日，安源路矿工人罢工指挥部成立，李立三任罢工总指挥，刘少奇任工人俱乐部全权代表。同时，还成立了纠察队等组织，以负责维持罢工期间的秩序。9月13日午夜，俱乐部发出罢工命令。14日凌晨，工人们迅速登上火车机车，拉响了宣告大罢工的汽笛。东平巷的供电中断，井下的电灯全部熄灭，工人们停止工作，高举斧头、手镐，像潮水般涌出井口，涌出工房，冲向路矿当局办公大楼，高喊"罢工！罢工！""从前是牛马，现在要做人""我们要命！我们要饭吃！""我们要求的条件是极正当的，我们死也要达到目的"等哀而动人的口号，开始了罢工斗争。当天上午，俱乐部向社会各界发表《萍乡安源路矿工人罢工宣言》，提出保障工人权利、增加工资、改善待遇、发清欠饷、废除封建把头制等17项要求。这次罢工，全国为之震撼，迅速得到各地工会的声援和社会舆论的支持。

安源路矿当局在工人罢工后，极为恐慌，企图利用各种手段破坏罢工。在收买工人领袖、刺杀李立三等阴谋诡计破产后，竟然电请当地军阀在安源设立戒严司令部，伺机进行武装镇压。李立三、刘少奇坚持以党支部为核心、俱乐部会员为骨干，团结路矿工人，坚持罢工到底。在罢工工人坚强不屈的

斗争下，路矿当局被迫与俱乐部谈判。9月16日，戒严司令部和路矿当局约工人代表刘少奇到矿局总公事房商量解决的办法。9月17日，路矿当局与工人代表李立三、刘少奇再次谈判。面对狡猾的路矿当局，李立三、刘少奇临危不惧，不顾威胁，不受利诱，代表工人与路矿当局进行了针锋相对的谈判斗争，最终迫使路矿当局接受工人的要求，于9月18日签订了十三条协议，承认俱乐部有代表工人的权利、增加工人工资、改善福利等。协议的签订，标志着安源路矿工人大罢工取得了完全胜利。

随后，俱乐部发表上工宣言，表示："从前是'工人牛马'，现在是'工人万岁'！我们的第一步目的已经达到了。""从今日起，结紧团体，万众一心，为我们自己权利去奋斗！"协议签订的当天，万余名工人齐聚半边街广场庆祝罢工胜利，举行了声势浩大的示威游行。工人们高呼"劳工万岁！"等口号，欢欣鼓舞，盛况空前。

安源路矿工人大罢工历时5天，由于准备充分、行动统一，并且注意斗争策略，争取社会同情和理解，结果"秩序极好，组织极严，工友很能服从命

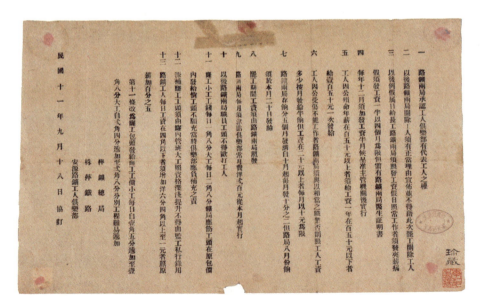

📍刘少奇、李立三代表工人与安源路矿当局签订的十三条协议

令……未伤一人，未败一事，而得到完全胜利，这实在是幼稚的中国劳动运动中绝无而仅有的事"，这显示了中国工人阶级在中国共产党领导下团结战斗的伟大力量。安源路矿工人大罢工的胜利，提高了党组织在工人群众中的威信，扩大了党的影响。这次罢工，是中国共产党第一次独立领导并取得完全胜利的工人斗争，是早期工人运动史上罕见的成功范例，在中国工人运动史上写下了光辉的一页。

4.巍然独存的"小莫斯科"

大罢工胜利后，安源路矿工人运动继续发展。同年10月，安源路矿工人俱乐部又领导了湘东永和煤矿等地的罢工，均取得了胜利。此后，俱乐部在工人群众中的威望大为提高，俱乐部成员由最初的300多人猛增到13000多人，并在紫家冲、湘东、株洲、醴陵等地设有分部。为使俱乐部成为"坚固的团体"，俱乐部实行了改组，实行代表会议制和民主集中制。1922年10月，各级代表会议选举了各级代表和职员，李立三被推选为工人俱乐部总主任。俱乐部不仅建立了比较完善的工作机构，还制定了各项规章制度，使安源路矿工人俱乐部成为中国工人运动史上早期最严密、最先进的工会组织。安源党、团组织也得到发展。1923年春，在支部基础上成立了中共安源地委。

1923年2月7日，吴佩孚用武力镇压了京汉铁路工人大罢工后，北洋军阀的反动统治更加残酷，各地工会多遭封闭，全国工人运动暂时转入低潮。当时，北洋政府交通部曾致电安源路矿当局，令其解散工人俱乐部。矿局则向汉冶萍公司建议停工改组，遣散现有工人，重新招雇，企图以此来消灭工人俱乐部。面对这一险恶形势，中共安源地委坚定地执行毛泽东制定的"弯弓待发"的策略，竭力团结内部，加强防范。安源路矿工人运动由进攻转为积极防守，工作的重点放在思想教育和文化教育方面。安源工人的文化教育事业得到发展。工人补习学校发展到7所。1924年12月，创办了全国第一所以党校命名的学校——安源党校（亦称团校）。安源工人的经济事业也得到很大发展。1923年2月7日，我国工人阶级最早的经济组织——安源路矿工人消费

合作社，在老后街开始营业。它的创办和发展，对改善安源工人的经济生活、团结工人进行斗争发挥了积极作用。与此同时，安源党、团组织也得到壮大。到1924年12月，安源的党员人数约200人，占当时全国党员总数的五分之一。安源地委成为当时全国最大的和产业工人成分最多的地方党组织。党为了保存这个硕果仅存的工运据点，先后派陈潭秋、李求实、毛泽民、黄静源等党、团员到安源工作，领导安源工人坚持斗争，使安源工人运动在全国工运低谷期间巍然独存，并开展得有声有色，成为当时全国工人运动的一面旗帜。曾任中国劳动组合书记部主任的邓中夏在《中国职工运动简史》中对安源工人运动予以高度评价："在此消沉期中，特别出奇的要算安源路矿工人俱乐部，真为'硕果仅存'。"

1925年9月，汉冶萍公司买办资本家勾结湘赣两省军阀，武装封闭了工人俱乐部，制造了震惊全国的"九月惨案"。俱乐部副主任黄静源等8人牺牲，30多人被捕，2000多名工人被解雇并被武装押送出境。但是安源路矿工人没有被敌人的屠杀所吓倒，仍不屈不挠继续斗争，于1926年9月恢复了工人俱乐部，并改名萍矿总工会。与此同时，党在安源培育的革命种子开始撒向外地，四面开花。仅由安源派往黄埔军校和北伐军中的工人就达1000多人，还有许多安源工人被派往全国各地从事农民运动、工人运动工作。1927年秋，安源工人又参加了毛泽东领导的湘赣边界秋收起义，走上了武装起义和"工农武装割据"的道路，在中国工农运动史上写下了光辉的一页。

（二）景点基本情况介绍

1.安源路矿工人运动纪念馆

安源路矿工人运动纪念馆，是为了纪念中国共产党领导安源路矿工人运动这一重大历史事件而建立的革命历史专题纪念馆。纪念馆始建于1956年，初称安源路矿工人俱乐部；1968年在安源牛形岭山腰上建立了陈列大楼，更名为毛主席在安源革命活动纪念馆；1972年恢复现馆名。整个馆区占地面积10万平方米，分上、中、下三个广场。纪念馆是一座3层24.5米高的建筑，

📍 安源路矿工人运动纪念馆陈列大楼

倚山而筑。纪念馆屋顶正面由428块瓷砖组成、直径达6米的《毛主席去安源》油画头像，高粱红的女儿墙上点缀着由汉白玉雕刻的葵花、麦穗、信号灯、矿灯等图案，两侧是琉璃砖砌成的十面红旗和有机玻璃制成的十个大火炬，正大门前面用天然大理石铺成的六根大方柱，形成了高大的走廊，两侧正墙面上铸有毛泽东手书的镏金大字"星星之火，可以燎原"。大厅正门上方"安源路矿工人运动纪念馆"是邓小平题写的馆名。纪念馆内分7个单元陈列展出，全面系统地介绍了1921—1930年，毛泽东、刘少奇、李立三等老一辈无产阶级革命家领导安源路矿工人反对帝国主义、封建主义和官僚资本主义，为建立新中国和最终实现共产主义而奋斗的历史。该馆先后被列为全国重点文物保护单位、全国爱国主义教育示范基地、国家4A级旅游景区、国家一级博物馆、江西省文物保护单位。

2.安源路矿工人俱乐部（罢工后）旧址

安源路矿工人俱乐部（罢工后）旧址位于安源半边街广场，分前后两栋，前栋原为萍矿"协兴"洋货店，后为俱乐部的办公机构。后栋是安源路矿工人大罢工胜利后，在刘少奇主持下，由工人自行设计、捐款建造的俱乐部讲

演厅。

　　1921年冬，毛泽东偕李立三等人到安源考察时，与工人们"渐谈及工人受痛苦受压迫及有组织团体之必要等情，于是大得工友欢迎"，并提议以解除工人所受压迫与痛苦为宗旨，将路矿工人组成一个团体，起名为"安源路矿工人俱乐部"。1922年3月，安源路矿工人俱乐部筹备委员会成立，先后召开了3次筹备委员会会议，选举李立三为筹委会主任。5月1日，安源路矿工人俱乐部举行部员大会并游行，纪念国际劳动节，宣告俱乐部正式成立。俱乐部成立时，租赁牛角坡52号湖北同乡会会部为部址。9月，工人俱乐部组织工人举行了大罢工，罢工指挥部就设在俱乐部里。1923年4月，俱乐部机关搬迁到"协兴"洋货店办公。10月，俱乐部组织动工兴建俱乐部讲演厅，次年5月1日落成，建筑面积1200平方米，会场有座位1300个。正面筑讲演台一座，台上悬挂横匾和幕布。讲演厅是仿造莫斯科大剧院的样式建造的，整座建筑为四层轿顶式楼房，十分壮观。讲演厅建成后，工人们经常在此举行

　安源路矿工人俱乐部（罢工后）旧址

集会和游艺、讲演活动。安源路矿工人俱乐部是20世纪20年代中国产业工人自己建造的最早、最大、最有特色的建筑物,是安源工人革命活动的中心,也是中国工人阶级的第一所工会大厦。

1980年,人民政府在保持原貌的基础上对整栋楼房进行了维修,作为安源路矿工人俱乐部旧址重新陈列开放。1982年,该旧址被列为全国重点文物保护单位。

3.萍乡煤矿总平巷旧址

总平巷是萍乡煤矿开办时建造的第一座矿井,始建于光绪二十四年(1898年)。由于萍乡境内煤田居于山腹中,不便直接开采,当时矿局选择安源以北一地势较平之地,开始向山腹挖掘。工人将这一巷道开凿后,砌成砖拱,上悬钢梁,下铺铁轨,利用电车运出所采山内盆式大槽之煤。里面分东平巷、西平巷,坐南朝北。矿井入口为砖砌的牌坊式建筑,井口上方塑有"总平巷"字样和由铁锤、岩尖图案组成的安源路矿矿徽。矿徽上的岩尖代表采煤工人,

◎ 萍乡煤矿总平巷旧址

铁锤代表机械工人。井口两侧，设有岗亭，是矿警和工头为监视工人用的。总平巷是工人上下班以及煤炭输出的总巷道。自1921年开始，安源路矿工人运动的领导者毛泽东、刘少奇、李立三曾多次到这里下矿井考察，了解工人生产生活情形，并启发工人的阶级觉悟，鼓励他们团结起来进行斗争。1922年9月爆发的震惊全国的安源路矿工人大罢工就是从这里开始的。

该旧址是原址原貌。它既是安源煤矿建矿史的重要文物，也是1922年安源路矿工人大罢工的重要场所。该旧址先后被列为全国爱国主义教育示范基地、全国重点文物保护单位。

4.安源路矿工人大罢工谈判处旧址——公务总汇

安源路矿工人大罢工谈判处旧址即萍乡煤矿公务总汇旧址，建于1906年。它坐落在萍乡煤矿矿区内，坐西朝东，为两层砖木结构的欧式楼房，建筑面积2258平方米。该旧址原为萍乡煤矿矿局办公大楼，矿长、高级职员和德国工程师等都在此办公，安源路矿工人大罢工时，工人俱乐部全权代表刘少奇与路矿当局及戒严司令在此谈判。该旧址为原址原貌，是全国重点文物保护单位。

🔴 安源路矿工人大罢工谈判处旧址——公务总汇

1922年9月，安源路矿工人大罢工爆发。路矿当局为镇压工人运动，派出军队，宣布戒严，当时的戒严司令部就设在这座楼房里。9月16日，路矿当局策划的种种阴谋失败后，不得不同意调解。工人俱乐部全权代表刘少奇与路矿当局及戒严司令在此谈判，谈判室就在这座大楼的矿长办公室。谈判时，整栋楼房布满岗哨，杀气腾腾。刘少奇代表罢工工人前往谈判，提出要求保障工人政治权利、增加工资、改善工人待遇等17项条件。当戒严司令部和路矿当局用武力胁迫要求工人复工时，刘少奇"一身是胆"，不顾要把他"就地正法"的威胁，进行了针锋相对的斗争。他断然拒绝路矿当局的要求，坚持罢工条件。数千工人也将整座楼房围得水泄不通。路矿当局及戒严司令见工人势力强大，不得不妥协。李立三、刘少奇等人领导工人坚决斗争，迫使路矿当局于18日签订十三条协议，大罢工获得胜利。

5. 安源路矿工人消费合作社旧址

安源路矿工人消费合作社旧址坐落在安源老后街，建于1908年，是一幢两层砖瓦结构的楼房，坐北朝南，建筑面积约380平方米，原是刘胜山的"刘协记"南货店。

1922年年底罢工胜利后，毛泽东派易礼容来安源开办消费合作社。工人们踊跃投资，共筹集资金1万余元。1923年2月7日，安源路矿工人俱乐部租用

🔶 安源路矿工人消费合作社旧址

"刘协记"南货店，作为安源路矿工人消费合作社社址正式开始营业。合作社设立兑换、粮食、服饰、器用等股，主要出售油、盐、米、布匹等工人生活必需品，还代售《向导》《新青年》《先锋》《工人周刊》等革命刊物。易礼容、毛泽民等人担任过总经理。合作社的开办，抵制了奸商对工人的中间剥削，维护了工人利益。安源路矿工人消费合作社是中国共产党领导下的全国第一

个和当时仅有的一个工人消费合作社，也是中国工人阶级的第一个经济事业组织。安源路矿工人消费合作社发行的股票、铜元票和纸币，是中国共产党领导下的最早发行的股票和对股份制的最初尝试。

6.安源路矿工人补习学校旧址

安源路矿工人补习学校旧址坐落在安源老后街五福斋巷内，建于1905年，为一幢两层四栋砖木结构的楼房，坐北朝南，建筑面积320平方米，占地面积800平方米。这栋楼房的主人原为萍矿顾问、大地主王守愚。1968年，政府在原址基础上按原貌修复陈列，并对外开放。1987年，该旧址被列为江西省文物保护单位。

1921年冬，李立三租用这栋房子的楼上三间做校舍，办起了平民小学，免费招收工人子弟入校，并亲自任教员。1922年1月，在这里创办了第一所工人夜校，后改名为工人补习学校。白天小学生上课，晚上工人上课。夜校的教材先是采用粤汉铁路工人学校的讲义，后自编浅显易懂的教材，把讲授

安源路矿工人补习学校旧址

科学文化知识与传播马列主义结合起来。夜校采取灵活多样的办学方法和策略，还设有阅报室，备有《工人周刊》《劳动周报》等多种报纸，吸引了很多工人参加。大罢工胜利后，工人补习学校由1所发展到7所，人数也发展到1000多人。工人夜校的开办，提高了工人的文化知识和阶级觉悟，为建立和发展党、团、工会组织，培养工人运动骨干创造了条件。

二、萍乡市、铜鼓县、修水县秋收起义纪念地

（一）湘赣边界秋收起义

湘赣边界秋收起义是1927年9月9日，由毛泽东在湖南东部和江西西部领导的工农革命军举行的一次武装起义，是继南昌起义之后，中国共产党领导的又一次著名的武装起义，是中共党史军史上的三大起义之一（另一个是广州起义）。

1.起义前准备

大革命失败后，为了挽救革命，1927年7月中共中央在湖北汉口召开了临时政治局常委会议，决定在共产党力量较强、工农运动基础较好的湖南、湖北、江西、广东四个省举行秋收暴动，彻底解决农民的土地问题。1927年8月3日，中共中央发布了《关于湘鄂粤赣四省农民秋收暴动大纲》。8月7日，中共中央在汉口召开紧急会议（八七会议），毛泽东在会上提出"须知政权是由枪杆子中取得的"。会议通过了《中国共产党中央执行委员会告全党党员书》等文件，确定了武装反抗国民党反动派屠杀政策和开展土地革命的总方针。会后，毛泽东作为中央特派员到湖南改组了中共湖南省委，并组建了以毛泽东为书记的湖南省委秋收起义前敌委员会，领导湘赣边界秋收起义。8月18日，改组后的中共湖南省委在长沙市郊的沈家大屋召开会议，讨论制订秋收起义的计划。毛泽东在会上着重阐述了枪杆子出政权的思想。会议决定与国民党反动派彻底划清界限，旗帜鲜明地以中国共产党的名义号召群众，并确定集中力量发动以长沙为中心的武装起义。为便于领导秋收起义，中共湖

南省委确定秋收起义的领导机关分为两个：一个是由各军事负责人组成的党的前敌委员会，任命毛泽东为书记，作为武装起义的军事指挥机关；另一个是党的行动委员会，由起义地区各地方党委负责人组成，任命易礼容为书记，负责地方工作。

由于参加起义的各支武装力量均驻扎在江西境内，毛泽东于9月初从长沙到达安源，在安源张家湾召开军事会议，具体部署起义。会议决定将起义部队定名为工农革命军第一军第一师，由卢德铭任总指挥，余洒度、余贲民任正副师长。下辖三个团：以原武汉国民政府警卫团为主力编为第一团；以安源工人纠察队、矿警队和萍乡等地的农民自卫军编为第二团；以原武汉国民政府警卫团一个营和浏阳部分工农武装编为第三团。另有起义前夕收编的云南军阀残部邱国轩的部队，被编为第四团。参加起义部队共约5000人。起义部队以夺取长沙为目标，具体部署了各团的行动计划。江西修水地方党组织积极配合，发展武装，组织群众支持起义军。师部参谋何长工、副官杨立三，根据前敌委员会指示，在修水设计并制作了"工农革命军第一军第一师"军旗和臂章。

2.平地一声惊雷起，星星之火始燎原

1927年9月9日，以中共湖南省委组织的破坏长沙到岳阳和长沙到株洲的铁路为标志，湘赣边界秋收起义正式爆发。9月9日，由中国共产党领导、公开打出共产党旗帜的工农革命军第一军第一师师部及所属第一、第四团在江西修水誓师起义，随后，第二、第三团分别在安源、铜鼓宣告起义，由毛泽东亲自组织和领导的秋收起义在湘赣边界全面爆发。起义军分别从江西的修水、安源、铜鼓等地出发，进入湖南境内，准备会合平江、浏阳地区的起义农民攻打长沙。第一团按原定部署进攻平江，但中途遭到随军行动的邱国轩部的叛变，部队腹背受敌，损失惨重，余部退往浏阳。第二团在安源起义后，进攻萍乡未克，西进攻占了老关、醴陵，又北进占领浏阳。由于部队麻痹轻敌，9月16日陷入敌人的重兵包围，部队被打散，部分人员突围脱险，不少

人牺牲。第三团于9月11日在铜鼓起义,胜利占领了白沙镇,9月12日又占领东门市。9月14日敌人兵分两路包围第三团,该团被迫向上坪撤退。鉴于三路起义部队均受挫,9月14日,毛泽东在浏阳东乡上坪召开紧急会议,当机立断改变攻打长沙的计划,并以前委书记的名义通知起义各部队到浏阳县文家市集结。9月19日,各路起义部队到达文家市。当晚,前委召开了会议。根据敌强我弱的形势,会议改变了攻打长沙的计划,决定保存实力,到敌人统治力量薄弱的农村中去坚持武装斗争,发展革命力量。9月21日,起义部队1500余人离开文家市向南进发。

3.向井冈山进发

起义军在向南转移途中,处境十分困难。9月29日,起义部队到达永新县三湾村时已不足千人。当天晚上,毛泽东召开了中共前敌委员会扩大会议,决定对部队进行改编,这就是著名的三湾改编。毛泽东在率领起义军南下途中,经过调查研究,选定位于湘赣边界的罗霄山脉中段井冈山地区作为部队的立足点。10月3日,起义部队离开三湾村,开始向井冈山进军,并与当地武装袁文才和王佐的部队建立了联系。10月27日,起义部队到达井冈山茨坪,开始创建中国共产党领导下的第一个农村革命根据地。

湘赣边界秋收起义不仅是军队的行动,而且有数量众多的工农武装参加。它第一次公开打出了工农革命军的旗号。这次起义虽然最初也是以攻占大城市为目标,但遭到严重挫折后,毛泽东及时率领部队从进攻大城市转到向农村进军。这是中国革命力量由城市向农村进行历史性战略转移的开端,是中国新民主主义革命具有决定性意义的新起点。起义部队在农村中由小到大地开展游击战争,为后来各地工农红军和农村革命根据地的大规模发展奠定了基础。秋收起义和井冈山道路,是毛泽东的农村包围城市思想的起点,代表了1927年大革命失败后中国革命的发展方向。

（二）景点基本情况介绍

1.秋收起义纪念碑

萍乡是湘赣边界秋收起义策源地。1927年9月初，毛泽东在安源主持召开秋收起义军事会议，并于9月9日领导和发动了震撼全国的秋收起义，第一次高举起工农革命军的旗帜。为纪念这一在中国革命史上占有重要地位的伟大历史事件，1998年中共中央办公厅、国务院办公厅批准在萍乡市建立秋收起义纪念碑。

由江泽民题名的秋收起义纪念碑矗立在秋收起义广场上。秋收起义广场位于萍乡城北新区，是为纪念秋收起义而建设的纪念性广场，占地面积300多亩，以昭萍桥为中心，萍水河为纽带，由四个块面组合而成。广场以秋收起义纪念碑为重点，南向中轴线上设置五彩缤纷的音乐喷泉和气势恢宏的秋收起义纪念馆，它已成为萍乡市区活动中心和市区风貌的重要标志。

秋收起义纪念碑高30.9米，占地面积151平方米，巍然屹立，气势宏伟。纪念碑由数字"9"、浮雕、题词、长城、安源路矿工人俱乐部徽标、碑柱、火焰（火炬）、五角星、碑文、红旗、山川、稻穗等图案协调配置、有机组合。长城堡连碑柱27米，基座27级台阶、高3.9米，碑柱顶部正面与背面造型为两个"9"，连缀起来表明秋收起义的时间为1927年9月9日，同时又有"九重天"的寓意。长城墙上的火炬和基座侧边的火焰，表示秋收起义之火燃遍长城内外、大江南北，与刻在基座南、北面的毛泽东的名言"星星之火，可以燎原"相吻合。

纪念碑基座正面为碑文，

📍 秋收起义纪念碑

其他三面镶嵌三幅用花岗岩精心镂刻的浮雕，依次为《张家湾的红灯》《霹雳一声暴动》和《转战上井冈》，展示了秋收起义波澜壮阔的历史画面。碑柱正面和背面分别镌刻着碑名"秋收起义纪念碑"和毛泽东《西江月·秋收起义》全词。碑身刻有猎猎战旗和崇山峻岭，表示秋收起义是中国共产党领导和工农兵联合的武装斗争，第一次举起工农革命军旗帜，并转战井冈山创建革命根据地。

秋收起义纪念碑既是对广大人民群众进行革命传统教育的重要场所，也是萍乡市的标志性建筑。2001年，该纪念碑被列为全国爱国主义教育示范基地。

2.秋收起义军事会议旧址

秋收起义军事会议旧址位于安源张家湾，坐东朝西，左右两栋相联结，左边为砖木结构的四栋三间二层楼房，右边是七间平房，总占地面积1717平方米。1927年9月初，毛泽东来到安源，在这里主持召开了部署湘赣边界秋收起义的军事会议，传达中共中央八七会议精神和中共湖南省委关于举行秋收起义的决定，讨论了平江、浏阳和安源各地农民起义的问题。会议确定了

◎秋收起义军事会议旧址

秋收起义的具体计划，成立了中共湖南省委前敌委员会，确立了工农革命军第一军第一师的建制，宣布了起义的日期、进军路线和宣传口号。这次会议不仅是部署秋收起义的军事会议，而且是中共湖南省委前敌委员会的第一次会议，是中国工人运动史和中国人民解放军史上的一次重要会议，也是中国工人运动同农民运动、武装斗争三者开始紧密结合的标志。

该旧址先后被列为全国爱国主义教育示范基地、全国重点文物保护单位。

3.秋收起义烈士陵园

秋收起义烈士陵园位于萍乡市芦溪县山口岩，为国家3A级旅游景区。1982年，江西省人民政府修建了卢德铭烈士陵园。陵园内有卢德铭烈士塑像、卢德铭烈士纪念碑、卢德铭烈士纪念馆等。1987年，杨得志题写了"卢德铭烈士纪念碑"碑名。2007年，为纪念秋收起义80周年，卢德铭烈士陵园进行了改扩建，并更名为秋收起义烈士陵园。陵园总占地面积约1000亩，分为陵园前门（含浮雕文化墙）、秋收起义烈士纪念碑、秋收起义名人雕塑园、秋收起义纪念馆、卢德铭烈士纪念碑5个部分。2009年，该陵园被列为全国重点烈士纪念建筑物保护单位。

2016年，芦溪县委、县政府研究决定，实施秋收起义烈士陵园提升改造工程，新建秋收起义纪念馆，提升改造秋收起义烈士纪念碑，新增加入口广场、景区主人行道、将军广场、和平广场、将军亭、星火广场、三湾改编等景点。项目总占地面积约58万平方米，其中纪念馆总建筑占地面积约2500平方米，已经正式对外开放。

4.湘赣边界秋收起义前敌委员会旧址（铜鼓萧家祠）

铜鼓萧永翁祠俗称萧家祠，始建于清光绪初年，总建筑面积2000平方米。这里是湘赣边界秋收起义前敌委员会旧址，曾酝酿过一场惊天动地的风雷，引炸了一声震撼环宇的霹雳——秋收起义。2013年，该旧址被批准为全国重点文物保护单位。

1927年8月中旬，一支中国共产党领导的浏阳农军，因没有赶上南昌起

萧家祠

义，便打着贺龙所辖第二十军独立团的旗号，来到铜鼓县城整装待命，团部就驻扎在萧家祠里。同年9月上旬，毛泽东从安源途经浏阳，历尽艰险只身来到铜鼓后，住在萧家祠里。9月10日，毛泽东在萧家祠堂的大厅里召开了第三团排长以上干部会议，传达了八七会议精神，阐述了当时的形势，号召大家拿起枪杆子立即举行秋收起义，并且宣布浏阳农军正式改编为工农革命军第一军第一师第三团。当天正好是中秋节，毛泽东心潮澎湃，挑灯夜书，写下了著名的《西江月·秋收起义》："军叫工农革命，旗号镰刀斧头。匡庐一带不停留，要向潇湘直进。地主重重压迫，农民个个同仇。秋收时节暮云愁，霹雳一声暴动。"

5.秋收起义铜鼓纪念馆

为了纪念秋收起义，铜鼓县于1977年修建了秋收起义铜鼓纪念馆。秋收起义铜鼓纪念馆是爱国主义教育示范基地、国家国防教育示范基地、国家三级博物馆，位于铜鼓县定江东路489号。秋收起义铜鼓纪念馆总占地面积5000平方米，馆内基本陈列分为5个部分：军旗猎猎、沙洲阅兵、排埠思索、

秋收起义铜鼓纪念馆

引兵井冈、星火燎原，再现了毛泽东当年在铜鼓率领秋收起义部队开展革命活动的恢宏历史。

6.毛泽东化险福地景区

毛泽东化险福地景区，坐落在与湖南浏阳张坊镇交界的铜鼓县排埠月形湾，整个景区占地面积400亩，2006年动工兴建。这里自古就是湘赣两省的交通要道。1927年9月6日，毛泽东以前敌委员会书记的身份，在中共浏阳县委书记潘心源的陪同下，从安源出发，日夜兼程，奔赴铜鼓组织实施秋收起义的军事计划。到达浏阳张坊镇时，毛泽东不幸落入敌手，后于铜鼓月形湾机智脱险，留下了一段传奇故事，排埠月形湾也成为一代伟人"逢凶化吉，遇难成祥"的福地。

当地还流传着"脚踏两省地，四元定乾坤"的传说。1927年9月7日，毛泽东当时乔装成安源煤矿采购员，一路上绕过敌人重兵把守的萍乡，在9月8日到达浏阳与铜鼓交界地张坊镇七溪村时，被国民党张坊团防局团丁抓住。随后，毛泽东一边同团丁闲聊，一边盘算如何脱险。来到铜鼓排埠月形湾时，毛泽东终于找到了机会。此处位于铜、浏交界地，山高林密，地势险要。毛

📍 铜鼓排埠月形湾

泽东急中生智，猛然从衣袋里抓出一把银元往路边一甩，自己往左一拐朝山上跑去。团丁们只顾跑去捡银元，直到发现毛泽东往山上跑，才一边大喊"站住"，一边紧紧追赶。毛泽东利用沟边的茅草、灌木作掩护一直躲到傍晚。后在铜鼓纸工会会员陈帷德的帮助下，毛泽东在吴家祠住了一晚，于9月10日到达铜鼓县城萧家祠，次日在铜鼓大沙洲阅兵，发动著名的秋收起义。

7.秋收起义阅兵广场

秋收起义阅兵广场位于铜鼓县城，占地面积40余亩，由纪念广场、休闲活动区、滨江景观区三大部分组成。1927年9月11日早晨，在铜鼓县城依水的桥头大沙洲，四周贴满了红色的标语，上面写着："暴动，杀土豪劣绅！""暴动，农民夺取政权！"缀着镰刀斧头图案的军旗在晨风中

📍 秋收起义阅兵广场

招展，铜鼓县城正迎接着一个伟大时刻：毛泽东在这里检阅部队并宣布起义，号召大家拿起武器反抗国民党反动派。这是我军历史上的首次阅兵。毛泽东检阅部队后，亲自率领工农革命军第一军第一师第三团向浏阳进发。

8.秋收起义修水纪念馆

1977年，在纪念秋收起义50周年之际，修水县兴建了秋收起义修水纪念馆，维修了工农革命军第一师师部和第一团团部旧址并对外开放。当年工农革命军第一军第一师军旗的设计者之一、时任师部参谋的何长工为该馆题写了馆名。该馆占地面积10000余平方米，有馆藏文物及文献资料近千件（份），其中国家一级文物7件。该馆先后被列为全国爱国主义教育示范基地、全国红色旅游经典景区、国家三级博物馆。

1927年，由毛泽东领导的秋收起义在湘赣边界爆发，修水是秋收起义的主要策源地之一，是工农革命军第一军第一师师部和第一团团部驻地。1927年9月9日清晨，驻守在修水的师部及其所属第一团、第四团以及师直机关、特务连在县城紫花墩举行了气壮山河的誓师大会，打响了秋收起义的第一枪。土地革命战争时期，老一辈无产阶级革命家彭德怀、罗荣桓、何长工、滕代远、萧克、王首道均在修水留下了战斗的足迹。

中国工农革命军第一军第一师的军旗，也是中国共产党领导下的人民军队的第一面军旗，是在修水设计、制作并率先升起的。当时，军旗经参谋何长工和副官杨立三精心设计，师部通过。这面旗帜参照了苏联旗帜的样式，又有自己的特色。鲜艳的红旗中间有一枚白色的镰刀、斧头的图案，紧靠旗杆有一条10厘米宽的空白，上写工农革命军第一军第一师的番号，十分威武、美观。整个旗帜的含义是：工农革命军第一军第一师是中国共产党领导下的工农革命武装。

三、宜春市万载县湘鄂赣革命根据地旧址

（一）湘鄂赣革命根据地的创建与发展概述

湘鄂赣革命根据地（也称湘鄂赣苏区），位于湘东北、鄂东南和赣西北边界，共有30多个县，面积约10万平方千米，人口有数百万，是土地革命战争时期全国十几块革命根据地之一。它处在长江和粤汉铁路之要冲，具有重要的战略地位。这里峰峦叠嶂，地势险要，土地肥沃，物产丰富。

1927年9月以后，湘鄂赣边界10多个县的农民举行起义，组成几支游击队，从此开始了湘鄂赣边地区的游击战争。1928年7月，彭德怀、滕代远等人发动平江起义，成立了中国工农红军第五军，开辟了湘鄂赣革命根据地。11月，红五军主力转往井冈山，留下的一部分红军（后改编为湘鄂赣边境支队）在湘鄂赣边地区坚持游击战争，发动群众，建立农村苏维埃政权。1929年9月，根据中共湖南省委指示，湘鄂赣边境支队编入转战到湘鄂赣边地区的红五军。之后，红五军分兵展开活动，打击国民党地方武装，扩大根据地。9月2日，中共湘鄂赣边境特委在万载陈坑召开执委扩大会议，会期10天。1929年冬至1930年春，边区党组织领导边区人民开展以"要饭吃""要土地"和抗租、抗债、抗粮、抗税、抗捐为内容的年关斗争及"借粮度荒"的春荒斗争。1930年3月18日，在纪念巴黎公社59周年之际，边区各地举行了30余万人参加的三一八起义。随后，万载数万工农武装在红五军第二纵队和宜春、浏阳赤卫队的配合下，重点攻打了黄茅墟镇，取得了胜利。至1930年6月，湘东北的平江、浏阳，赣西北的修水、铜鼓、万载，以及鄂东南的大冶、阳新、通山、通城、崇阳这一广大地区内，除部分城镇外，都已成为革命根据地。1931年7月，中共湘鄂赣省委正式成立，李宗白任省委书记。9月，湘鄂赣省苏维埃政府成立，赖汝樵任主席。这时，湘鄂赣革命根据地扩展到湘东北、鄂东南、赣西北的广大地区，下辖36个县，其中江西20个。

1932年4月，为贯彻中央"加紧巩固修（水）铜（鼓）万（载）根据地，

积极向东南袁水和樟树发展，与湘赣苏区打成一片，和中央苏区取得密切联系"的指示，中共湘鄂赣临时省委、湘鄂赣省苏维埃政府、省互济会、省反帝大同盟等数十个省级机关单位从修水上杉迁至万载小源。9月，中共湘鄂赣省第二次代表大会在万载小源召开。大会通过了政治、组织、职工运动、团的工作和党对苏维埃的领导等决议案，确定了全省党的总任务，正式选举了以林瑞笙为书记的第二届省委执委。1932年5月，湘鄂赣省苏维埃政府在小源召开了第一次执委会，重新设置了军事、文化、财政、粮食、经济、卫生、劳动、外交、交通等部以及政治保卫局、统计局、工农检察所等机构。8月，湘鄂赣省第二次工农兵代表大会在小源韩家祠召开。会议通过了土地问题、红军问题等决议案，正式选举出第二届湘鄂赣省苏维埃政府执委，主席为王显德，副主席为彭德怀、刘建中。1933年10月，湘鄂赣省苏维埃政府在小源又召开了全省第三次工农兵代表大会，选出了30名出席全国苏维埃第二次代表大会的代表。这一时期，湘鄂赣省党组织、红军队伍发展很快。中共湘鄂赣省第二次代表大会召开后，湘鄂赣全省党员增加了2万多人，达到5万余人。红军主力1932年7月为15000余人，1933年春发展到25000余人。同时，苏维埃政权亦得到巩固和发展，恢复和发展了50多个乡苏维埃政府。为粉碎敌人的经济封锁，湘鄂赣省委、省苏维埃政府在小源期间制定了一系列政策：农业上，兴修水利，垦荒种麻，大力发展种植业和养殖业；工业上，开办军用工业，大力发展民用工业；商业上，举办国营合作性商业，成立工农银行，发行纸币和银元，实行低率借贷；军事上，成立省军区，创办中央军事政治学校第五分校。与此同时，苏区的文化和教育事业亦得到繁荣和发展，出版了各种报纸、期刊和书籍，开办了幼稚园、列宁小学、赤色女子职业学校等，并于1932年6月创办了省委党校。1933年三四月，湘鄂赣省委、省苏维埃政府在小源还领导全省苏区军民开展了第四次反"围剿"斗争，取得了宜丰港口、万载株木桥等战斗的胜利，牵制了国民党60多个团的兵力，配合了中央苏区的反"围剿"斗争，坚持了湘鄂赣边区的武装割据。1932年至1934年8月，湘鄂赣省的省级机关主要活动在修水、万载、铜鼓等地。湘鄂赣革命根据地全盛时期人口约有300万。1933年9月，国民党反动派对革命根据地发动第五次"围剿"，对湘鄂赣苏区实行重点进攻，小源面临重兵压境。为保存革命力量，1934年1月，湘鄂赣省委决定省级机关撤出小源，向铜鼓幽居、梓庄一带转移。从1933年9月开始，红军和地方武装在国民党反动派的反复围攻下，遭受严重损失，至1934年8月，湘鄂赣革命根据地大都被国民党反动派占领，剩下的少数红军及游击队在湘鄂赣边界地区继续坚持游击战争。

（二）景点基本情况介绍

1.湘鄂赣革命根据地旧址群

湘鄂赣革命根据地旧址群位于万载县仙源乡仙源村（原名小源），是土地革命战争时期湘鄂赣革命根据地旧址之一。湘鄂赣革命根据地是大革命失败后，由彭德怀、滕代远、黄公略等人于1928年7月发动平江起义后在湘鄂赣边界地区创建的，是土地革命战争时期全国12大块革命根据地之一，培养了杜平、王宗槐、张翼翔等开国将军。万载湘鄂赣革命根据地旧址群主要由中国共产党湘鄂赣省委员会旧址、中华苏维埃共和国湘鄂赣省苏维埃政府旧址、中华苏维埃中央军事政治学校第五分校旧址、中共湘鄂赣省委《红旗》报社旧址等在内的一整套完整的30多处组织机构旧址组成，总建筑面积达12万余平方米。

1932年4月，湘鄂赣省委、省政府由修水县迁入万载小源，领导湖南、湖北、江西三省边境地区30多个县苏维埃政府工作。小源成为当时三省政治、军事、经济、文化的中心，有"东方小莫斯科"之称。1934年年初，国民党重兵围攻小源，湘鄂赣省苏维埃机关撤出，向铜鼓一带转移。该旧址群保存完好，2006年被列为全国重点文物保护单位。

（1）中国共产党湘鄂赣省委员会旧址

中国共产党湘鄂赣省委员会旧址位于万载县仙源乡月山下王家屋，为清咸丰年间所建，坐西朝东，背靠青山，面临稻田，土木结构，分正屋和侧屋，

平面呈"凹"形布局，整体占地面积1175平方米。旧址保存完好，内设有省委办公厅、省委书记办公室兼卧室、宣传部、组织部、妇女部和少共省委办公室、列宁室、接待室、技术科办公室。当时书写在旧址中厅墙壁上的"办公厅"三个黑体美术字清晰可见。

1931年6月底，中国共产党湘鄂赣省委员会在浏阳东门楚东山成立。9月迁驻修水上杉。1932年4月，中共湘鄂赣临时省委从修水上杉迁驻万载小源。当时，省委下辖组织部、宣传部、监察部、白区工作部、青年部、妇女部和办公厅等部门。省委在这里召开多次会议，为执行中央局向南发展的指示，开展了大量工作。当时，省委把扩大红军作为中心工作，动员群众参军参战。全省各级党的组织抽调一大批干部和武装力量开展白区工作，注意恢复和发展新的苏区。至1933年上半年，浏阳、铜鼓等县恢复和发展了50多个乡苏维埃政府。

（2）中华苏维埃共和国湘鄂赣省苏维埃政府旧址

中华苏维埃共和国湘鄂赣省苏维埃政府旧址坐落在万载县仙源乡，原为民居"笃庆堂"，建于清咸丰年间，坐东朝西，砖木结构，并列两栋相通，总

📍 中华苏维埃共和国湘鄂赣省苏维埃政府旧址

建筑面积1023平方米。旧址保护完整，对外开放的有湘鄂赣省苏维埃政府会议室、办公室，主席、副主席办公室和住房。当时书写在旧址两端照枋上的"马克思路""列宁之路"及墙外的"工农专政""清灭进攻"标语清晰可见。湘鄂赣省苏维埃政府驻扎万载小源近两年。这一时期，先后召开了全省第二、第三次工农兵代表大会，苏维埃政权得到发展和壮大，经济、文化得到繁荣。

（3）中共湘鄂赣省委《红旗》报社旧址

中共湘鄂赣省委《红旗》报社旧址坐落在万载县仙源乡街道中段，原为王家祠堂，清同治年间所建，坐北朝南，砖木结构，总建筑面积734平方米。1932年3月，中共湘鄂赣临时省委成立。不久，湘鄂赣临时省委党报委员会相应地也

📍 中共湘鄂赣省委《红旗》报社旧址

成立了，总编辑由临时省委书记林瑞笙兼任。4月15日，省委机关报——《红旗》在小源王家祠堂创刊。《红旗》报主要任务是宣传党的政治方针和各项具体政策，指导各地党的工作，揭露国民党反动派的造谣与欺骗，动员全省苏区人民参军参战，巩固和发展新的苏区。《红旗》报社还负责编印临时性的《红旗小报》《政治消息报》和理论性的《转变月刊》，承印部分党政文件、识字课本、宣传材料等。湘鄂赣临时省委为办好这些报刊，建立了通讯网，要求各道委、县委党报委员会指定1—2名通讯员，并要求基层各支部组织读报小组，与非党员同志一起阅读学习，充分发挥党报在实际斗争中的领导作用。

（4）中华苏维埃中央军事政治学校第五分校旧址

中华苏维埃中央军事政治学校第五分校旧址坐落于万载县仙源乡新市村，原为袁家祠堂，建于1919年，坐北朝南，土木结构，总建筑面积462平方米。该旧址保存有教室、宿舍、办公室。旧址上厅中墙上，当年书写的《红五分校校歌》至今清晰可见。

中华苏维埃中央政治军事学校第五分校是1932年湘鄂赣省第三次执委扩大会议以后，以原湘鄂赣省苏维埃政府领导的军事学校为基础建立起来的。4月12日，随湘鄂赣临时省委一道迁至小源。学校由校长、政委、教育长负责，下设军事教育处、政治处和管理处。学员按编制分政治、炮兵和步兵3个大队，下分区队（班）。高咏生（兼）、郭子明先后任校长。该校先后举办过3期训练班，每期为9个月。教学从实际出发，政治队60%的时间学政治，40%的时间学军事，炮兵和步兵则相反。实弹射击和毕业考试都在实战中进行。1933年10月，由于战斗频繁、环境恶劣，学校改为教导队，随红十六师行动。该校自开办以来，共培养军政干部近900人，为湘鄂赣主力红军及各县独立团、游击队培养了大批军政骨干，为革命战争取得胜利发挥了重要作用。

（5）湘鄂赣省军区旧址

湘鄂赣省军区旧址坐落于万载县仙源乡仙源村罗家老屋。该旧址坐东朝西，土木结构，平面呈"7"字形布局，建筑面积239平方米。为了加强对全

湘鄂赣省军区旧址

省红军和地方武装的统一领导，根据中革军委的决定，湘鄂赣省军区于1932年春在万载小源成立。湘鄂赣省军区成立后，为增强全省红军主力的力量，遵照中革军委的指示，先后对全省红军和地方武装进行了整编，将原红军独立第三师编入红十六军，红军独立第一师、第二师合编为红十八军。地方武装按其任务的不同，分为边区游击队和挺进游击队：边区游击队由赤卫模范营和赤卫模范少先队组成；挺进游击队由各县红色独立团、营组成。1933年春，全省红军主力发展到25000多人。这时，接中革军委命令，湘鄂赣红军沿锦水向东行动，进逼南昌，配合中央苏区的第四次反"围剿"。为提高部队战斗力，湘鄂赣省军区于3月19日将全省红军2万余人集中到万载高村一带，进行军事训练和政治动员。接着，红军取得了港口战役、株木桥战役的胜利，粉碎了国民党反动派对湘鄂赣苏区的第四次"围剿"。

2.湘鄂赣革命纪念馆

湘鄂赣革命纪念馆旧馆设于万载县仙源乡月山下中共湘鄂赣省委旧址内，新馆于1985年建成，位于万载县城阳乐大道322号。老红军干部江渭清应邀为新馆题写了馆名。新馆馆舍坐东朝西，陈列展厅占地面积700余平方米。该

湘鄂赣革命纪念馆

馆是宣传介绍湘鄂赣革命根据地创建、巩固和发展的专题性纪念馆,馆内设有"湘鄂赣革命斗争史""万载籍老红军将士革命业绩陈列"两大基本陈列。该馆收藏革命及历史文物2000余件,展出文物200余件。该馆先后被列为全国爱国主义教育示范基地、国家国防教育示范基地、中国井冈山干部学院现场教学点、国家三级博物馆。

四、新余市罗坊会议纪念地

(一)罗坊会议及兴国调查会

1.罗坊会议

1930年10月25日至11月1日,为了决定红军的行动方向,粉碎敌人对中央苏区的第一次"围剿",毛泽东在新余罗坊主持召开了红一方面军总前委与江西省行委的联席会议,史称"罗坊会议"。参加会议的有:红一方面军总前委书记毛泽东、总司令朱德、红三军团军团长彭德怀、红三军团政委滕代远、总政治部主任杨岳彬、总参谋长朱云卿、总前委秘书长古柏、中共中央长江局代表周以栗、红三军军长黄公略、红四军军长林彪、红四军政委罗荣桓、红十二军军长罗炳辉、红八军军长何长工、红三军团政治部主任袁国平、江西省行动委员会书记李文林、江西省苏维埃政府主席曾山、江西省行动委员会宣传部部长陈正人等十余人。

会议通过了《关于目前政治形势与一方面军及江西党的任务的指示》的决议，使红一方面军和江西党统一了思想，使红军从理论和实践上摆脱了"左"倾错误，停止了进攻南昌、九江等中心城市的军事冒险行动，回到农村包围城市的正确道路上来；制定了"诱敌深入"的作战方针，使红军的战略战术原则发展到了一个新的阶段。"诱敌深入"战略方针的制定，以及在实践中的成功运用，不仅使红军取得了第一次反"围剿"的胜利，还为第二、第三次反"围剿"的胜利打下了坚实的基础，为中央苏区的建立创造了极好的条件。

2.兴国调查会

在罗坊会议期间，正好当时的兴国苏区送来了700多位农民来当红军，毛泽东便利用会议间隙，从中找了傅济庭、李昌英、温奉章、陈侦山、钟得五、黄大春、陈北平、雷汉香等8位农民，在罗坊彭家洲开了一个星期的调查会。1931年1月，毛泽东将调查资料整理成文，这就是《兴国调查》这篇光辉著作。

《兴国调查》详细记录了大革命前后兴国县永丰区的政治、军事、经济、社会各阶层的历史和现状，以及土地革命斗争和8个家庭的情况等，内容丰富，史料翔实。

兴国调查会是毛泽东亲自动手作农村调查的又一生动典范，使毛泽东对中国农村的了解和中国国情的认识进一步加深，也是毛泽东调查研究理论的进一步丰富和发展。兴国调查会为红军诱敌深入，粉碎国民党反动派"围剿"战略行动作了准备，为中国共产党理论联系实际，大兴调查研究之风作出了表率，树立了光辉典范。

（二）景点基本情况介绍

罗坊会议纪念馆位于新余市东20千米的罗坊镇袁河之滨，建于1973年，

📍 罗坊会议纪念馆

建筑面积5000平方米，是一座具有民族风格的四合院建筑。该馆下辖陈家闹罗坊会议旧址、院前村红一方面军总部旧址、彭家洲兴国调查会旧址等8处革命纪念地。罗坊会议纪念馆及革命旧址，重点介绍了毛泽东、朱德、彭德怀等老一辈无产阶级革命家1930年10月在罗坊的伟大革命实践以及新余地方几十年的革命斗争史，是进行革命传统教育的重要阵地。2006年，罗坊会议和兴国调查会旧址被列为全国重点文物保护单位。2021年，罗坊会议纪念馆被列为全国爱国主义教育示范基地。

第五章

血染的丰碑——赣东北

第一节 赣东北红色历史概述

赣东北即江西东北部,与闽浙皖三省交界相连,主要包括今天的上饶、景德镇、鹰潭三个设区市。上饶市位于长三角经济区、海峡两岸经济区、鄱阳湖生态经济区交会处,东连浙江,南邻福建,西接安徽,自古有"豫章第一门户""八省通衢"之称,因"山郁珍奇""上乘富饶"而得名。全市现辖8县3区1市,即玉山、婺源、弋阳、横峰、铅山、鄱阳、余干、万年8县,信州区、广丰区、广信区3区和德兴市,土地总面积约2.28万平方千米。景德镇市地处黄山、怀玉山脉与鄱阳湖平原过渡地带,辖珠山、昌江两区和乐平市、浮梁县,土地总面积5256平方千米。景德镇历史悠久、文化灿烂,是闻名中外的千年瓷都,与广东佛山、湖北汉口、河南朱仙镇并称为明清时期的中国四大名镇,因雄踞长江之南,素有"江南雄镇"之称。鹰潭市位于信江中下游,东部和北部分别与上饶弋阳、铅山、万年、余干接壤,南面和西面分别与抚州金溪、资溪、东乡毗邻,因"涟漪兴其中,雄鹰翔其上"而得名。全市现辖月湖区、贵溪市、余江区,土地总面积3554平方千米。

赣东北地区山川秀丽,历史悠久,文化积淀深厚。上饶的三清山以其自然之美享誉中外,婺源被誉为"中国最美乡村"。鹰潭是我国道教发源地,龙虎山号称"中国道家第一山"。景德镇则以其灿烂辉煌的陶瓷文化在国际上久负盛名。赣东北地区更是为中国革命作出巨大贡献的红色热土。在二十世纪二三十年代兴起的民族独立和人民解放的革命大潮中,中国共产党领导人

民在此进行了波澜壮阔的革命斗争，无数革命先烈的鲜血洒在了这块神圣的土地上。从弋阳县苏维埃政府的建立，到中共信江特委、赣东北省苏维埃政府、闽浙赣省苏维埃政府及赣东北（闽浙皖赣）革命根据地的建立；从农民革命武装，到江西红军独立第一团、中国工农红军第十军、中国工农红军第七军团、中国工农红军北上抗日先遣队、红十军团的建立和新四军瑶里改编；从弋阳、横峰地区著名的弋横起义，到赣东北（闽浙皖赣）革命根据地、上饶集中营的斗争，中国新民主主义革命的战火燃遍了赣东北的山山水水，英勇无畏的共产党人用生命和热血在这里铸就了中国革命史上一座永恒的丰碑。

1928年年初，方志敏、邵式平、黄道等人领导发动了著名的弋横起义。1929年3月，中共信江特委成立。10月，信江特区苏维埃政府成立，机关设在弋阳九区邵家村。苏区由弋横时期进入信江时期。1930年7月，中共信江特委与赣东北特委合并，组成新的赣东北特委，闽北地区划归赣东北特委领导。1931年3月，赣东北特区苏维埃政府成立，机关迁往横峰葛源。9月，中共赣东北省委成立。11月，赣东北省苏维埃政府成立，方志敏任主席。苏区由信江时期进入赣东北时期。1932年11月，赣东北省改为闽浙赣省，省会为横峰县的葛源，万永诚任省委书记，方志敏任省苏维埃政府主席。苏区由赣东北时期进入闽浙皖赣时期。闽浙皖赣革命根据地鼎盛时期的范围包括福建、浙江、安徽、江西四省50多个县，人口达100多万，成为全国六大苏区之一。闽浙皖赣革命根据地的斗争如火如荼，成为苏区斗争的成功典范，被毛泽东称赞为"方志敏式"革命根据地和"苏维埃模范省"。

方志敏、邵式平等人组织领导的弋横起义，产生了一支以农民为主的赣东北武装队伍——中国土地革命军第二师第十四团第一营第一连。经过战火的洗礼，这支队伍不断发展壮大，1928年4月改为工农革命军第二军第二师第十四团第一营第一连，同年7月在此基础上扩大为工农红军第二军第二师第十四团，1929年4月改编为江西红军独立第一团。1930年7月6日，江西红军独立第一团一举攻占景德镇，俘敌400余人，缴枪400余支，其战斗力大大增强。7月21日，江西红军独立第一团奉命扩编为红十军，周建屏为军长，吴先民为代理政治委员。翌日，红十军在乐平界首村举行了建军典礼，方志敏主持典礼大会并庄严宣告中国工农红军第十军正式成立。1933年1月，红十军南渡信江，与中央红军第三十一师合编为中国工农红军第十一军（又称"老红十军"），同年7月，红十一军与红三军团一部合编为红七军团。红十军进入中央苏区改编为红十一军后，闽浙赣军区以原赤色警卫师为基础，重建红十军（又称"新红十军"）。

为抗击日本帝国主义的侵略，冲破国民党反动派对中央苏区的"围剿"，1934年7月初，中共中央、中革军委决定以红七军团为主组建红军北上抗日先遣队，并向闽、浙、赣、皖等省运动。11月4日，中革军委命令红七军团与红十军及当地武装合编为红十军团。11月18日，方志敏等人奉命组成军政委员会，随红十军团北上皖南。1935年1月，方志敏率领的红军抗日先遣队2000余人被7倍于己的敌军围困在怀玉山上，方志敏不幸被俘。同年8月6日，方志敏在南昌英勇就义。粟裕、刘英等人率领部分队伍突围后挺进浙南，胜利坚持了三年艰苦卓绝的游击战争。

1937年7月7日，日军炮轰宛平县城，制造了卢沟桥事变，抗日战争全面爆发。中国共产党坚持国共两党合作，建立广泛的抗日民族统一战线。10月，国共两党达成协议，将南方八省红军游击队统一整编成国民革命军陆军新编第四军（简称"新四军"）。10月12日，国民党南京政府正式颁布改编命令。1938年2月，在新四军第一支队司令员陈毅的指导下，皖浙赣边的红军游击队聚集到浮梁瑶里进行整编，番号为新四军第一支队第二团第三营，全营550人；闽浙赣边的红军游击队在黄道、曾镜冰等人领导下进入铅山石塘镇，改编为新四军第三支队第五团，全团1500余人。改编后的新四军队伍纷纷开赴皖南抗日前线。

随着中国共产党领导下的抗日根据地迅速发展，以蒋介石为首的国民党

顽固派深感震惊和忧虑，一方面对外消极抗日，另一方面则积极制定"溶共""限共""灭共"方针，数次阴谋策划反共高潮。1941年1月，国民党当局在安徽泾县茂林地区制造了震惊中外的皖南事变，新四军军长叶挺被扣押，政治部主任袁国平牺牲，副军长项英、参谋长周子昆在突围中被叛徒杀害。皖南事变后不久，国民党顽固派全然不顾中国共产党中央委员会关于恢复叶挺将军自由、释放皖南事变中被俘新四军官兵、归还被缴获的枪支弹药的要求以及社会各界进步人士的谴责，指使第三战区司令长官顾祝同在上饶设立以周田为大本营，包括李村、七峰岩、茅家岭、石底等监狱在内的一座规模庞大的法西斯式"人间地狱"——上饶集中营，囚禁在皖南事变中被俘的新四军排以上干部和从东南各省搜捕的共产党员及其他进步人士共900多人。新四军将士在集中营里与敌人展开了艰苦卓绝的斗争，并成功组织了茅家岭暴动和赤石暴动，表现了共产党人和革命志士英勇顽强的革命斗志和大无畏的革命精神，在中国共产党领导的人民革命斗争史上写下了光辉的一页。

第二节　赣东北红色旅游景点介绍

光荣的革命历史与秀美的自然风光、丰厚的文化积淀造就了赣东北地区丰富的、独具特色的红色旅游资源。赣东北红色旅游景点主要分布在上饶市的横峰、弋阳、玉山、铅山、信州和景德镇市的浮梁、乐平等地，其中著名的有：横峰县闽浙皖赣革命根据地旧址群，弋阳县方志敏故居、窖头会议旧址、方胜峰会议旧址、红军总医院旧址、方志敏纪念馆，玉山县中国工农红军北上抗日先遣队纪念馆、方志敏八祭村旧址，铅山县石塘镇新四军整编旧址，上饶集中营革命烈士陵园，浮梁县新四军瑶里改编旧址及程家山旧址，乐平市红十军建军旧址、赣东北革命委员会旧址、篁坞方志敏旧居，等等。

一、横峰县闽浙皖赣革命根据地旧址群

（一）闽浙皖赣革命根据地红色历史概况

闽浙皖赣革命根据地是土地革命战争时期全国重要的革命根据地之一，是方志敏、邵式平、黄道等共产党人领导人民浴血奋战创建的著名根据地，从1927年弋横起义胜利初建根据地至1937年国共合作，共产党人在这块土地上的斗争历时10年。全盛时期，根据地和游击区的范围包括闽、浙、皖、赣4省边区55个县，其中，江西23个县（弋阳、横峰、德兴、上饶、铅山、玉山、广丰、贵溪、余江、南城、万年、乐平、浮梁、婺源、都昌、湖口、鄱阳、彭泽、余干、东乡、金溪、资溪、永修），福建12个县，浙江13个县，安徽7个县。根据地人口达100多万，游击区人口超过1000万。闽浙皖赣革命根据地在政治、经济、军事、文化等各项建设上都进行了富有生机的创造，积累了许多成功的经验。它光辉的斗争历史，为中国共产党创造了宝贵的精神财富。

（二）景点基本情况介绍

闽浙皖赣革命根据地旧址群主要分布在横峰县葛源镇。葛源，即"葛之源头"，因漫山遍野生长着野葛，又处于溪水源头而得名。葛源镇位于横峰北部，与弋阳、德兴、广信交界，距县城35千米，面积203.38平方千米，是横峰县北部的区域性中心集镇，也是县内最大的一个镇。这里四面环山、气候宜人，不但拥有万亩葛园、10万亩油茶基地等生态景观，大自然还赋予葛源丰富的地下宝藏，境内钽、铌、钨、锡、锌矿储藏丰富，这些被称为葛源的"五朵金花"。葛源历史悠久、文化深厚、古韵犹存。在宋代，这里就已形成了繁荣的山区集镇，素有"小小横峰县，大大葛源街"之说。全镇至今仍保持着山区古老村镇的风韵，在白石廊、枫林、上黄溪、下黄溪等地还保存了多处商周文化遗址。

土地革命战争时期，葛源一度成为闽浙皖赣革命根据地政治、军事、经

济和文化中心，是名副其实的"红色省会"，境内拥有丰富的红色旅游资源。横峰县在与绿色旅游相结合的基础上，倾力打造葛源"闽浙皖赣革命根据地旧址群"这张红色名片，成立了"中华苏维埃闽浙皖赣革命根据地旧址景区管理委员会"，划拨专项资金，加强对旧址的保护、管理和旅游业综合规划、开发。旧址群现有保存完好的革命旧址50余处，其中重要的景点有：中共闽浙赣省委机关旧址、闽浙赣省苏维埃政府旧址、闽浙赣省军区司令部旧址、中国工农红军学校第五分校旧址、闽浙赣省工农医院旧址和我党历史上建立的第一个公园——列宁公园等。另外，还有葛源革命烈士纪念馆、红军操场与司令台旧址、烈士纪念亭、弋横起义总指挥部旧址等。闽浙皖赣革命根据地旧址群先后被列为全国爱国主义教育示范基地、国家3A级旅游景区、全国红色旅游经典景区。

1.中共闽浙赣省委机关旧址

中共闽浙赣省委机关旧址位于山峦叠翠、红叶掩辉的横峰县葛源镇枫林村，占地面积1000平方米，四周筑有围墙。旧址房舍为一幢"一"字形民房。门内有一小院，内设省委秘书处、组织部、宣传部、妇女部、事务科、常务

📍 中共闽浙赣省委机关旧址

会议室、收发室和白区工作部等机构。院内栽有高大丰腴的芭蕉，出门右侧有一块大青石，人们称之为"信访石"。中共闽浙赣省委书记兼省苏维埃政府主席方志敏曾住在这里。

方志敏同志办公室兼卧室至今仍保存完好，陈设一如当年，室内仍留有方志敏睡过的四轮架子床，墙壁上糊着《工农报》《红色东北报》。旧址设有陈列室，分别对闽浙赣革命根据地党的建设、政权建设、军事建设、经济建设、文化建设等5个方面内容进行介绍。

1996年，该旧址被列为全国重点文物保护单位。

2.闽浙赣省苏维埃政府旧址

闽浙赣省苏维埃政府旧址位于葛源镇枫林村，总占地面积880平方米。旧址坐北朝南，房舍呈"工"字形，大门里是一个方形小院，院内有一幢正房、两幢偏房，建筑面积664平方米。

旧址内设有省政府秘书处、方志敏卧室、警卫排住房和财政部银库等，银库内有三个银仓。旧址正厅列有赣东北省苏维埃政府当时所辖的县苏维埃政府共32个，旁边有政府领导成员一览表和方志敏简历。财政银库存放方志

📍闽浙赣省苏维埃政府旧址

敏缴获的金银财宝，正如他自己所说："经手的款项，总在数百万元；但为革命而筹集的金钱，是一点一滴地用之于革命事业。""为着阶级和民族的解放，为着党的事业的成功，我毫不希罕那华丽的大厦，却宁愿居住在卑陋潮湿的茅棚；不希罕美味的西餐大菜，宁愿吞嚼刺口的苞粟和菜根；不希罕舒服柔软的钢丝床，宁愿睡在猪栏狗窠似的住所！不希罕闲逸，宁愿一天做十六点钟工的劳苦；不希罕富裕，宁愿困穷……我能舍弃一切，但是不能舍弃党，舍弃阶级，舍弃革命事业。"1996年，该旧址被列为全国重点文物保护单位。

3.闽浙赣省军区司令部旧址

闽浙赣省军区司令部旧址位于横峰县葛源镇枫林村，总占地面积700平方米，房屋分前后两幢，共12间。

⊙ 闽浙赣省军区司令部旧址

1932年11月，中共闽浙赣省委成立。遵照中革军委指示，同年12月11日，赣东北省革命军事委员会改称为闽浙赣省军区总指挥部，习惯上称省军区司令部，为省苏维埃政府所属的直接领导根据地军事斗争的军事机构，唐在刚、方志敏先后担任过司令部的司令员。

该旧址内设有司令员室、政委室、办公室、传达室等，还设有闽浙赣革命根据地苏区军事建设史的辅助陈列室，介绍了从1927年弋横起义胜利至1935年葛源苏区失陷期间的斗争史和红十军的发展情况。

该旧址于1999年按原样恢复，并进行原状陈列。现为全国重点文物保护单位。

4.中国工农红军学校第五分校旧址

中国工农红军学校第五分校旧址位于葛源革命烈士纪念馆右侧20米左右，

占地面积约1200平方米。旧址原为杨氏宗祠，大门上写有校名，门前操场两边院墙上写有"造成红军铁军骨干，争取革命战争胜利"的大幅标语。旧址内有门厅、厢房及6个教室，1987年于后院设立了一间陈列室。

📍中国工农红军学校第五分校旧址

中国工农红军学校第五分校原为信江军事政治学校，1929年创办于弋阳吴家墩，1930年迁往弋阳芳家墩，1931年迁至葛源，改名为彭杨军事政治学校，以纪念彭湃、杨殷两位烈士，1933年改称为中国工农红军学校第五分校。1934年10月，学校停办撤离。该校自创办至红军离开根据地北上抗日止，共办了6期，培养红军骨干1500余人，洪涛、饶守坤、吴克华等许多人民解放军高级将领均出自于此。先后在该校担任过校长的有邹琦、江枫、彭干臣；先后担任过校政委的有方志敏、邵式平、舒翼、刘鼎等同志。

5.闽浙赣省工农医院旧址

闽浙赣省工农医院旧址位于葛源镇文昌宫，占地面积500平方米。房屋门前是广场，右边与万年台相邻，门内有天井，天井三面共有房屋14间。原为工农医院门诊部、药房和手术室的左右两幢房屋现仍保存。

闽浙赣省工农医院于1930年成立，1931年10月设立于此，是苏区群众治病防疫的地方医院，同时担任各县工农医院医务人员培训和开展卫生宣传等工作。

6.列宁公园

列宁公园位于葛源镇葛溪河畔，始建于1931年，占地面积6000平方米，为中国共产党历史上最早建造的人民公园。

1922年夏天，方志敏与朋友相邀在上海的法国公园聚会。走到公园门前，

🔴 列宁公园

却看到挂牌上写着刺目的标语："华人与狗不准入内。"国耻民恨让方志敏暗自发誓：一定要在祖国的大地上亲手建起中国人自己的公园。1931年春，时任赣东北特区苏维埃政府主席的方志敏在葛源这块红土地上亲自筹建了一座6000平方米的新型公园，并将它命名为"列宁公园"。在公园的凉亭边，方志敏亲手栽下了一棵梭椤树。传说梭椤树本是月宫里的仙树，砍不倒、折不断、万年青，这正是中国共产党领导下的人民革命斗争百折不挠、无可阻挡、必定胜利的美好象征。列宁公园成为红军战士和广大群众休息娱乐的场所。当时的赣东北苏区全民体育运动会的游泳比赛项目就是在这里的游泳池里举办的。

1934年10月，葛源失陷后，列宁公园逐渐荒废，新中国成立后得以恢复。1985年，该公园被列为县级文物保护单位。2000年，江西省建设厅拨出专款对列宁公园进行了重点维修。公园现已成为葛源人民群众娱乐休闲的重要场所。

7.红军操场与司令台旧址

红军操场位于葛源枫林村，始建于1933年，占地面积10500平方米，是当年红军和苏区群众聚会的地方。苏区的纪念会、祝捷会、体育运动及文艺演出经常在这里举行。1933年11月，闽浙赣省第三次工农兵代表大会在枫林召开。会议期间，这里举办了全省群众武装展览会，展览了省兵工厂制造的新式枪炮和各地群众自制的枪支、地雷，还进行了地雷演习和武术比赛，中央苏区有一个代表团曾到此参观。

红军操场北端有司令台，建于1933年年初。1934年11月，闽浙赣省党政机关撤离时，方志敏曾在司令台上向苏区群众作最后一次告别演说，然后率师北上抗日。不久，闽浙赣省党、政、军机关均撤离枫林村。葛源失陷后，这里逐渐荒废，新中国成立后重新修建。1996年，红军操场经国务院批准公布为全国重点文物保护单位。至今，红军操场还留有一首激昂的充满战斗力的光辉诗篇——《说红场》：

> 这是一个广漠无际的红场，
> 这儿有战争生活的宝藏。
> 这儿充满了壮烈的叫喊，
> 这儿放射出血样的光芒。
> 它不是有闲阶级歌吟的园地，
> 它不是公子哥儿沉醉的摇床。
> 这儿，没有甜蜜的美梦，
> 这儿，没有风月的词章。
> 它像冲锋陷阵的号角，
> 它像一盏明亮的红灯，
> 它鼓舞着指引着劳动大众，
> 战斗、前进、走向光明！
> 让我们打开这丰富的宝藏，
> 让我们沐浴着胜利的光芒，

让我们发出冲锋陷阵的号角，

驰骋在广漠无际的红场。

8.革命烈士纪念馆

革命烈士纪念馆位于葛源镇中心地段，占地面积1.4万平方米，主建筑面积285平方米。

横峰县是土地革命战争时期闽浙赣省委和省苏维埃政府所在地。横峰人民为中华民族的解放事业同敌人进行了英勇不屈的斗争，全县有姓名记载的烈士就有5713人。

为了弘扬革命先烈伟大的革命精神，1953年，横峰县在葛源建立了革命烈士纪念馆。纪念馆除陈列本县部分著名烈士事迹外，还陈列了一部分在闽浙赣省委、省苏维埃政府和省军区职务较高、影响较大的外省籍烈士事迹。纪念馆陈列分三个部分：第一部分为烈士灵堂，第二部分为烈士遗像，第三部分为新中国成立后病故的红军老干部遗像和生平介绍。第二部分为主要部分，分为三个陈列室：第一陈列室是邱金辉等15名烈士的遗像和生平事迹介绍，第二陈列室是方志敏、邵式平、黄道等闽浙赣省党、政、军等部门的部分领导生平和事迹介绍，第三部分是余金德等11位革命烈士的事迹介绍。纪念馆还设有历史文物陈列室，陈列着几十件当年红军战士使用过的土枪、土炮、手雷、地雷、梭镖、大刀、旗帜等实物。纪念馆内吴先民烈士牺牲处修建了一座八角亭，用以纪念英勇不屈、为真理而牺牲的吴先民烈士。

9.烈士纪念亭

烈士纪念亭位于红军操场司令台后面的来龙山顶上。这是一座六角形的纪念亭，亭内立有6面碑石，每面都刻着为革命捐躯的烈士名单。纪念亭四周古树参天，环境优雅肃穆。

烈士纪念亭建于1933年年初，与山下的红军操场同时建成。为纪念在革命战争中牺牲的烈士，闽浙赣省苏维埃政府建造了这座具有民族风格的纪念亭。当年方志敏常到这里做操，省直机关单位干部、学校师生也经常到这里凭吊。烈士纪念亭于1934年10月葛源失陷时被毁，新中国成立后找到失落的碑石后重修，恢复了原貌。

烈士纪念亭

1985年，该纪念亭被列为县级文物保护单位。

10. 弋横起义总指挥部旧址

弋横起义总指挥部旧址位于横峰县姚家乡兰子村委会楼底小组（原名刘底村），距姚家乡政府6.7千米，是一幢四榀平房，门前有一块较大平地，后门可通往后山，山顶有哨所。1927年11月，方志敏在横峰兰子楼底一带组织农民革命团，同年12月10日，领导农民革命团打响了弋横起义的第一枪，起义的总指挥部就设在这里。

二、弋阳县方胜峰会议旧址、方志敏纪念馆

（一）弋阳红色历史概况

弋阳是土地革命战争时期闽浙皖赣苏区的策源地，也是伟大的无产阶级革命家方志敏的故乡。在中国共产党的领导下，方志敏、邵式平等人在弋阳开始了创建赣东北、闽浙皖赣革命根据地，建立并巩固苏维埃政权的伟大斗争。

1917年，受新文化运动思潮的影响，学生时代的方志敏在弋阳发起组织了进步团体"九区青年社"，积极开展反帝反封建活动。1925年，方志敏等人组织建立了"弋阳青年社"，创办了平民夜校，宣传马克思主义，并秘密组建了赣东北第一个农民协会。1927年10月至1928年2月，方志敏、邵式平、黄道等人在弋阳、横峰两县发起了弋横起义，后组建了工农革命军第二军第二

师第十四团第一营第一连，从此诞生了赣东北工农武装。1928年6月25日，方志敏在弋阳、横峰交界的方胜峰主持召开弋阳、横峰两县党、团县委联席会议，批驳了"埋枪逃跑"的错误主张，确定了反"围剿"的基本战略。26日，方志敏、邵式平指挥根据地军民在金鸡山大败弋阳靖卫团，粉碎了国民党反动派对根据地的第一次局部性"围剿"。弋横起义胜利后，在方志敏、邵式平等人的领导下，赣东北地区的革命武装日益壮大，各级苏维埃政权纷纷成立，红色区域不断扩大，革命根据地经历了由弋横而信江，由信江而赣东北，由赣东北而闽浙（皖）赣的发展阶段，形成了"东南半壁红"的大好局面。

（二）景点基本情况介绍

弋阳县位于江西省东北部，信江中游。全县现辖17个乡镇（街道），总面积1580平方千米。弋阳是土地革命战争时期赣东北革命的红色热土，境内革命历史遗址众多，主要有方胜峰会议旧址、方志敏纪念馆、赣东北工农兵代表大会遗址、窖头会议旧址等。

1. 方胜峰会议旧址

方胜峰会议旧址位于弋阳县漆工镇朝阳村，始建于清末民初，砖木结构，为普通民房式寺庙。

1928年5月，国民党反动派纠合弋阳、上饶、广丰、铅山、玉山、横峰、贵溪7县地主武装，组成"广信七县军民联合剿匪委员会"，分兵4路，对根据地发起疯狂"围剿"，苏区处在生死存亡的危急关头。为了统一思想、明确方针，6月25日，方志敏在弋阳、横峰两县交界的方胜峰一座破庙里主持召开了弋阳、横峰两县县委联席会议（史称"方胜峰会议"）。会议批判了共青团员庞云飞等人埋枪逃跑、脱离群众、放弃阵地的错误主张，确立了依靠群众、坚持斗争、开展游击活动、巩固根据地的正确方针。会后，邵式平指挥工农革命军和群众武装赤卫队、少年先锋队，在金鸡山打破了敌人的第一次局部"围剿"。方胜峰会议使革命根据地转危为安。

方胜峰会议旧址曾遭国民党反动派烧毁。新中国成立后，弋阳、横峰两地群众自发集资在原址处重建了寺庙，至20世纪90年代初期，当地群众又对寺庙进行了多次维修，并在方胜峰山脚下建立了纪念碑。

2.方志敏纪念馆

方志敏纪念馆位于弋阳县弋江镇城北峨眉嘴山顶。苍松翠柏，肃穆庄严，馆前塑有一尊气势雄伟、栩栩如生的方志敏塑像。方志敏纪念馆是全国爱国主义教育示范基地、全国红色旅游经典景区、国家国防教育示范基地、中国井冈山干部学院现场教学点、国家三级博物馆、江西省党风党性党纪教育基地、江西省重点烈士纪念建筑物保护单位。馆内分1个序厅和2个展厅，展厅分方志敏烈士生平展厅和弋阳县革命烈士生平展厅，其中方志敏烈士生平展厅又分7个部分：从农民的儿子到马克思主义信仰者、杰出的农民运动领袖、方志敏式根据地的创建人与领导者、率领红军先遣队北上抗日、共产主义殉道者、不朽的精神、永远的方志敏。该馆遵循方志敏短暂而光辉的人生轨迹，围绕"爱国、创造、清贫、奉献"为内涵的方志敏精神，真实地再现了一位

方志敏纪念馆

共产党人光耀千秋的风范与业绩。原馆于1978年建成，建筑面积1300平方米；新馆于2009年在原址上开始扩建，占地面积11000余平方米，建筑面积2162.5平方米，高14.5米，三层砖混结构，2011年竣工并对外免费开放。馆内共藏有177件珍贵文物。

三、玉山县中国工农红军北上抗日先遣队纪念馆

（一）中国工农红军北上抗日先遣队红色历史概况

九一八事变后，日本帝国主义大举侵略中国，国民党南京政府推行"攘外必先安内"的反动政策，蒋介石调集百万大军，对中央苏区等革命根据地发动空前残酷的第五次"围剿"。为了反对日本帝国主义的侵略，冲破国民党反动派对中央苏区的"围剿"，1934年7月，中央工农民主政府发表了庄严的《为中国工农红军北上抗日宣言》。同时，中共中央、中革军委决定以红七军团为主组建中国工农红军北上抗日先遣队。红军北上抗日先遣队仍保持军团体制，全军团共6000余人，军团长寻淮洲，军团政委乐少华，军团政治部主任刘英，军团参谋长粟裕。

1934年7月6日，中国工农红军北上抗日先遣队从瑞金出发，经长汀、连城、永安县境，攻下大田县城，进入福建中部。29日，部队攻占闽江南岸的樟湖坡，并在此渡过闽江进入白区。正当部队准备按原计划北上浙西去皖南时，中革军委却突然电令其攻打福州。8月7日，先遣队在福州近郊应石山一带向国民党守城部队发起进攻，激战两昼夜未果。9日，部队与国民党军第八十七师在福州郊外降虎地区再次交战，由于敌机轰炸，红军伤亡600多人，遭到北上抗日行动以来的首次重创，随即向福建东部游击区转移休整。8月16日，部队奉命向闽北前进，9月6日进入闽北苏区的边界浦城古楼。为了避开敌人重兵围堵，先遣队继而转向皖赣边行动。10月上旬，先遣队进抵皖赣苏区中心——景德镇浮梁程家山，之后在安徽秋浦县黎痕镇休整。11月1日，先遣队3000多名指战员兵分三路，突破婺源县境内的婺河封锁线，进入赣东

北苏区德兴、上饶两镇与方志敏领导的红十军会师。为了推动全民族抗日运动的发展和策应中央红军战略大转移，11月4日，根据中革军委电令，红七军团和红十军及当地武装合编为红十军团，军团长为刘畴西。红十军团下辖三个师，即第十九师、第二十师、第二十一师。11月18日，第十九师在师长寻淮洲的率领下，从上饶出发，向敌军后方浙皖边挺进。同时，方志敏等人奉命组成红十军团军政委员会，随红十军团北上皖南。12月14日，部队在屯溪和青阳附近的谭家桥作战失利，伤亡惨重，第十九师师长寻淮洲牺牲。

1935年1月12日，先遣队在德兴港头一带遭遇敌人袭击，被截成两段。先头部队1000余人在参谋长粟裕、政治部主任刘英等人率领下，迅速突破敌人的包围圈，进入赣东北革命根据地。原本已经突破敌人重围的方志敏因考虑到大队人马还在后面，则带领几名警卫员重返敌人包围圈，接应主力部队。1月中旬，方志敏率领北上抗日先遣队2000余人，与七倍于己的敌军在怀玉山展开了一场殊死决战。经过10余天的浴血奋战，终因弹尽粮绝，部队损失惨重。方志敏、刘畴西、王如痴等人不幸被捕。1935年8月6日，赣东北革命根据地和中国工农红军第十军的主要创始人——方志敏在南昌下沙窝英勇就义。突围到闽浙赣边境的部分北上抗日先遣队指战员和原留在根据地的红三十师的一个团在粟裕和刘英等人领导下，突破敌人的重重封锁线，回到赣东北革命根据地，经整顿和补充，组成中国工农红军挺进师，向浙西南进军，后在赣东北、浙西南、皖南等地区坚持了三年艰苦卓绝的游击战争。1937年，粟裕、刘英领导的红军挺进师被编入新四军第二支队，成为新四军的一个重要组成部分。

（二）景点基本情况介绍

中国工农红军北上抗日先遣队纪念馆（碑）位于玉山县怀玉乡玉峰盆地玉山国家级森林公园内。

为了纪念中国工农红军北上抗日先遣队在怀玉山英勇战斗的光辉历史，缅怀革命先烈，激励后人，2007年，中共中央办公厅批准在怀玉乡玉峰村小

怀玉修建中国工农红军北上抗日先遣队纪念馆（碑）。该工程于2008年开工建设，2009年竣工并正式对外开放。纪念碑建设规模2000平方米，碑身长39.8米、宽15米、高12.75米。主体用钢筋混凝土浇筑，外挂花岗岩火烧板，群雕部分用铜浮雕。

纪念馆总面积680平方米，设1个序厅、6个图文展厅，布展面积1200平方米。布展内容以"体现革命先烈不怕牺牲，甘于清贫等精神"为宗旨，以"清贫故事发生地"为线索，紧紧围绕"红七军团率先北上抗日""红十军团肩负历史重任""勇士们血洒怀玉山""浩气长存 光耀千秋""后续部队 再创辉煌"五大部分，全面展示红军北上抗日先遣队在怀玉山区浴血奋战的光辉业绩，凸显方志敏坚定理想信念、坚守清正廉洁的清贫精神。

2009年，该馆（碑）被中宣部命名为全国爱国主义教育示范基地。

◎ 中国工农红军北上抗日先遣队纪念碑

四、铅山县石塘镇新四军整编旧址

（一）铅山县石塘镇新四军整编

1937年10月2日，国共两党在南京达成协议，将南方八省红军游击队统一整编为国民革命军陆军新编第四军（简称"新四军"），叶挺任军长。10月12日，国民党南京政府正式颁布改编命令。

在闽赣边，9月20日，闽赣省委派人携带黄道等人以中华苏维埃共和国闽赣省抗日军政委员会正副主席名义写给国民党江西省政府并转国民党中央政府的信，与国民党地方政府接洽商量谈判事宜。10月初，中共闽赣省委与国民党政府代表在光泽县大洲村举行谈判。几经交涉，双方初步达成了停止军事行动的协议，国民党政府同意闽赣边红军游击队改编为闽赣边抗日义勇军，划出铅山县石塘镇为红军游击队最后的集结地点。

1937年11月，黄道、曾镜冰等人领导的闽赣边红军游击队600余人陆续下山来到石塘，集中整编扩军。时任中共闽赣省委书记的黄道在石塘召开群众大会，号召青年工人、农民、学生报名参军。闽赣省委进行紧急动员，组织大批干部到铅山、崇安、浦城、上饶、弋阳、横峰、广丰等县宣传抗日救国，动员各地青壮年报名参加抗日义勇军。不到一个月，部队便扩充到1300多人。不久，资溪、光泽、贵溪等地又有100多人到达石塘参军。在此期间，南方红军三年游击战时期失散在各地的红军也陆续来到石塘。12月中旬，部队很快扩大到1500多人。1938年2月9日，黄道代表中共中央东南分局和新四军军部正式宣布，闽赣边红军游击队改编为"国民革命军陆军新编第四军第三支队第五团"，下设三个营和一个机炮连。团长饶守坤，副团长曾昭铭，参谋长杨三元（未到任，后由桂逢洲接任），政治部主任刘文学，团部设在石塘坑背的抚州会馆里。部队整编期间，第五团团部以"新四军石塘军政政训班"名义履行职责，担负教育培养爱国青年的重任。

1938年2月25日，新四军第三支队第五团在石塘河滩举行誓师大会，随

后北上皖南，开赴抗日前线。

（二）景点基本情况介绍

千年纸都——石塘镇地处铅山县东南40千米的武夷山北麓，素有武夷山下"小苏州"之美誉。它东邻英将乡，南接武夷山镇，西连紫溪乡，北邻稼轩乡、永平镇，现有6个行政村、1个社区，总面积54平方千米。石塘是一座千年古镇，相传五代时（907—960年）镇北有方塘十口，名十塘，后谐音为石塘。南唐保太十一年（953年）置镇，距今有1000多年的历史。

石塘镇新四军整编旧址位于石塘镇的"抚州会馆"，又名"昭武会馆"（今石塘小学）。这座会馆始建于清乾隆十五年（1750年），建筑面积约2600平方米，原馆前有戏台，天井两侧有酒楼，二进是大会厅，三进是议事堂，四进是祭祀殿，还有厢房、侧室多间。这里曾是当年闽赣各路红军奉命下山在石塘集中时的整编大会场。抗战不久，江苏无锡一批批爱国青年在进行抗日救亡宣传的同时，曾先后在这里开办了3期抗日救国青年培训班，学员结业后均

📍 石塘镇新四军整编旧址

被分派到新四军各部工作。整编期间，石塘镇赖家纸行和罗盛春纸号的多处房间是整编部队办公和领导的住所，黄道、张云逸、谭震林、饶守坤、刘文学、曾镜冰等革命先贤都曾在这里居住过。在石塘小学的墙壁上，"新四军石塘军政政训班"的学员们用红漆书写的"青年学生同胞们，努力学习革命知识，反对死读书，读死书""打倒日本帝国主义"等标语现在依旧清晰可辨。2017年，该旧址入选全国红色旅游经典景区。2018年，该旧址被列为江西省文物保护单位。

五、上饶集中营景区

（一）上饶集中营历史概况

1937年7月7日，日本侵略军发动卢沟桥事变，抗日战争全面爆发。同年10月12日，国共两党经过谈判，决定将湘、赣、闽、粤、浙、鄂、豫、皖等南方八省红军游击队改编为国民革命军陆军新编第四军（简称"新四军"）。新四军由叶挺任军长，项英任副军长，张云逸任参谋长，周子昆任副参谋长，袁国平任政治部主任，邓子恢任政治部副主任。

1938年5月12日，新四军首次与日军作战，在安徽巢县蒋家河口战斗中取得胜利。6月17日，粟裕率领先遣支队挺进长江以南，在江苏丹徒韦岗伏击日军，东进首战告捷；接着，又取得火烧新丰车站等一系列重大胜利。同年底，新四军创建了茅山抗日根据地。

随着新四军抗日根据地不断发展壮大，国民党反动派深感震惊与惧怕。为了限制新四军的发展，他们或在军事装备给养上刁难克扣、拖延时日，或派出特务进行破坏、挑起事端。

1941年1月4日，皖南新四军第三支队、军部机关和教导总队共计9000余人，按照国民政府军事委员会北移的命令，分3路纵队，在叶挺、项英的率领下，离开皖南，开赴抗日前线。6日凌晨，部队在地形复杂的安徽南部泾县茂林地区，遭到国民党7个师8万多人的包围袭击。新四军官兵奋起反击，

浴血奋战7个昼夜，终因寡不敌众，弹尽粮绝，损失重大，部队2000多人壮烈牺牲、4000多人被俘、1000多人失散或失踪，仅2000多人突出重围。军长叶挺下山谈判被扣押，副军长项英、副参谋长周子昆等人突围后被叛徒杀害，政治部主任袁国平阵亡，张正坤、冯达飞、李子芳、黄诚、林植夫等新四军高级干部先后被俘。这就是震惊中外的皖南事变。

1941年1月17日，蒋介石以国民政府军事委员会名义发布命令，诬蔑新四军"叛变"，宣布取消新四军番号，将叶挺"革职"，"交军法审判"。中共中央军委副主席周恩来闻讯后愤然挥笔题诗："千古奇冤，江南一叶；同室操戈，相煎何急？！"1月20日，毛泽东以中共中央革命军事委员会发言人的名义发布命令和谈话，严词驳斥国民党的反共罪行。国民党当局不顾共产党和爱国进步人士的正义呼声，秘密发文，指定第三战区司令长官顾祝同"负责主持"被俘新四军官兵的"管训工作"，妄图逼迫新四军官兵自首变节。1月26日，第三战区长官部将被俘新四军官兵编成"第三战区司令长官司令部训练总队"。2月27日，国民政府军事委员会正式颁发《新四军被俘官兵管训实施办法》，企图通过所谓"管训"，使新四军被俘官兵背叛革命。"第三战区司令长官司令部训练总队"下设两个"士兵大队"、一个"军士大队"和一个"军官大队"。"士兵大队"和"军士大队"囚禁了新四军士兵和班长级别军士共3300多人，分别驻在铅山县的石塘镇和永平镇。"军官大队"770多名新四军排及排级以上干部，被单独关押到上饶城南的周田村。另外，从东南各省地方上搜捕来的共产党员和其他爱国进步人士150余人（包括5月以后从皖南特训处转送过来的30多名新四军干部），也被囚禁在这里，称为"第三战区司令长官司令部特别训练班"（简称"特训班"）。1942年4月，"军官大队"和"特训班"合并，改编为"战时青年训导团东南分团"（简称"东南分团"）。

周田监狱是上饶集中营的大本营。除此之外，上饶集中营还包括囚禁叶挺军长等人的李村监狱，囚禁新四军第三支队司令员张正坤等人的七峰岩监狱，囚禁新四军政治部组织部部长李子芳、秘书长黄诚等人的石底监狱，以及被称为"狱中之狱"的茅家岭监狱。

在上饶集中营的斗争中，被囚禁的共产党员和革命志士举行了两次成功的暴动，分别为茅家岭暴动和赤石暴动。

关押在集中营里的新四军将士通过秘密串联，先后建立了党支部，组织领导对敌斗争。1942年4月，囚禁在茅家岭监狱的王传馥、李胜、陈子谷、宿士平、吴越5名共产党员组成暴动委员会，组织领导了茅家岭暴动，这是由中国共产党人领导的一次著名的成功斗争。参加起义的有26名革命志士，其中绝大多数是共产党员，年龄最大的32岁，最小的20岁。5月25日，监狱的敌卫兵排长和几个班长都到连部开会或有事外出，有的卫兵则到上饶城里去玩了，只留下两个下士班长及四五个卫兵在看守，敌人警戒较为松懈。傍晚，暴动委员会抓住有利时机发起了夺枪暴动。26名革命志士分为两个班，由共产党员孙锡禄、汪镇华、龚金福、祝增华分别担任两个班的正、副班长，共产党员李维贤和杨灿任突击手。他们赤手空拳与敌人展开了殊死搏斗，同时分别奔向卫兵室及排长室去夺取武器。看守的敌卫兵吓得跪地求饶，被集中关押到一间囚房。参加起义的志士们奋力砸开监狱西侧大门冲了出去，趁着夜色奔向武夷山，去寻找共产党领导的游击队。这次暴动共夺得轻机枪2挺、手提机枪2挺、步枪8支、手榴弹39枚。除钟袁平、王传馥因受伤被捕惨遭敌人杀害外，其余24人胜利冲出牢笼，大部分人重新找到了革命队伍。

茅家岭暴动的胜利，极大地鼓舞了"东南分团"第六中队的革命志士。1942年5月，日军占领金华、衢州，直逼上饶，顾祝同将第三战区南迁的计划提前。6月5日，"东南分团"开始南迁。6月17日，当队伍行进到崇安赤石时，在陈念棣、王东平、阮世炯、赵青选4位同志领导下，利用渡河的有利时机和地形，成功地举行了赤石暴动。这次暴动有40多人胜利突围，他们纷纷奔赴武夷山脉，去寻找共产党领导的闽北抗日游击队，重返抗日前线。

茅家岭暴动和赤石暴动的胜利，是上饶集中营革命斗争的高潮，是中国共产党领导的抗击国民党反动派监狱斗争的空前壮举，在中国共产党的历史

和人民革命斗争史上写下了光辉的一页。

从1941年1月17日叶挺将军被关押进李村监狱至1942年6月5日第三战区司令长官司令部移迁闽北止，集中营在上饶的时间实际为一年零四个月。

上饶集中营是皖南事变的历史产物，是国民党第三战区设立的一座规模庞大的法西斯式"人间地狱"。在上饶集中营，国民党反动政府打着"军事训练机关"的幌子，妄图通过"管训"，向新四军被俘人员灌输反动思想，从而在政治上、思想上瓦解他们的意志，将他们转化为反革命的力量，为国民党反动政治效劳。为了达到瓦解革命力量的目的，国民党反动派不仅对革命志士在肉体上进行残酷的摧残，而且在精神上进行残酷的蹂躏。面对威逼利诱和严刑拷打，被囚禁的共产党人和革命志士，以高度的政治觉悟、政治纪律和坚强的革命意志，与国民党顽固派进行了坚贞不屈、英勇无畏的斗争，有力地打击了他们的嚣张气焰，挫败了他们妄图从政治上、精神上瓦解抗日革命队伍的阴谋，表现了革命志士为捍卫真理，不怕牺牲、英勇抗争的坚定信念和伟大的爱国主义精神，在中国革命史上建立了彪炳千秋的丰功伟绩。

（二）景点基本情况介绍

上饶集中营名胜区位于上饶市信州区叶挺南大道66号，景区总体规划面积2平方千米。1988年，上饶集中营旧址被列为全国重点文物保护单位。1989年，茅家岭烈士陵园被批准为全国重点革命烈士纪念建筑物保护单位。2001年，上饶集中营旧址被中宣部命名为第二批全国爱国主义教育示范基地。2004年，上饶集中营旧址被国家旅游局列为全国十大红色旅游基地。2009年，上饶集中营旧址被评为国家4A级旅游景区。

1.上饶集中营革命烈士陵园

上饶集中营革命烈士陵园原名上饶茅家岭革命烈士陵园，1996年更改为现名，位于上饶市南郊茅家岭雷公山麓。1955年，党和人民政府为了缅怀革命先烈、纪念在集中营牺牲的革命志士，兴建了上饶茅家岭革命烈士陵园。此后，在加强保护、维护旧址的基础上，又进行了扩建、重建。现陵园占地面积0.25平方千米，是一个以纪念碑为中心，向四周辐射的纪念建筑群。园内建有上饶集中营革命烈士纪念碑、烈士公墓、上饶集中营革命烈士纪念馆、革命烈士纪念亭等。

（1）上饶集中营革命烈士纪念碑

上饶集中营革命烈士纪念碑坐落于茅家岭雷公山西部的半山坡上。原碑建于1955年，高度只有8米。1959年，省人民政府批准并拨款重建新碑。1960年，新碑落成，碑身高28.5米，碑座高7米，基座长宽各20米。碑身正面镌刻着周恩来题写的"革命烈士们永垂不朽"9个镏金大字，背面是刘少奇、朱德的题词，两侧分别是中共江西省委、江西省人民委员会的祭文。碑座正面刻有上饶集中营革命烈士纪念碑碑文。整座纪念碑呈银灰色，用花岗岩砌成，巍然挺拔，雄伟壮观。

在纪念碑后面50米处烈士公墓前，建有垂立式护坡墙，墙面左右两边镶有两幅大型汉白玉浮雕，每幅高1.5米、宽6.15米，由6块巨大的汉白玉石拼接而成。左边是茅家岭暴动浮雕，刻有16个人物，走在前面的革命志士持枪、握手榴弹开路，随后是革命志士搀扶病弱冲出牢门，一截被砸开的铁镣

⊙ 上饶集中营革命烈士纪念碑

拖在牢门外，最后有2人持枪和握手榴弹掩护；右边是赤石暴动浮雕，刻有18个人物，有的在手举巨石用力猛砸山下追兵，有的在持枪射击追兵，掩护战友奔向深山丛林。这两幅浮雕，制作精细，栩栩如生，真实再现了当年参加斗争的革命志士英勇战斗、冲出牢笼重返抗日前线的动人场景。

（2）烈士公墓

烈士公墓位于茅家岭雷公山顶，始建于1955年，重建于1959年。公墓为钢筋水泥结构，呈半球拱形状，直径约7米，高约2米。墓碑刻有"烈士公墓"4个镏金大字，墓内安放着新中国成立后发掘出来的部分革命烈士忠骨。公墓周围铺有3米多宽的水泥通道，环水泥通道种有侧柏、龙柏、罗汉松、广玉兰、女贞等树木，四季常青，庄严肃穆。站在此处，游客可俯瞰上饶集中营革命烈士陵园全貌。

（3）上饶集中营革命烈士纪念馆

上饶集中营革命烈士纪念馆新馆于2005年落成，2006年正式开馆。纪念馆占地面积17000平方米，建筑面积4300平方米，呈徽派建筑风格，古朴大方，庄重典雅。馆名沿用曾经关押在上饶集中营的新四军老战士、著名书画大师赖少其1979年为老纪念馆题写的"上饶集中营革命烈士纪念馆"12个大字。馆内设有1个序厅和4个展厅，共7个部分内容，通过大量的历史图片、文字资料和实物，并综合运用声、光、电多媒体技术，幻影成像，模拟场景，使完美的艺术形态和现代科技有机结合，真实而生动地再现了当年上饶集中营革命斗争的光辉历史。

序厅正中是取名为《丰碑》的革命烈士群雕。因为这"丰碑"是革命烈士用鲜血染成的，所以纪念馆的展览主题为"血染的丰碑"，意在颂扬革命先烈们的伟大精神和人格力量。前厅两边墙壁上都有浮雕，右边是《狱中斗争》，左边是《冲出牢笼》，表现狱中革命志士们坚强不屈的斗争精神和奋力挣脱沉重枷锁、勇敢冲出黑暗牢笼的英雄壮举。后厅两边墙壁上悬挂着党和国家领导人的题词。左边是周恩来、刘少奇、朱德、谭震林、粟裕和郭沫若

📍上饶集中营革命烈士纪念馆

等人题词，右边是江泽民、李鹏、乔石、刘华清、田纪云和邹家华等人题词。

（4）革命烈士纪念亭

革命烈士纪念亭位于纪念碑北面的山坡下，是一座六角形琉璃瓦翘檐式亭子。新中国成立初期，人民政府民政部门根据当年目睹者回忆，派人到烈士英勇就义的茅家岭雷公山北麓细心寻找，挖掘出包括原新四军第二支

📍革命烈士纪念亭

队副司令员、教导总队副总队长兼教育长冯达飞和军部机要员施奇等在内的15具烈士忠骨。1959年，人民政府在此修建纪念亭，并在石碑上镌刻祭文，以缅怀在此牺牲的革命烈士。

2.茅家岭监狱旧址

茅家岭监狱旧址位于茅家岭村距上饶集中营革命烈士纪念碑西南面400米处的松树林里。这里原是一座"葛仙庙",1939年7月,国民党第三战区特务机关政治部情报专员室将它霸占,改为秘密监狱,关押从东南各省搜捕来的共产党人

🔴 茅家岭监狱旧址

和其他抗日爱国进步人士。皖南事变后,大批革命意志最坚定的、被国民党特务认为最不堪"感化"的革命志士被轮番关押到这里。这座监狱是上饶集中营最黑暗、最残酷的"狱中之狱",被称为"活地狱"。

茅家岭监狱旧址是由4个悬山顶合围而成,共20脊8坡面,石木混合结构的封闭式庙宇建筑。监狱设有4个禁闭室,即大禁闭室、小禁闭室、女禁闭室和"优待室"。监狱内有特务管理员住的管理室、排长室、第一卫兵室、第二卫兵室。监狱由一个卫兵排警戒看守,配置了两挺轻机关枪和若干步枪、手榴弹,周围架设了铁丝网,南门内侧有两个铁刺木笼和烧辣椒水用的铁锅。

新中国成立初,茅家岭监狱已部分倒塌。1955年,江西省拨款按原样重新修建。1988年,该旧址被列为全国重点文物保护单位。

3.周田监狱旧址

周田监狱旧址位于信州区茅家岭街道周田村,占地面积30余亩。周田监狱是上饶集中营的大本营,"军官大队"本部、"特训班"本部、"东南分团"团部都设在这里。1941年3月,国民党以"军政训练机关"为名,在周田设立"军官大队"和"特训班",专门囚禁皖南事变中被俘的新四军排及排级以上干部和从东南各省地方搜捕来的共产党员、爱国进步人士。周田监狱分为上周田监狱和下周田监狱,现旧址中保存完好的房间有13间,包括6个中队旧址和女生监房、大礼堂、太平间、"七君子"囚室、"军官大队"和"特训班"本部、队长室等。

4.李村监狱旧址

李村监狱旧址位于广信区皂头镇李家村，为红石木瓦结构平房，有4小间，占地面积255.95平方米。这里原是当地农家储藏谷物的仓库，后为第三战区长官部副官招待所，皖南事变后改作监狱。新四军军长叶挺将军曾在这里被囚禁长达7个多月。在囚室的墙上，叶挺将军曾挥毫写下"富贵不能淫，威武不能屈。正气压邪气，不变应万变。坐牢三个月，胜读十年书。三军可夺帅，匹夫不可夺志！"的光辉誓言。新四军政治部组织部部长李子芳、秘书长黄诚、敌工部部长林植夫等人也曾被囚禁在这里。

5.七峰岩监狱旧址

七峰岩监狱旧址位于广信区田

📍 周田监狱旧址

📍 李村监狱旧址

墩镇西山村七峰寺内，又称七峰岩高干禁闭室。七峰岩依山傍水，风光旖旎，因七座山峰相拥而得名。七峰岩上古木参天、遒劲苍翠，主峰下有一个可容纳上千人的巨大岩洞，洞内建有七峰寺佛殿。1941年1月，国民党第三战区司令部派兵将寺庙的僧房改为囚室，在这里对新四军高级干部进行关押及所谓的甄别。新四军第三支队司令员张正坤、教导总队副总队长兼教育长冯达

飞、军部直属第三支队第五团团长徐锦树等30多人被囚禁于此。1984年，七峰岩监狱旧址经维修后对外开放，现为全国重点文物保护单位。

六、景德镇市浮梁县新四军瑶里改编旧址

（一）新四军瑶里改编

1937年卢沟桥事变后，全国形成全面抗战的局面，中国共产党提出"国共合作，共同抗日"的政治主张。1937年10月2日，国共两党谈判达成协议，将南方8省的红军游击队统一整编成国民革命军陆军新编第四军。10月12日，国民党南京政府正式颁布改编命令。在此前后南方各游击区的红军游击队纷纷下山开赴指定地点，集中整训和改编。

皖浙赣边的红军游击队在得到改编的消息后，从1938年1月下旬开始分批下山，到浮梁瑶里进行整编，新四军第一支队司令员陈毅专程到瑶里指导。整编工作分统一番号、思想整顿、加强军事训练、扩编等四步进行。1938年1月，新四军在瑶里"敬义堂"设立了招兵处，并分别到祁门、休宁、至德和浮梁及景德镇的广大农村城镇宣传。整编期间，部队召开了边区游击队和地方党组织干部会议，传达了党中央关于改编的决定和南方游击队改编为新四军的具体指示。2月初，陈毅在瑶里程氏宗祠主持召开各界群众抗日动员大会，宣传共产党抗日救国的主张，号召各地进步青年参加新四军，并在大会上庄严宣布，部队改编为新四军第一支队第二团第三营，全营共550人。2月10日，皖浙赣边的新四军离开瑶里，奉命开赴皖南抗日前线。

（二）景点基本情况介绍

瑶里位于景德镇市浮梁县，地处皖、赣两省四县（安徽祁门、休宁，江西婺源、浮梁）交界处和两湖（鄱阳湖、千岛湖）六山（黄山、九华山、庐山、三清山、龙虎山、武夷山）连线交点位置，距景德镇市区50千米。瑶里，古名"窑里"，远在唐代中叶，这里就有生产陶瓷的手工业作坊，因瓷窑出名而得名。直到21世纪初，瓷窑外迁，"窑里"才改名为瑶里。

瑶里境内旅游资源十分丰富，素有"瓷之源""茶之乡""林之海"的美称。瑶里不仅有南山瀑布、原始森林、神秘峡谷等迷人的自然风光，瑶里古镇还是抗日战争时期新四军的重要活动基地，红军游击队瑶里改编驻地旧址、新四军驻瑶里留守处旧址、陈毅旧居等均保存完好。瑶里由此又成为一块红土地，留下了许多悲壮动人的故事。踏上瑶里这方神奇的土地，犹如置身绿色仙境和漫步在红色摇篮之中。

新四军瑶里改编旧址主要包括程家祠堂、敬义堂等古建筑。1988年5月，浮梁县委、县政府在瑶里修建了新四军瑶里改编纪念碑。2013年，瑶里改编旧址被列为全国重点文物保护单位。

1.瑶里谈判旧址

瑶里谈判旧址位于瑶里镇瑶里村。

1937年10月底至11月初，国民党闽浙赣皖边区"绥靖"公署驻浮梁瑶里别动大队大队长、中校参议张甫成等人，与皖赣特委派出的红军代表李步新、江天辉，在祁门县舍会山和瑶里通过双方代表当面协商和电话联系两种方式进行谈判。双方最终达成停止内战、共同抗日的四条协议：一、国民党当局停止向红军游击队进攻，撤退在根据地周围的一切驻军，红军过境应通行无阻；二、国民党当局解除"移民并村"封锁，恢复群众生产自由；三、释放一切"政治犯"；四、红军游击队停止打土豪，停止与当局的敌对行动，其全部给养由国民党当局负责。

2.红军游击队瑶里改编驻地旧址

红军游击队瑶里改编驻地旧址位于瑶里镇。

1937年11月下旬，陈毅在李步新、江天辉陪同下，由瑶里赴祁门舍会山参加皖赣特委会议。会议传达了党中央关于实行国共合作、建立抗日民族统一战线的决定精神，对红军游击队改称为江西抗日义勇军作了说明和部署。1938年2月初，陈毅第二次以公开身份专程到瑶里，传达党中央关于国共合作抗日的方针和南方游击队改编为新四军的指示精神，并指导改编。1938年2

月10日，参加瑶里新四军改编的游击队驻扎在这里进行文化和纪律教育。

3.新四军驻瑶里留守处旧址暨陈毅旧居

新四军驻瑶里留守处旧址暨陈毅旧居位于瑶里镇瑶里村敬义堂。

为推动皖赣边区各界人民参加抗日民族统一战线，发动群众筹集物资，支援抗战，1938年2月，新四军在瑶里敬义堂设立了"新四军驻瑶里留守处"，成为中国共产党在国统区工作的一个重要基地。新四军驻瑶里留守处主任为李华楷，对内为"中共祁浮婺中心县委"。6月，国民党别动队制造摩擦，骚扰留所处的正常活动。为保存实力，留守处奉命撤销，李华楷调吉安。祁浮婺中心县委仍坚持地下活动，由江天辉接任书记。

瑶里改编期间，陈毅和他的哥哥陈孟熙（国民党川军将领）一同来到瑶里，并同住一室。在瑶里吴家祠堂召开的欢迎大会上，兄弟俩发表了讲话，陈孟熙说："我和陈毅，一个是国民党，一个是共产党，过去打了许多仗，现在日本鬼子打我们，是因为我们自己家里不和，家庭不和外人欺。因此，兄弟之间要团结，国共两党要殊途同归共同抗日，枪口一致对外。"台下军民听后深受鼓舞。陈毅曾在这栋房屋居住，并在此召开了干部会议。

新四军驻瑶里留守处旧址暨陈毅旧居

4.瑶里改编纪念碑

瑶里改编纪念碑位于瑶里镇瑶里村。

1988年，为纪念皖赣边区红军游击队瑶里改编50周年，景德镇市政府在瑶里村口竖立了瑶里改编纪念碑。碑的正面刻有"瑶里改编纪念碑"7个大字，背面刻有纪念碑碑文。1995年，此处被列为省级爱国主义教育基地。

5.瑶里各界群众抗日动员大会旧址

瑶里各界群众抗日动员大会旧址即程氏宗祠位于瑶里镇瑶里村。程氏宗祠背靠狮山，面临瑶河，始建于明代，重修于清代。由于风水的缘故，其建筑风格不同于其他祠堂，上、中、下三堂的朝向各不相同。建筑内砖雕、石雕和木雕的题材丰富，玲珑剔透，层次分明，

瑶里各界群众抗日动员大会旧址

栩栩如生，显示了雕刻工匠高超的艺术才能。

1938年2月，陈毅来瑶里主持新四军改编工作，在程氏宗祠内召开各界群众抗日动员大会。陈毅发表了重要讲话，宣传共产党抗日救国的政治主张，号召各地进步青年参加新四军，广大军民深受教育和鼓舞。

七、浮梁县程家山旧址

（一）浮梁县程家山红色历史概况

程家山位于浮梁县兴田乡。1934年4月，方志敏率领的中国工农红军在浮梁开辟新苏区。在中共赣北特委的领导下，游击大队从葛源出发，经过德兴、婺源来到浮梁山区。程家山一带森林茂密，山峦起伏，地势险要，易守难攻，便于开展游击战。赣北特委机关及所属组织部、宣传部、财政部、妇女部、肃反委员会等机构均设在韩源（今龙源）。部队还在这里创办了红军医院、被服厂、印刷所。1934年，中共河东县委设于此。红军挺进师、红军北上抗日先遣队都曾在此驻扎过。程家山形成了皖赣革命的中心，敌人把这里称为"老虎山""赤色大本营"。

（二）景点基本情况介绍

浮梁县程家山旧址主要景点有少共皖赣分区委旧址、中共皖赣军分区旧址、皖赣苏维埃政府被服厂旧址、皖赣红军医院旧址、程家山烈士陵园等。

1.少共皖赣分区委旧址

少共皖赣分区委旧址位于兴田乡程家山龙源村。

土地革命战争时期，中共闽浙赣省委为动员全省军民配合主力红军开展第五次反"围剿"斗争，努力发展党的组织，扩大红军队伍，开辟新苏区。1934年3月，中共赣北特委建立；4月，少共赣北特委在程家山成立。7月中旬，八县工农兵代表大会在浮梁县峙滩乡清溪滩章家祠堂召开，少共赣北特委改称少共皖赣分区委，余浦清、邵建平先后任区委书记。12月，红军第五次反"围剿"失利，少共皖赣分区委解散。

2.中共皖赣军分区旧址

中共皖赣军分区旧址位于兴田乡程家山龙源村。

为进一步发动群众，扩大红军队伍，发展新的苏区，广泛进行土地革命，1934年7月，八县工农兵代表大会在浮梁县峙滩乡清溪滩章家祠堂召开。会上成立了中共皖赣军分区，周成龙任司令员，柳真吾兼任政治委员。不久，皖赣红军力量由100余人的游击大队发展壮大为1000余人的独立师，王如痴、匡龙海先后任师长，王丰庆任政治委员。其间，皖赣边各县还建立了18支地方游击中队，共有1200余人。

3.皖赣苏维埃政府被服厂旧址

皖赣苏维埃政府被服厂旧址位于兴田乡程家山龙源村叶家祠堂。

为发展赣北游击战争，开辟新苏区，1934年3月，以方志敏为领导的闽浙赣省委、省军区抽调红军两个排、上饶游击大队一个排共100余人，组成赣北红军游击大队，到浮梁北部山区开展游击战。经过两个月的时间，红军游击大队扩编为赣北红军独立团。为适应军事斗争的需要，1934年5月，部队在程家山建立了红军被服厂，称赣北红军被服厂，隶属于皖赣军分区供给科，后改名为皖赣苏维埃政府被服厂。被服厂发展到高峰时有手工业工人160余人，主要为红军加工服装和其他军需用品。该旧址现为江西省二级革命文物保护单位。

4.皖赣红军医院旧址

皖赣红军医院旧址位于兴田乡程家山。

1934年7月，随着皖赣边新苏区的创建，红军部队在程家山建立了皖赣红军医院，胡谱全任院长。该院设立了医疗部、交通部、修械部、看守所等，并配备医生、护士等8人。1934年11月，由叛徒引路，国民党军第五十五师及反动义勇队放火烧了医院，杀害了红军战士及医院医护人员。

5.程家山烈士陵园

程家山烈士陵园位于兴田乡程家山村旁程家山上。

土地革命战争时期，方志敏领导的工农红军四进浮梁，在此建立起皖赣边革命苏区程家山革命根据地。为了纪念1934年7月皖赣苏区、中共河西县委、中共河东县委反"围剿"中在此牺牲的革命烈士，1971年，人民政府在浮梁县兴田乡程家山修建了程家山烈士陵园。烈士陵园共安葬包括河东县委书记熊日才在内的有名有姓的革命烈士120多人。

八、乐平市红十军建军旧址

（一）红十军建军历史概况

中国工农红军第十军（简称"红十军"）是土地革命战争时期，方志敏、邵式平、周建屏、黄道等人创建和领导的闽浙赣革命根据地的主力红军。它先后发展扩大为中国工农红军第十一军、工农红军第七军团、工农红军北上抗日先遣队和红十军团的主要组成部分。

1928年年初，在弋横起义中产生了一支正式脱产的赣东北农民武装队伍——中国土地革命军第二师第十四团第一营第一连。1928年4月，该连改为工农革命军第二军第二师第十四团第一营第一连。7月，部队扩大为工农红

军第二军第二师第十四团。这支当时仅有约40支枪的武装力量，转战磨盘山区，借助深山密林，打退了敌人的第一次围攻，先后取得了金鸡山大战、青板桥阻击战和樟树墩伏击战的"三战三捷"。1929年4月，该团在弋阳九区余家仓奉命改编为江西红军独立第一团。从1928年6月至1929年7月，这支革命武装连续4次打破敌人的"围剿"，发展到5个连1000余人，并在实践中总结出一套适合自己的游击战原则。

在方志敏的直接领导下，江西红军独立第一团先后占领了弋阳、横峰、德兴三县的大部分地区，开辟了贵（溪）余（干）万（年）新的革命根据地。1930年3月，部队再次整编，拥有了3个步兵营。5月5日，在乐平秧畈歼敌驻军一个正规连，由此打开了乐平东南乡大门，部队驻扎在乐平众埠一带。7月6日，方志敏和周建屏指挥独立团攻克景德镇，缴枪400余支，进一步扩大了红军队伍。7月21日，赣东北特委根据党中央、中革军委指示，决定以红军独立第一团为骨干，吸收赣东北各地赤卫队、游击队扩编组建红十军。全军共有官兵1500余人，周建屏任军长，吴先民任代政治委员。军部下辖一、十、十九三个团，每团下辖2个营、6个连。军部另编有一个直属特务营，特务营下辖3个连。除此之外还有一个机枪连，配有机枪一挺、迫击炮一门。7月22日，红十军在乐平市南众埠镇界首村举行了隆重的建军典礼。典礼主席台设在界首祠堂前的万年台（古戏台）上，参加典礼的队伍依次排列着持枪而立的红十军战士、赤卫队员、少年先锋队员和儿童团员。红十军前委和军部主要领导人都参加了这一盛况空前的典礼。方志敏主持典礼并站在界首村古戏台上庄严宣告，中国工农红军第十军正式成立。1933年，红十军与中央红军第三十一师组成红十一军，同年扩编为红七军团。1934年7月初，中共中央、中革军委决定以红七军团为主组建红军北上抗日先遣队。1935年1月，北上抗日先遣队在怀玉山遭遇敌人包围，方志敏不幸被捕，大部分指战员英勇牺牲，同年8月6日方志敏在南昌英勇就义，剩下800余人在粟裕、刘英的率领下突破重围，坚持南方游击战争，后改编为新四军。红十军在短短5年的战斗历程里，先后转战赣东北、闽北、皖南、浙西等地的50余个县，为创建、巩固和发展闽浙皖赣革命根据地，保卫中央苏区，掩护中央红军主力战略转移，推动全民族抗战和中华民族的解放，作出了杰出贡献和巨大牺牲。

（二）景点基本情况介绍

乐平市地处江西省东北部，土地总面积1980平方千米，辖16个镇、2个街道、1个农业科技示范园和1个大型水库管理局。乐平是一块红色的土地，富有光荣革命传统，这里曾经留下方志敏、邵式平、周建屏、陈赓等老一辈无产阶级革命家的战斗足迹，方志敏曾在这里亲手组建中国工农红军第十军，为土地革命战争的深入进行发挥了重要作用。

红十军建军旧址位于乐平市区东南30千米的众埠镇界首村。该村是乐平马氏最大的一个村庄，因其位于乐平与弋阳两县交界处而得名。红十军建军旧址原系该村马氏宗祠，建筑面积近300平方米，清代民居风格，坐南朝北，后置二层楼厢房，内设两口天井，高达3丈，呈长方形，门前四根石柱顶住横梁，地面铺有青石板，大门前一对石狮，雄伟壮观，门外广场左侧是戏台。

中国工农红军第十军建军旧址

旧址内陈列了有关红十军建军的照片、图表等珍贵的历史资料。该旧址先后被列为全国爱国主义教育示范基地、国家国防教育示范基地。

九、赣东北革命委员会旧址

（一）赣东北革命委员会红色历史概况

土地革命战争时期，乐平是赣东北苏区的门户。大革命失败后，方志敏等人在这里建立革命根据地，发展苏维埃红色区域。乐平革命根据地成为赣东北革命根据地的重要组成部分，为闽浙赣革命根据地的建立和发展作出了重要贡献，同时也为"方志敏式"根据地的创建创造了宝贵的革命经验。

1930年前后，赣东北革命根据地在方志敏、黄道、邵式平等人领导下，革命形势发展迅速。1930年7月，信江苏区开始向赣东北伸展。8月1日，赣东北特区工农兵代表大会在弋阳芳家墩召开，成立了赣东北特区革命委员会，这是赣东北早期的苏维埃政权。赣东北特区革命委员会成立后不久迁往乐平众埠街。8月20日，红军胜利攻克乐平县城，赣东北特区革命委员会机关随即迁入汪老伍（汪徵元）的荷园宅内。当时，乐平镇不仅成为全县的革命中心，而且是赣东北革命根据地的首府，赣东北特委也随之迁来合署办公。12月7日，赣东北特区革命委员会与赣东北特委等机关迁往横峰县葛源。赣东北特区革命委员会虽然在乐平只有短暂的三个月，但乐平作为当时赣东北革命根据地的中心和首府，有着重要的历史意义。

（二）景点基本情况介绍

赣东北特区革命委员会旧址位于乐平市老城区东大街中段166号，2010年前乐平市政协在此办公，现为乐平市开展革命传统和爱国主义教育的重要阵地。1930年9月10日，赣东北特区革命委员会由弋阳经众埠街迁来乐平县城，驻扎在乐平镇东大街周家巷口左侧大豪绅汪老伍家。该屋是19世纪20年代初期建成的，木石结构，是一幢三层七拱四面回廊的大楼，高墙围护，独立在庭院中，东北两侧有配房两幢。当年方志敏及其夫人缪敏住在楼上，门口挂着用乌绒绣的"赣东北革命委员会"8个大字的红缎字牌。其间，方志敏与邵式平、周建屏等革命先辈经常在此研究工作。

十、篁坞方志敏旧居

篁坞方志敏旧居位于乐平市十里岗乡篁坞村中，距市区54千米。旧居依山傍水，环境优雅，为20世纪乐平东南乡典型的落檐山墙式民居建筑。旧居总占地面积约140平方米，建筑面积约70平方米。

乐平是方志敏生活和战斗过的重要地方。1927年10月，方志敏来到乐平篁坞村，以养病为名，秘密进行革命宣传，发动农民闹革命。方志敏曾在该村住了43天，开展了一系列革命活动，使当地一时成为赣东北地下革命斗争的指挥中心。该旧居先后被列为全国爱国主义教育示范基地、江西省国防教育基地。

第六章

中央革命根据地的奠基石——东固

第一节　东固革命根据地红色历史概述

　　东固革命根据地是土地革命战争时期中国共产党创建的最早的农村革命根据地之一，它以现在的吉安市青原区东固镇为中心，北至吉水县水南、白沙，永丰县罗坊；西至青原区富田，泰和县中洞、桥市；南至兴国县崇贤、枫边；东至永丰县潭头、沙溪等地，形成当时五县（区）交界的工农武装割据。全盛时期面积达2000平方千米，人口约15万。1931年11月后，东固革命根据地成为中央革命根据地的组成部分。从1927年9月到1935年3月，东固革命根据地前后历时7年多，是存在时间最长、经济社会形态相对完整、斗争形式非常鲜明的革命根据地之一，在中国革命发展史上作出了重大贡献，是创建赣西南革命根据地和中央革命根据地的奠基石，对红四军的发展发挥了重大作用。毛泽东曾在《星星之火，可以燎原》一文中称其为与"朱德毛泽东式""贺龙式""方志敏式"并列的"李文林式"革命根据地。东固山被毛泽东称赞为"第二个井冈山"，陈毅誉之为"东井冈"。

　　1927年，在吉安党组织的领导下，吉安农民运动蓬勃兴起。同年2月，东固籍共产党员赖经邦、高克念以东固洞东书院为据点，吸收当地教员刘经化、汪安国、汪云从、李会风入党，秘密建立东固第一个党小组，积极开展革命活动，先后成立了九区农民协会和农民自卫队，东固星火由此点燃。

　　四一二反革命政变后，蒋介石大肆搜捕共产党员和革命群众，吉安党组织因此遭到破坏。1927年9月，赖经邦、高克念、曾炳春等12人在东固敖上段蔚林家中召开党的积极分子秘密会议，强调党的活动转入农村的重要性，提出恢复和发展党的组织、发动农民举行起义、建立革命武装等问题。根据敖上会议决定，会议组织者收集原九区农民协会的9支枪，挑选二三十名身强力壮的农协会员，组建工农革命军，由赖经邦任队长；同时，劝说绿林武装"三点会"首领段月泉改弦易辙，参加革命。10月底，段月泉率部30余人从兴国县蜈蚣山到东固参加工农革命军。11月12日，赖经邦、曾炳春、段月泉等人率领60多名工农革命军和100多名武装队员夜袭富田王家村，发动著名的东固起义。东固起义的胜利，使工农革命军声威大震，邻近绿林首领纷纷投奔。东固工农革命军不断在邻县边沿山区开展游击斗争，武装活动往北扩展到吉水县的罗坑、水南、白沙和富田花岩等地，往南到达兴国枫边、西林、崇贤、大龙等地，往东到达永丰县的潭头、芹溪、沙溪，往西南到达泰和中洞的伯佐、诸贤坑、桥市等地。与此同时，于都桥头、万安等地党组织领导的起义失败后，将部分革命武装人员转移到东固休整，学习东固革命斗争的经验。

东固党组织和东固工农革命军经过数月英勇奋战，以东固为中心的周边地区的革命斗争取得了极大成功，发展了党的组织，建立了乡村农协，扩大了革命武装，"秘密割据"初步建立，东固革命根据地逐渐形成。

根据地初创时期，敌人对根据地进行严密的经济封锁，东固地方党组织和东固农民协会采取了许多有力的经济措施，建立各种经济机构，以解决军民生活必需品及军事用品，如建设兵工厂、农机具厂，兴办银行、消费合作社，创办红军医院、赤色邮政局、平民小学，等等。

1928年2月，赣西南特委根据省委指示，决定将东固工农革命军与永吉（永丰和吉水）游击队合并，并吸收吉安、吉水、永丰等地工农群众参加，成立江西工农革命军第三师第七纵队，赖经邦任党代表，吴江任纵队长。不久，特委将吉安县延福地区的革命武装，编为江西工农革命军第三师第九纵队，李育青任纵队长。1928年9月，赣西特委决定，将第七、第九纵队合并，正

式编为江西工农红军独立第二团，李文林任团长和党代表，段月泉任副团长，下设4个连和1个政治宣传队。江西工农红军独立第二团的成立，标志着江西第一支地方工农红军主力部队的诞生，赣西革命武装出现质的飞跃，以东固为中心的红色割据开始进入一个新的阶段。

1929年2月，根据革命斗争的需要和赣西、赣南特委指示，江西工农红军独立第二团与赣南红军第十五、第十六纵队党团活动分子会议召开，决定成立江西工农红军独立第四团，由段月泉、金万邦分别任团长、团党委书记，全团400多人，下辖4个连。自此，江西工农红军独立第二团、第四团成为赣西南武装斗争的主力军，有力地巩固和扩大了东固革命根据地，并为中央苏区的创建和形成奠定了坚实的基础。

1929年1月，毛泽东、朱德、陈毅率红四军主力离开井冈山出击赣南，一路与敌军屡战失利，处于建军以来最困难的时期。为了休整部队，补充给养，安置伤员，2月初，在寻乌罗福嶂召开的前委扩大会上，毛泽东决定，经瑞金、宁都到达东固，与江西工农红军独立第二团联系，先在东固找个安身之地，再寻机西渡赣江打回井冈山。得知消息后，江西工农红军独立第二团团长李文林带人赶到永丰龙冈迎接毛泽东、朱德和红四军。2月17日，红四军到达东固革命根据地，东固地方党组织负责人刘经化、高克念等人到红四军总部会见了毛泽东、朱德，商议了两军会师事宜。2月20日，红四军与江西工农红军独立第二团、第四团在东固螺坑胜利会师。22日，毛泽东在红四军同江西工农红军独立第二团、第四团会师联欢大会上称赞了东固人民和江西工农红军独立第二团、第四团在革命斗争中所取得的成就。红四军在东固安全休整了一个星期，消除了疲劳，救治了伤病员。在得悉井冈山失守和敌军将要大举进犯东固消息后，前委会议集体讨论，"乃决定抛弃了固定区域之公开割据政策，而采取变动不居的游击政策（打圈子政策），以对付敌人之跟踪穷追政策"。为此，毛泽东决定放弃回师井冈山，而率领红四军离开东固继续向赣南、闽西进发。2月25日，红四军离开东固东进赣南、闽西开辟根据地，江西工农红军独立第二团、第四团则继续在兴国等地进行游击。

东固会师，使红四军顺利渡过了建军以来最为困难的时期，促进了江西工农红军独立第二团、第四团的建设，交流了井冈山、东固两块革命根据地的斗争经验，为赣西南和中央苏区的创建奠定了坚实的基础。陈毅曾赋诗称赞："东固山势高，峰峦如屏障。此是东井冈，会师天下壮。"

根据地创建初期，党组织和革命政权是以秘密的形态存在的，而红军和其他革命武装则是公开的，以灵活不定的游击战术打击敌人，这是东固特色和东固人民的创造。1929年7月，根据赣西特委的指示，东固革命委员会成立，傅月照任主席，从此东固红色政权由秘密走向公开。一些群众组织也应运而生，如少共委员会、拥护红军委员会、妇女工作委员会等。东固区委和革命委员会领导地方民众参加打土豪分田地、扩大红军、支援前线，为保卫和巩固革命根据地赤色政权发挥了极大的作用。

1929年10月，在东固革命委员会的基础上，东固区苏维埃政府成立，罗宗清任主席，下设财政、军事、社会保险、教育四部和土地、人民审判委员会。安乐、江口、南龙等23个乡也建立了苏维埃政府。

1930年2月，毛泽东在吉安陂头村主持召开红四军前委、赣西特委（赣南特委代表团因会议提前举行，未能赶上参加）和红五、红六军军委联席会议（史称"二七会议"），讨论确定赣西南党关于扩大苏维埃区域、深入土地革命、扩大工农武装的三大主要任务。3月22日，中共赣西南第一次代表会议在吉安富田召开。会议决定将赣西苏维埃政府改为赣西南苏维埃政府，由曾山任主席，辖赣西南各县，下设中、西、北、南四路办事处。赣西南苏维埃政府是赣西南苏区的最高政权机关，随着它的成立，东固革命根据地完全融入赣西南革命根据地，成为赣西南苏维埃中心区域。

东固党组织和苏维埃政府十分重视根据地的经济建设和文化建设，采取各种措施建立和完善相关经济服务机构，创办和完善文化教育卫生设施，以满足广大军民需要。在工业方面，先后开办了军械修理厂、兵工厂、工艺厂、

锅炉厂、油墨蜡纸厂等。农业生产方面，以进行"三抗"斗争和开展互助互耕增产粮食为主。商业金融方面，先后创办了东固平民银行、东固消费合作社和消费合作总社。文化建设方面，1928年9月，创办了第一所平民学校，后改称列宁小学。各乡开展了唱红色歌谣、演革命戏等形式多样的文化娱乐活动。1928年10月，在三彩创办了第一所红军医院，后改为赣西第一所后方医院。另外，还开办了药材部、东固赤色邮政分局、赣西南赤色邮政总局等。东固革命根据地的经济和文化建设，在中央革命根据地建设史上写下了光辉的一页，创造了多个先例和第一，为中华苏维埃共和国临时中央政府的成立提供了有益的探索，打下了坚实的基础。

土地革命战争初期，吉安周围各县是江西全省土地革命运动最为发达的区域之一。吉安城作为国民党屏障南昌、控制吉安周围各县以至整个赣西南的政治军事中心，战略地位十分重要。从1929年11月至1930年10月，在长达一年的时间里，赣西地区数十万群众配合红军先后九次攻打吉安。1930年10月4日，红一方面军在10余万群众的配合下，取得了第九次攻打吉安的胜利。毛泽东曾在《减字木兰花·广昌路上》一词中用"十万工农下吉安"来描述当时红军进军吉安的壮举。吉安周围的红色区域发展到了30多个县。10月7日，吉安13万群众和红军一起在中山场举行攻克吉安庆祝大会，以曾山为主席的江西省苏维埃政府宣告成立，这是第一个建立在城市的省级苏维埃政权。江西省苏维埃政府的成立，推动了江西苏维埃运动的蓬勃发展，为中央革命根据地的创建和中华苏维埃共和国临时中央政府的建立奠定了基础。之后，赣西南广大红色区域连成一片，纵横700余里，横亘大半个江西。

1930年12月至1931年9月，东固革命根据地作为反"围剿"的主战场，为中央革命根据地粉碎国民党反动派三次"围剿"的胜利作出了重要贡献。毛泽东采取"诱敌深入"的战略方针，指挥红军从游击战转为运动战，歼灭了国民党军的大量有生力量，使红军主力得到了极大的锻炼和提高，革命根据地不断巩固扩大。经过三次反"围剿"，赣南、闽西连成一片，正式形成中央革命根据地。

1931年11月7日，中华苏维埃共和国临时中央政府成立，毛泽东任主席，中央革命根据地进入全盛发展时期。东固革命根据地成为中央革命根据地公略县的核心区域。东固军民发扬优良的革命传统，争创第一等的工作，党和政权的建设，土地革命，经济、社会、文化各项事业蓬勃发展，为中央革命根据地建设、巩固和发展作出了重大贡献。

1934年10月，中央苏区第五次反"围剿"失利，中央红军主力被迫突围撤离，曾山、胡海等人奉命留守斗争。1934年11月，留守的江西省委决定成立公（略）万（泰）兴（国）特委，领导军民在东固及周边地区艰苦转战，直至1935年3月苏区丧失。

东固革命根据地和井冈山革命根据地在赣西南地区交相辉映，是朱毛红军开创赣南、闽西革命根据地的重要出发点和红一方面军第一、第二、第三次反"围剿"的重要战场，老百姓赞誉"上有井冈山，下有东固山"。东固革命根据地在发动群众、武装斗争、政权建设、土地革命和经济建设等方面都创造了自己独特的经验，为中华苏维埃共和国临时中央政府的成立提供了有益的探索，成为中华苏维埃共和国诞生的重要基石。东固"李文林式"根据地建设经验，丰富了工农武装割据和人民军队建设思想，对中国革命道路的开创作出了重要贡献。

第二节　东固革命根据地红色旅游景点介绍

东固原为庐陵县（今吉安县）纯化乡隅，今属吉安市青原区管辖，因"地处县境之东，惟其后辈日益发达，基业日益巩固"而得名。青原区是东固革命根据地的核心区域，也是土地革命战争时期第一、第二、第三次反"围剿"的主战场。在今天的青原区版图区域内，从1927年7月至1930年3月，东固、富田、纯化三个区苏维埃政府先后组建；从1929年10月至1931年11月，吉

安县、庐吉县、公略县三个县级苏维埃政府先后组建，赣西、赣西南、江西省三个区域性和省级苏维埃政府诞生。青原这块富有光荣革命传统的红色热土，不但以江南佛教圣地禅宗七祖道场青原山净居寺、以渼陂为代表的60多座名村古镇和以文天祥为代表的众多历史名人留存下来的遗迹传说闻名于世，其极为丰富的红色旅游资源更是令世人瞩目。毛泽东、朱德、陈毅、曾山等老一辈无产阶级革命家都曾在这里写下光辉壮丽的战斗诗篇。青原境内革命遗址分布众多，保存有东固革命旧居旧址100多处，其中老一辈无产阶级革命家毛泽东、朱德、陈毅、曾山等革命旧居20多处。2009年，东固革命根据地旧址群被列为全国爱国主义教育示范基地。

东固革命根据地红色旅游景点具有原真性、密集性、完整性、多样性、复合性、关联性等鲜明特色。东固革命根据地旧居旧址大都处于山乡田野民居之中，和老百姓生活密切相关。在青原区的东固、富田等地，几乎村村住过红军，一半以上的村有革命旧居旧址。在东固的古街和南龙、敖上、螺坑等村，富田的王家、匡家、陂下、横坑、奁田等村以及文陂的渼陂古村，有十几处或几十处旧居旧址，其密集程度出乎人们的想象，简直就是一个苏维埃社会的缩影。这些旧居旧址或砖石结构，或砖木结构，大多保存完好，有的甚至是整个一条街完整保留。这些革命旧居旧址中，既有党政军领导机构，又有工青妇群众组织；既有经济、社会、文化组织，又有军事战场遗迹；既有领袖个人旧居，又有红军官兵旧址。值得一提的是，在东固、富田、新圩、渼陂、值夏、富滩、河东等30多个村庄内，有红军标语2000多条，其中清晰可见的有200多条，能辨认的有600多条。这些红色标语成为土地革命战争时期党和苏维埃政府为人民谋幸福的有力见证。在主要的100多处革命旧居旧址中，不仅体现了鲜明的红色历史文化，许多旧居旧址本身就是极好的古建筑，加之与文天祥、胡铨等历史文化名人为代表的古老庐陵历史文化交相辉映，形成了独具特色的庐陵古村。每一个古村山水灵动、环境俱佳，可谓"山水皆可入画"。

近年来，在国家大力开发红色旅游资源的大气候下，作为中央苏区重要组成部分的"东井冈"，以其独特的政治资源、文化资源、军事资源、旅游资源日益得到专家学者和广大人民群众的认同和重视。

东固革命根据地旧居旧址主要有：东固平民银行旧址、东固消费合作社旧址、东固油墨蜡纸厂旧址、东固平民学校暨赣西第一次党代会旧址、敖上会议旧址、东固会师大会旧址、会汉堂会议旧址、螺坑毛泽东旧居、敖上毛泽东旧居、赖经邦旧居、黄公略牺牲地旧址、曾炳春烈士墓等。为了纪念和缅怀在东固革命根据地斗争中牺牲的革命英烈，1961年，吉安县委建立了东固革命烈士纪念碑。为纪念第二次反"围剿"的胜利，1977年，吉安县革委会建立了第二次反"围剿"陈列馆，后改为东固革命根据地博物馆。此外，为了全面、集中再现东固革命根据地红色历史，缅怀、纪念根据地斗争的伟大精神，2009年，经中共中央办公厅批准，东固革命根据地纪念馆在吉安市青原区落成。

1.东固平民银行旧址

东固平民银行旧址位于青原区东固畲族乡圩镇，为砖木结构的二层楼房，坐东南朝西北，占地面积169.51平方米。

1928年上半年，中共东固区委为打破敌人的经济封锁，巩固革命根据地，活跃根据地的经济，沟通与白区的贸易，筹集4000银元，决定以黄启绥等人创办的东固平民借贷所为基础，创办东固平民银行，并由黄启绥、刘经化、汪安国等7人组成一个委员会负责筹建工作。同年10月，东固平民银行成立，黄启绥任行长。东固平民银行早期印制的纸币称为"东固平民银行铜元票"，是中央革命根据地早期的货币。

东固平民银行旧址

纸币面额分为1元、5角、200文、100文4种。创办时，印发纸币8000元。到1930年春，基金扩大到8000元，印发纸币2万元。之后，油印改为石印。根据银行规定，纸币随时可以兑换银元，兑进兑出一个样，信用极好。1930年3月，赣西南苏维埃政府成立，为适应根据地扩大调剂金融的需要，东固平民银行改为东固银行，并收归赣西南苏维埃政府财政部办理。7月，改称赣西南工农银行。11月，发展为江西工农银行。1932年3月，与闽西工农银行合并为中华苏维埃共和国国家银行。

东固平民银行是革命根据地历史上第一家人民银行，所发行的纸币为中国共产党金融史上最早的纸币。银行不仅解决了东固群众的生活所需，增加了东固群众的经济收入，更重要的是在经济上对革命战争给予了很大的支援。

2009年，该旧址被列为全国爱国主义教育示范基地。2013年，该旧址被列为全国重点文物保护单位。

2.东固消费合作社旧址

东固消费合作社旧址位于青原区东固畲族乡圩镇。该建筑为砖木结构，二层楼房，建筑面积235平方米。

东固消费合作社旧址

东固消费合作社是革命根据地创办最早的消费合作社之一。1928年12月，为打破敌人经济封锁，发展根据地经济，东固区苏维埃政府和群众集资六七千银元成立东固消费合作社，社长为欧阳坚泉。1929年秋发展为东固消费合作总社，下设南龙、东固两个分社。该合作社初期经营布匹、茶油、食盐、红白糖、黄烟、火柴、棉花、胶鞋、草鞋等南北货，后扩大业务，加工生产农用器具，收购山货，帮助农民发展生产。为保障苏区供给，采购人员常冒着生命危险到吉安、新圩、陂头、值夏、兴国等地采购布、食盐等紧缺物资。1934年10月中央红军主力北上后，总社及分社被迫停办。

2006年，该旧址被列为江西省文物保护单位。2009年，该旧址被列为全国爱国主义教育示范基地。

3. 东固油墨蜡纸厂旧址

东固油墨蜡纸厂旧址位于青原区东固畲族乡东固街西城。该旧址原为村民刘汉屏住宅，建筑面积70平方米，土木结构。

1929年冬，为了打破国民党反动派对红色区域的经济封锁，东固区苏维埃政府在东固古街西城成立东固油墨蜡纸厂。初期，该厂有制油墨工人4人，日产量几十斤，制蜡纸工人2人，日产蜡纸上百张。油墨蜡纸厂的创办，使东固地区及邻区、邻县苏维埃政府印发通告及各种革命文件所需的油墨蜡纸得到了有效保障。1930年冬，东固油墨蜡纸厂被中央印刷厂接管，后随红军相继迁往永丰、瑞金等地，为党的宣传工作和苏区出版事业作出了重大贡献。

2009年，该旧址被列为全国爱国主义教育示范基地。

4. 东固平民学校暨赣西第一次党代会旧址

东固平民学校暨赣西第一次党代会旧址位于青原区东固畲族乡圩镇。该旧址为砖木结构，分上下两层，建筑面积160平方米。

东固革命根据地创建后，为了促进根据地教育事业的发展，1928年9月，中共东龙区委在东固街创办了一所平民小学，由宋振育任校长，招收学生约100人。这是东固革命根据地第一所平民学校。学校开办了识字班，除了对学

生进行文化教育外，还组织学生进行政治学习，并积极开展有益的文体活动。随后各乡也相继办起了平民学校，从而进一步促进了根据地的生产、支前等工作的开展。朱德称这种学习是"中国历史上最大的学习运动"。1929年5月，赣西第一次党代会在东固平民学校召开。会议通过了《加强政权建设和加速土地革命大纲》等政治决议案；选举产生了由3名工人、2名农民、4名知识分子组成的赣西特委，冯任任书记，曾山任组织部部长。

2006年，该旧址被列为江西省文物保护单位。2009年，该旧址被列为全国爱国主义教育示范基地。

5.江西工农革命军第三师第七纵队诞生地旧址

江西工农革命军第三师第七纵队诞生地旧址位于青原区东固畲族乡黄沙村养军山。

1928年2月，江西工农革命军第三师第七纵队成立，纵队长为吴江，党代表为赖经邦，秘书长为曾炳春，下设3个区队和宣传队、运输队，共160多人、80多支枪。

第七纵队组建后，以养军山为活动中心，向吉安的富田、陂下和吉水、永丰、兴国、泰和、于都等县边沿地区游击，消灭靖卫团，拔除地主的武装据点，摧毁乡村反动政权，发动群众开展打土豪分田地斗争，建立农民协会，并与吉安河西延福地区的第九纵队相呼应，有力地打击了吉安和东固周围各县反动势力，推动了赣西南武装斗争的发展。1928年9月，第七纵队与第九纵队合编为江西工农红军独立第二团。

养军山系东固黄沙村下属的自然村落，第七纵队练兵场、枪械修理所、后方医院、兵工厂、防空洞等机构和设施的遗迹至今仍保存完好。

2009年，该旧址被列为全国爱国主义教育示范基地。

6.江西工农红军独立第二、第四团教导队与红军学校第三分校旧址

江西工农红军独立第二、第四团教导队旧址位于青原区东固畲族乡螺坑村，为土木结构民居，上下两层，建筑面积300平方米。红军学校第三分校旧址位于青原区富田镇陂下村竹影堂，原为该村族人祭祀、聚会场所，建筑面积1569平方米。

1929年2月，毛泽东、朱德率领红四军到达东固与江西工农红军独立第

江西工农红军独立第二、第四团教导队旧址

二、第四团胜利会师后，留下毛泽覃、谢唯俊、陈东日等一批干部，帮助指导江西工农红军独立第二、第四团的工作。3月，按照红四军在宁冈龙江书院举办红军教导队的方法，江西工农红军独立第二团教导队在东固螺坑创办，陈东日任队长，有学员100多人，每天三操两课，学军事、学文化、学政治。6月，按照赣西特委的指示，教导队扩大为江西工农红军独立第二、第四团教导队，李介思任队长，肖龙章任党支部书记。参加教导队学习的学员都叫学兵，既要学习，又要打仗。

1929年9月，江西工农红军独立第二、第四团教导队由东固螺坑迁至富田陂下的竹影堂、敦仁堂和乐善堂等大型宗祠，改称红军学校。1930年2月，根据二七会议精神，正式定名为中国工农红军学校，毛泽东兼任校长，陈东日任教育长。1930年6月，中国工农红军学校改称为赣西南红军军官学校第三分校，前期朱德任校长，毛泽东任政委，陈奇涵任教育长，陈东日任学生总队长，这时有学员600多人，设有5个军事大队、1个政治大队，开设了军事、政治、医学3个专业。1931年7月，学校解散，学员被编入红一方面军教导总队。

2006年，江西工农红军独立第二、第四团教导队旧址被列为江西省文物保护单位。2009年，该旧址被列为全国爱国主义教育示范基地。2009年，红军学校第三分校旧址被列为全国爱国主义教育示范基地。

7.红一方面军无线电训练班旧址

红一方面军无线电训练班旧址位于青原区东固畲族乡敖上村，为土木结构民居，上下两层，建筑面积380平方米。

1931年4月，红一方面军从宁都、广昌、石城地区向龙冈、上固、石头坑、回龙地区集中。不久，红一方面军主力又西移至东固附近地区隐蔽集中，红一方面军小布无线电训练班和总部无线电队也随同转移至总部驻地——敖上继续办班。

毛泽东、朱德等领导非常关心、支持训练班的工作。办班期间，无线电训练班负责人王净，用缴获的收报机侦收到了国民党军驻富田王金钰所属第二十八师公秉藩电台发给该师驻吉安留守处的一份重要情报，内容是："我现住富田，明晨出发。"留守处问："到哪里去？"师部台答："向东固去。"王诤及时将此重要情报上报毛泽东、朱德，为红军赢得第二次反"围剿"第一仗——白云山战斗的胜

🔴 红一方面军无线电训练班旧址

利，起到了关键性的作用。训练班培养了中国工农红军第一批无线电通信兵。

2006年，该旧址被列为省级文物保护单位。2009年，该旧址被列为全国爱国主义教育示范基地。

8.赣西第一后方医院旧址

赣西第一后方医院旧址位于青原区东固畲族乡古竹瑶下村，占地面积220平方米，土木结构，上下两层。

1928年10月，为了适应革命战争的需要，江西工农红军独立第二团在东固三彩山坑村筹建了一所红军医院，最初只有10余名医护人员和10余张病床，由于敌人封锁，药品奇缺，主要是用中草药治疗伤病员。

1929年3月，在地方党组织的支持下，医院迁至东固古竹瑶下村，改称赣西第一后方医院，共接收了红四军留下的300多名伤病员。1930年2月，毛泽东、朱德驻东固期间，曾专门到医院看望和慰问伤病员。1931年10月，该医院并入中央红军总医院。

2006年，该旧址被列为省级文物保护单位。2009年，该旧址

🔴 赣西第一后方医院旧址

被列为全国爱国主义教育示范基地。

9.赣西南赤色邮政总局旧址

赣西南赤色邮政总局旧址位于青原区富田镇犁头咀，为砖木结构，建筑面积130平方米。

1930年3月，在原有地下交通站的基础上，赣西南苏维埃政府在吉安富田创办了赣西南赤色邮政总局，与赣西南交通分局（地下交通站）合署办公。5月至6月间，邮政总局颁发了赣西南赤色邮政的简章和工作大纲，并发行了第一套"赤色邮政"邮票，10月，又发行了第二套邮票。

成立之初，赣西南赤色邮政总局有工作人员50多人，内设邮务科、通信科、财务科、秘书科等，管辖吉安、永新、宁冈、茶陵、兴国、瑞金、萍乡等20余县的赤色邮政，开办了平信、单挂号、双挂号、普通快信、特别快信、印刷品、包裹等邮政业务。同年10月，红军攻占吉安后，机构迁往吉安城，后又相继迁往吉安永阳、于都平头寨等地。1931年5月，邮局迁至永丰龙冈后，改称江西省邮务总局。

2006年，该旧址被列为省级文物保护单位，2009年，该旧址被列为全国爱国主义教育示范基地。

10.红四军军部旧址

红四军军部旧址位于青原区文陂镇渼陂村永慕堂，原系梁氏宗祠，始建于南宋初年，占地面积1221平方米，坐北向南，砖木结构。

红四军军部旧址是消灭唐云山旅战斗时军部所在地。1930年2月，为实现"集中兵力夺取吉安"的计划，红四军由永丰藤田经水南向吉安推进，准备先占吉水，后取吉安。蒋介石得知红军逼近吉安，急忙命令成光耀旅死守吉安，金汉鼎部伺机占领宁都，湘军朱耀华旅开至乐安，戴岳旅在南丰、乐安之间集结。与此同时，蒋介石急调湖北唐云山部独立第十五旅，于2月20日赶至江西吉水县城至乌江镇一线，形成对红军的包围圈，形势骤见严重。

红四军前委根据唐云山部进占情况，决定放弃原计划，将全军撤至富田，

🔖 红四军军部旧址

准备诱敌深入，尔后将其一举歼灭。唐云山部发现红军后撤，便孤军深入，分三路向富田冒进。2月24日，红四军在红六军二纵队配合下，集中主力猛攻进至水南的左路敌军，经半小时激战，歼其大部。次日拂晓，红军以一部兵力插入敌后，主力猛攻右路、中路之敌。经一天激战，歼其大部，残敌逃往吉安。

2006年，该旧址被列为省级文物保护单位。2009年，该旧址被列为全国爱国主义教育示范基地。

11. 青原山红军医院旧址

青原山红军医院旧址位于青原区青原山阳明书院。该书院始建于1839年，建筑面积500平方米，砖木结构。

1930年10月，红一方面军九打吉安后，伤病员累计达1300多人。为及时救治与安置这些伤病员，毛泽东、朱德通过罗炳辉和曾山找到吉安城内惠黎医院的戴济民医师。随即，在曾山的帮助下，戴济民携医疗设备在城外青原山阳明书院创办了一所大型红军医院，内设内科、外科、轻伤、重伤4个所，有医师7人、护理员70余人，可救治伤病员600—700人。11月中旬，医院随

红军撤出吉安城，先后在富田、东固等地落脚。1933年秋第三次反"围剿"胜利后，该院转迁到兴国鼎龙茶岭，并改名为红一方面军总医院。

2009年，该旧址被列为全国爱国主义教育示范基地。

12. 江西工农银行旧址

江西工农银行旧址位于青原区富田镇匡家村，为砖木结构，建筑面积320平方米。

1930年2月陂头会议后，东固平民银行扩充为赣西南苏维埃政府银行。11月，为解决红军战争经费问题，江西省苏维埃政府决定在赣西南苏维埃政府银行的基础上，创办江西工农银行，颜达任行长。同年11月底至12月，江西省苏维埃政府财政部及江西工农银行由吉安城撤至富田镇匡家村。1931年1月，银行随军行动，先迁往东固山坑，再至瑶里，最后到达瑞金。起初，银行将缴获来的吉安临时辅币壹角面值券加盖"江西工农银行暂借发行券"和"江西省苏维埃政府财政部"印章，在苏区内发行通用。1931年7月，银行开始印制自己的铜元券，以收回加盖印记的吉安券票。

江西工农银行旧址

江西工农银行为扩大货币流通，加强金融管理，支援反"围剿"作出了积极的贡献。1931年11月，中华苏维埃共和国临时中央政府执行委会召开第一次会议，决定将江西工农银行和闽西银行合并成立中华苏维埃共和国国家银行。

2009年，该旧址被列为全国爱国主义教育示范基地。

13.中华全国总工会中央苏区执行局暨江西省赤色总工会旧址

中华全国总工会中央苏区执行局暨江西省赤色总工会旧址位于青原区富田镇匡家村，建筑面积80平方米，砖木结构。

1930年2月二七会议后，赣西南苏维埃区域31个县中，有25个县成立了赤色总工会，其余的县也都建立了基层工会。1930年10月，红军攻占吉安城后，赣西南赤色总工会改为江西省赤色总工会。11月，为执行"诱敌深入"的作战方针，总工会随红军迁往吉安陂头，12月再迁至富田。1931年3月，苏区中央局发出通告，将江西省赤色总工会解散，另行成立赣西南赤色总工会。

1930年年底，根据中共六届三中全会的决议，中华全国总工会派蔡树藩、陈佑生从上海到中央苏区，筹建中华全国总工会中央苏区执行局。为了加强对这一工作的领导，翌年初又派全国五金职工会委员长梁广来中央苏区。1931年2月，中华全国总工会苏区执行局在富田正式成立，主任梁广，组织部部长陈佑生，社会部部长蔡树藩，宣传部部长兼秘书长倪志侠，与江西省赤色总工会在同一院落民居中办公。7月，苏区执行局经兴国迁至瑞金叶坪。

中华全国总工会中央苏区执行局暨江西省赤色总工会旧址

2009年，该旧址被列为全

国爱国主义教育示范基地。

14.中共公略中心县委和政治保卫局旧址

中共公略中心县委旧址位于青原区富田镇陂下村，建筑面积506平方米，砖木结构。政治保卫局旧址为一宗族祠堂——志善堂，建筑面积244平方米，砖木结构，明清建筑风格。

1932年3月，为了加强对中央苏区永丰、公略、万泰三县武装的领导，集中指挥三县武装的军事行动，中共苏区江西省委根据苏区中央局指示，在中共公略县委的基础上成立中共公略中心县委，毛泽覃任书记，李福槐任副书记。机关初驻公略县水南区水南街天主堂，因国民党反动派进攻，1932年8月，中心县委迁至公略县陂下村（今青原区富田陂下村），政治保卫局等直属机构一并随迁。政治保卫局是县苏维埃政府下属机构之一，其前身为肃反委员会，主要任务是：保卫人民政权，巩固胜利成果，打击反革命的破坏活动，肃清内奸，管理、改造反革命分子。1933年8月，永丰、公略、万泰、龙冈、新干五县党代表大会在富田陂下村召开，宣布撤销公略中心县委，成立永丰

📍 中共公略中心县委旧址

中心县委。

2009年，该旧址被列为全国爱国主义教育示范基地。

15.赣西南苏维埃政府旧址

赣西南苏维埃政府旧址位于青原区文陂镇渼陂村，原为万寿宫，占地面积1076平方米，一进四幢，坐南朝北。1987年，该旧址主体建筑因故拆除，现仅存围墙、旧教室等。

1929年，在红四军和江西工农红军独立第二、第四团的帮助下，泰和、吉水、兴国、永丰、乐安、于都、宁都等县和吉安县多区相继建立苏维埃政府。1929年10月，为了统一领导各县、区革命政权，中共赣西特委决定成立赣西革命委员会，机关驻陂头（渼陂）万寿宫，曾山任主席。11月，赣西革命委员会改为赣西临时苏维埃政府。1930年2月，赣西各县、区苏维埃代表会议召开，正式成立赣西苏维埃政府。3月22日，中共赣西南第一次代表会议在吉安富田召开，决议将赣西苏维埃政府改为赣西南苏维埃政府，为赣西南苏区的最高政权机关，曾山任主席，辖赣西南各县。由赣西南代表大会产生人民委员会和执行委员会，执行委员会下设常任委员会、妇女工作委员会、青年工作委员会，在常任委员会下设秘书处、经济部、保险部、军事部、裁判部、交通部等机构。1930年10月，红军攻克吉安城后，江西省苏维埃政府成立，赣西南苏维埃政府撤销。

2006年，该旧址被列为省级文物保护单位。2009年，该旧址被列为全国爱国主义教育示范基地。

16.江西省苏维埃政府旧址

江西省苏维埃政府旧址位于青原区富田镇王家村，原为王氏宗祠，建于明朝中期，占地面积3486平方米，砖木结构。

1930年10月7日，在庆祝攻克吉安胜利大会上，江西省苏维埃政府宣告成立，曾山任主席，内设秘书处和军事、财政、土地、教育、内务、外交、劳动、建设、司法等部。省苏维埃政府初驻吉安文山路福音堂，11月18日因

江西省苏维埃政府旧址

国民党反动派发动第一次"围剿"迁往吉安陂头，12月初又迁至富田王氏宗祠。1932年5月，省苏维埃政府召开第一次全省苏维埃工农兵代表大会，曾山继续当选为主席。

2006年，该旧址被列为省级文物保护单位。2009年，该旧址被列为全国爱国主义教育示范基地。

17.敖上会议旧址

敖上会议旧址位于青原区东固畲族乡敖上村，原为东固早期党员段蔚林的住宅，建筑面积200平方米。

1927年9月，为恢复和发展党的组织、发动农民举行起义、建立革命武装，赖经邦、高克念、刘经化、汪安国、曾炳春、汪云从、段蔚林、胡鸣岗、黄启绥、戴希贤、罗乐天、李会风12名共产党员在东固敖上村段蔚林家中召开全体党员大会。会议分析了当前形势，指出了创建根据地的有利条件，作出三点决定。一是恢复和发展党的组织。会议决定成立中共东龙支部，以确立领导核心，为开展革命活动奠定组织基础。二是恢复和发展农民协会。会议决定在党支部领导下，由赖经邦、曾炳春、刘经化、汪云从、李会风5人负责，在原九区农民协会的基础上，尽快组织成立东固农民协会，以便通过农民协会发动群众，组织领导抗粮、抗债斗争，支援革命军，并通过农民协会的活动，培养和考察入党对象。三是建立革命武装。会议决定收集大革命时期原九区农民协会的9支枪，成立工农革命军，归东龙支部领导，同时派段蔚林前往永丰县丝茅坪争取"劫富济贫"的段月泉、段月忠兄弟的武装。这次会议为东固起义在政治上、思想上和组织上作了全面的准备和部署，成为开创东固革命根据地的起点。

1931年4月30日，苏区中央局在这里召开扩大会议。会议讨论通过了毛泽东关于"诱敌深入，集中兵力歼灭敌人"的第二次反"围剿"战略方针。

2009年，该旧址被列为全国爱国主义教育示范基地。

18. 东固会师大会旧址

东固会师大会旧址位于青原区东固畲族乡螺坑村古丘河坝上。

1929年1月，毛泽东、朱德、陈毅率红四军主力离开井冈山出击赣南。2月16日，红四军到达永丰龙冈。此时正在兴国莲塘的江西工农红军独立第二团团长李文林得到宁都党组织送来毛泽东关于"调队会师东固"的亲笔信后，即刻带了一连人马赶到永丰龙冈，迎接毛泽东、朱德和红四军。2月17日，红四军与江西工农红军独立第二、第四团在东固螺坑坝上胜利会师。22日，红四军和江西工农红军独立第二、第四团在东固螺坑石古丘河坝上召开胜利会师大会。毛泽东在会上高度赞扬了东固革命根据地的成就，说"东固山很好，是第二个井冈山"，"红二、

东固会师大会旧址

四团是钢军，红四军是铁军"。红四军在东固休整期间，江西工农红军独立第二、第四团和东固群众向红四军赠送了大量银元和大批子弹及物资，红四军也向江西工农红军独立第二、第四团赠送了4挺机枪和1门迫击炮。2月25日，红四军离开东固东进赣南、闽西开辟根据地。

2006年，该旧址被列为省级文物保护单位。2009年，该旧址被列为全国爱国主义教育示范基地。

19.云汉堂会议旧址

云汉堂会议旧址位于青原区东固畲族乡螺坑村云汉堂。该旧址为一平房，建筑面积150平方米。

1929年2月17日，毛泽东、朱德率领红四军抵达吉安东固，与江西工农红军独立第二、第四团会合后，安排红四军在这里休整了一个星期。其间，毛泽东在螺坑云汉堂主持召开了两次重要会议：一是江西工农红军独立第二、第四团和东固地方干部会议，吉安、兴国、泰和、宁都等地的负责人也参加了会议。会议传达了党的六大决议案的主要精神，并结合本地情况讨论了形

云汉堂会议旧址

势、任务和斗争策略，统一了认识；毛泽东听取了东固地方党组织和军队负责人的汇报，对根据地分配土地的方针政策和苏维埃政权的组织形式等问题，提出了许多指导性的意见。二是中共红四军前委会议。由于国民党军的进逼，会议研究决定，把原定的固定区域的公开割据政策，改为变动不居的打圈子的游击政策，以应对敌人的跟踪追击。

2006年，该旧址被列为省级文物保护单位。2009年，该旧址被列为全国爱国主义教育示范基地。

20.二七会议旧址

二七会议旧址位于青原区文陂镇渼陂村，为明清古建筑，占地面积116.6平方米，坐北朝南，分前后两栋，砖木结构。

1930年2月6日 至9日，中共红四军前委、赣西特委（赣南特委代

二七会议旧址

表团因会议提前举行，未能赶上参加）和红五、红六军军委在吉安陂头（今渼陂）举行联席会议（史称"二七会议"）。毛泽东代表红四军前委出席并主持会议。会议讨论了政治、土地、红军、党的组织、苏维埃政权等问题，规定了赣西南党的主要任务是扩大苏维埃区域，深入土地革命，扩大工农武装。为了更快更好地解决赣西南土地分配问题，会议决定"立即没收土地分与农民"，并根据井冈山《土地法》、兴国县《土地法》的经验，制定了二七《土地法》，对没收、分配土地的原则、标准以及废除债务、缴纳土地税等方面作了新的规定。会议决定成立党的总前委，作为红四、红五、红六军和赣西南、闽西、东江、湘赣边赤色区域的指导机关，书记为毛泽东。会议还制订了集

中红军力量攻打吉安的行动计划。

2009年，该旧址被列为全国爱国主义教育示范基地。2013年，该旧址被列为全国重点文物保护单位。

21.罗炳辉起义旧址

罗炳辉起义旧址位于青原区值夏镇城上村，建筑面积450平方米，砖木结构。

1929年11月14日，共产党员、时任国民党吉安靖卫大队大队长的罗炳辉率部在值夏举行起义，并加入红军。

罗炳辉是云南省彝良县人，出身贫苦农民家庭，曾先后在滇军和北伐军中任职，是一个同情革命和具有正义感的军官。1929年春，罗炳辉任吉安县靖卫大队大队长。中共江西省委和赣西特委为争取罗炳辉，派其云南同乡好友、共产党员赵醒吾做他的工作。7月，罗炳辉秘密加入中国共产党，并遵照党的指示，继续留在靖卫大队任职，为起义创造条件。10月，中共赣西特委计划以赣西南红军和游击队攻打吉安时，令罗炳辉带领靖卫大队作内应。11月8日，驻吉安城的中共赣西特委和共青团赣西特委均遭敌人破坏，敌人从叛徒口中得知攻城计划，罗炳辉身份也已经暴露。为避免更大的损失，中共赣西特委密信致罗炳辉，令他立即率部起义。11月14日，罗炳辉率领靖卫大队在值夏罗家起义。11月15日，起义队伍开进富田，改编为江西红军独立第五团，不久编入红四团，团长为罗炳辉，党代表为鄢一心。1930年1月，这支队伍又编入红六军，成为红一方面军的重要力量。罗炳辉起义对赣西南革命根据地的巩固发展和红军队伍的发展壮大，作出了极大贡献。

2006年，该旧址被列为省级文物保护单位。2009年，该旧址被列为全国爱国主义教育示范基地。

22.方石岭战斗遗址

方石岭战斗遗址位于青原区东固畲族乡六渡村。

1931年7月，蒋介石调集30万大军，亲任总指挥，向苏区发动第三次

"围剿"。从7月31日开始，红军主力在一个月内接连取得莲塘、良村、黄陂、高兴圩四战大捷，歼灭近4万国民党军。

1931年9月中旬，国民党军蒋鼎文第九师残部（六个团）和韩德勤第五十二师企图从崇贤经东固、富田，逃往吉安城，红军总部决定在方石岭阻击并消灭这股国民党军。9月15日凌晨，红军主力分左、中、右三路从兴国、泰和老营盘追至方石岭、张家背一带，首先在方石岭与敌人交火。双方鏖战至中午，以红军胜利而结束。这一战斗，红军全歼韩德勤师及蒋鼎文余部，俘敌5000多名，缴获步枪4500余支、机枪70多挺及大量子弹，毙、俘敌旅长各1名，国民党军第五十二师师长韩德勤被俘后，化装成伙夫潜逃。至此，蒋介石发动的第三次"围剿"以失败告终。方石岭战斗是中央苏区第三次反"围剿"主要战斗之一。

2009年，该遗址被列为全国爱国主义教育示范基地。

23. 螺坑毛泽东旧居

螺坑毛泽东旧居位于青原区东固畲族乡螺坑村，建筑面积50平方米，土砖结构。

1929年2月17日，毛泽东、朱德率领流动作战近一个月的红四军抵达吉

方石岭战斗遗址

安东固，与江西工农红军独立第二、第四团会合后，在此休整了一个星期。其间，毛泽东进行了调查研究，总结了江西工农红军独立第二、第四团在东固地区从事革命活动的经验，认为东固这种工农兵苏维埃政权的秘密割据形式比公开割据形式好，并且，由赤卫队发展起来的红军，游击战术比较灵活，游击区域不限于固定割据区域，可以发展得很宽。在此，毛泽东还出席了红四军与江西工农红军独立第二、第四团会师大会，主持召开了部队、地方党员干部会议和红四军前委会议。

2006年，该旧址被列为省级文物保护单位。2009年，该旧址被列为全国爱国主义教育示范基地。

24.敖上毛泽东旧居

敖上毛泽东旧居位于青原区东固畲族乡敖上村，占地面积89平方米，为1厅2厢4室的民房，坐西朝东，正面为木板壁，其余均为土墙。旧居西侧120米处山坡上为红一方面军总部防空洞。

1931年4月下旬，为粉碎国民党反动派的第二次"围剿"，毛泽东、朱德率红一方面军从宁都小布、青塘西移40里，到东固地区隐蔽集结长达25天之久。其间，毛泽东主持召开了苏区中央局扩大会议和军事会议，决定了"坚决的进攻，艰苦的奋斗，长期的作战，以消灭敌人"的作战策略；同朱德签发《动员部队帮助群众插秧耕田的训令》，要求全体红军在不妨碍作战及警戒情况下，应及时在各地帮助农友耕田，务于最短时期中将苏区所有的田地栽完种完；同项英、朱德签发《节省经费的训令》，提出为实行持久战略而节省经费、储备粮食，要求从现有经费内节省出半个月的经费。此外，为了防备敌人的侦察及空袭，毛泽东还指示红军战士挖掘了许多防空洞。这些因地制宜的防空设施，对红军大部队能在敌人身旁长时期地隐蔽下来，起了很大的作用。

2006年，该旧居被列为省级文物保护单位。2009年，该旧居被列为全国爱国主义教育示范基地。

25. 陈毅旧居

陈毅旧居位于青原区富田镇匡家村，建筑面积110平方米，砖木结构。

1930年2月14日，根据二七会议主席团发布《关于占领吉安建立江西苏维埃政府》的通告，陈毅率领在赣河以东活动的红六军罗炳辉的第二纵队配合红四军准备向吉水发动进攻。当陈毅得知蒋介石已令湘、鄂、赣3省敌军重新集结向赣西南发动进攻，于是决定不打吉水，采取"诱敌深入赤色区域同他战"的方针，全军折回富田一带休养待机。其间，陈毅主要居住在匡家村。2月23日，鄂敌独立第十五旅唐云山部孤军冒进到水南、富滩、值夏地区。第二天，陈毅、罗炳辉率领红六军第二纵队同红四军一起抓住敌人兵力分散、态势孤单的有利战机，会同当地武装群众向水南之敌发起攻击，仅半小时战斗，即歼其两个营的四分之三。第三天，将该地两营敌军重重包围，傍晚，将敌完全击溃。至此，消灭唐云山部三分之二，俘敌1600余人，缴获了重机枪、迫击炮等武器。这一胜利促进了赣西南革命形势的发展。

2006年，该旧居被列为省级文物保护单位。2009年，该旧居被列为全国爱国主义教育示范基地。

26. 曾山旧居

曾山旧居位于青原区文陂镇渼陂村，建筑面积250平方米，砖木结构。

1930年2月6日至9日，中共赣西特委代表曾山、刘士奇与毛泽东作为会议主席团成员，在吉安陂头共同主持召开了著名的红四军前委、赣西特委和红五、红六军军委联席会议（史称"二七会议"）。会议前后，曾山在这里居住了一个多月。这次会议在讨论分配土地办法时，曾山提出的按人口平均分配土地的主张，得到了毛泽东的肯定。会议根据按人口平均分配土地的原则，制定了赣西南《土地法》。从此，赣西南各地按照这个土地法的要求，深入开展了打土豪分田地的土地革命斗争。

2006年，该旧居被列为省级文物保护单位。2009年，该旧居被列为全国爱国主义教育示范基地。

27.彭德怀、黄公略旧居

彭德怀、黄公略旧居位于青原区文陂镇渼陂村，原为一座教堂，坐南朝北，为中西合璧式古建筑，砖木结构。

1930年2月6日至9日，红四军前委、赣西特委以及红五、红六军军委联席会议（史称"二七会议"）在吉安陂头召开。会议决定成立统一领导红四军、红五军、红六军和中共赣西、赣南、湘赣边特委工作的中共共同前敌委员会，毛泽东任书记，彭德怀、黄公略均被选为候补常委。其间，会议代表、红六军军长黄公略一直居住在位于村中心的这一古民居内。不久，彭德怀率部转战至陂头，也入住于此。

2006年，该旧居被列为省级文物保护单位。2009年，该旧居被列为全国爱国主义教育示范基地。

28.赖经邦旧居

赖经邦旧居位于青原区东固畲族乡敖上村。该旧居建筑面积170平方米，土木结构。

1927年9月，根据党的八七会议精神，赖经邦在敖上秘密主持召开东固地区全体党员大会，决定成立东龙党支部，并建立东龙农民协会和游击队。会议前后，赖经邦居住于此。

赖经邦是吉安东固人，1926年秋加入中国共产党，是东固革命根据地主要创始人之一。1927年10月，在创建东龙党支部和东龙游击队不久，赖经邦又争取了以段月泉为首的"三点会"帮会武装加入游击队。11月12日，他毅然率领东龙游击队举行攻打富田、捉拿恶霸王初曦的武装起义，缴枪22支和部分弹药。其后，他率领游击队转战各地，多次打击藤田、沙溪、大源坑、永丰罗坊和吉水水南的靖卫团，缴获了大量的武器弹药，使方圆百里的东固形成了武装割据的新局面。1928年2月，根据中共赣西特委决定，江西工农革命军第三师第七纵队成立，赖经邦任党代表兼参谋长。6月30日，在率领第七纵队攻打枫边靖卫团时，遭敌伏击，不幸被俘，7月3日英勇就义，时年

29岁。

2009年，该旧居被列为全国爱国主义教育示范基地。

29.黄公略牺牲地和公略亭旧址

黄公略牺牲地旧址位于青原区东固畲族乡六渡村谢氏宗祠，建筑面积160平方米。

1931年9月，黄公略指挥红三军取得第三次反"围剿"的方石岭战斗胜利后，根据红一方面军总部的命令，率部向瑞金转移。15日，部队到达东固六渡坳时突遭敌机空袭，为掩护部队隐蔽，在组织机枪对空射击以吸引敌机时，黄公略不幸身中数弹，随即被抬至六渡村谢氏宗祠抢救，但终因流血过多，于当晚壮烈牺牲，时年33岁。临终前，他留给战友们的遗言是："要巩固和扩大红军，以争取中国的独立和解放……"16日，毛泽东在兴国莲塘村主持召开黄公略追悼大会并撰写挽联："广州暴动不死，平江暴动不死，而今竟牺牲，堪恨大祸从天落；革命战争有功，游击战争有功，毕生何奋勇，好教后世继君来。"11月，为纪念黄公略，中华苏维埃共和国临时中央政府决定，以吉安、吉水两县的红色区域为主成立"公略县"，全县共计11.4万人口，其具体管辖范围为水东、儒林、纯化、富田、东固、中鹄、水南、白沙、折桂、开伦、冠山、罗家圩等12个区，即现在的青原区，吉水的水南、白沙，吉安的永和部分，泰和的罗家圩、万合圩部分，永丰的罗坊、潭头。同时，将中国工农红军第二步兵学校命名为"公略步兵学校"。

1978年，为缅怀黄公略的光辉业绩，东固人民在烈士遇难的地方修建了公略亭。公略亭为砖木结构，占地面积23.4平方米。2009

◉ 黄公略牺牲地旧址

年，谢氏宗祠、公略亭一并被列为全国爱国主义教育示范基地。

30.东固革命烈士纪念碑

东固革命烈士纪念碑位于青原区东固畲族乡东固村，占地面积2300平方米，成八角形，顶层四面分别有一个五角星；塔中座前横列三个谷穗状花圈，塔基八面用汉白玉镶嵌；登塔之路，由下而上有105级台阶。1961年，为纪念和缅怀在东固革命根据地斗争中牺牲的革命英烈，吉安县委在东固圩镇东北面的小山顶上，建立了东固革命烈士纪念碑。2009年，东固革命烈士纪念碑被列为全国爱国主义教育示范基地。

31.东固革命根据地博物馆

🔴 东固革命烈士纪念碑

东固革命根据地博物馆位于青原区东固畲族乡东固街，为砖木结构，占地面积3800平方米，建筑面积1932.31平方米。

1931年4月，毛泽东、朱德率领红一方面军3万余人在东固、龙冈一带集结，待机开展第二次反"围剿"战斗。5月16日，红军趁国民党军第二十八师和第四十七师1个旅离开驻地富田向东固前进之机，发动猛烈攻击，将其大部歼灭，取得反攻首战的胜利，接着向东扩张战果，15天横扫700里，彻底粉碎了国民党反动派以20万大军进攻中央苏区的第二次"围剿"的阴谋。这次反"围剿"的胜利具有十分重要的军事和政治意义，为中央苏区发展和第三、第四次反"围剿"的胜利奠定了基础。战斗胜利后，毛泽东写下《渔家傲·反第二次大"围剿"》的光辉诗篇："白云山头云欲立，白云山下呼声急，枯木朽株齐努力。枪林逼，飞将军自重霄入……"这首诗真实再现了当时的战斗情景，热情地歌颂了第二次反"围剿"的伟大胜利。

1977年，为了纪念第二次反"围剿"的胜利，吉安县革命委员会在东固

📍 东固革命根据地博物馆

原林业站办公楼基础上，建立了第二次反"围剿"陈列馆。2005年，陈列馆更名为东固革命根据地博物馆。东固革命根据地博物馆对东固革命根据地创建和发展的历史进程进行了集中、系统的介绍，展现了毛泽东、朱德等老一辈无产阶级革命家领导人民在东固、赣西南苏区所进行的伟大斗争和为中国革命作出的重大贡献。馆内陈列着各种重要革命文件和遗物共计200余件。

2009年，东固革命根据地博物馆被列为全国爱国主义教育示范基地。

32.东固革命根据地纪念馆

东固革命根据地纪念馆位于吉安市青原区正气路以西、富水路以北、白云山路以南、东井冈路以东区域，建筑面积4500平方米，主馆建筑面积4000平方米，附属室外景观景点面积500平方米，分为三个功能区：陈列展览区、多媒体展示区、文物库房及办公区。纪念馆坐落于东井冈公园内，整体环境非常优美。

纪念馆采取主馆陈展和室外场景再现相结合的方式，着力表现中国革命在东固这一段历史不能忘记的峥嵘岁月。主馆陈展区分列8个专题：一、新文

化传播和大革命运动点燃东固星火；二、秘密割据开创东固革命根据地；三、
"李文林式"建设"东井冈"；四、朱毛红军转战与赣西南根据地建立；五、
苏区江西省建立与东固战场反"围剿"；六、融入中央苏区创建模范东固；七、
东固苏区坚持斗争；八、彪炳千秋的历史贡献。展览采用组画、图表、革命
文物和现代化的声光电场景复原等多种形式，真实、生动、形象地再现了东
固革命根据地的红色历史，给人以巨大的视觉冲击和强烈的灵魂震撼，让人
在时空穿越的情境中迅速融入红色历史文化的氛围当中。纪念馆内藏有文物
700多件，其中国家三级文物189件，国家二级文物9件。馆外还设计有游廊、
公略纪念亭、东固会师领导人雕塑以及高达12米的东固第一模范区红旗雕塑
等多处景观。东固第一模范区雕塑占地面积近100平方米。该雕塑寓示两层
意义：一是通过象征1929年朱毛领导的红四军与东固地方武装队伍江西工农
红军独立第二、第四团胜利会师的两面红旗，表达了毛泽东通过东固会师前
的一路转战和到达东固革命根据地后的所见所闻，萌发了"星星之火、可以
燎原，必须建立更大范围的革命根据地，以形成农村包围城市的态势，最终

📍 东固革命根据地纪念馆

武装夺取全国政权"的战略思想。二是通过雕塑四周的支前扩红、购买公债等抽象的写意和色彩的搭配，反映当年东固人民周密的支前系统，积极筹款、筹粮、筹集弹药、支援红军参战。1934年1月，东固区被授为中央苏区"一等模范区"，该雕塑反映了东固第一模范区是中央苏区先进代表的历史事实。

东固革命根据地纪念馆于2009年经中共中央办公厅批准建设，2011年建成并正式对外开放，现为全国爱国主义教育示范基地。

附录:

江西省主要红色旅游景区、景点名单

一、江西省全国红色旅游经典景区

(一)第一批名录(2005年公布,2011年修订)

1.南昌市红色旅游系列景区(南昌八一起义纪念馆,方志敏纪念馆,南昌新四军军部旧址)

2.赣西红色旅游系列景区(萍乡市、铜鼓县、修水县秋收起义纪念地系列景点,萍乡市安源路矿工人运动纪念馆;宜春市万载县湘鄂赣革命根据地旧址,上高县抗日会战遗址;新余市罗坊会议纪念地)

3.井冈山红色旅游系列景区

4.赣州市、吉安市、抚州市中央苏区政府根据地红色旅游系列景区

5.上饶市上饶集中营革命烈士陵园

(二)第二批名录(2011年公布)

1.赣东北红色旅游系列景区(上饶市横峰县闽浙皖赣革命根据地旧址群,玉山县中国工农红军北上抗日先遣队纪念馆,铅山县石塘镇新四军整编旧址;景德镇市浮梁县新四军瑶里改编及程家山旧址,乐平市红十军建军旧址,赣东北革命委员会旧址,方志敏旧居)

2.吉安市红色旅游系列景区(东固革命根据地,永新三湾改编旧址,泰和县马家洲集中营)

3.九江市红色旅游系列景区(共青城创业史陈列馆,庐山会议旧址及领袖旧居群,98抗洪精神教育基地)

4.赣州市红色旅游系列景区（宁都县中央苏区反"围剿"旧址及纪念馆，大余县南方红军三年游击战旧址及纪念馆）

5.南昌市新建县小平小道陈列馆

（三）第三批名录（2017年公布）

1.南昌市红色旅游系列景区（南昌八一起义纪念馆，方志敏纪念馆，南昌新四军军部旧址，江西革命烈士纪念堂）

2.赣西红色旅游系列景区（萍乡市、宜春市铜鼓县、九江市修水县秋收起义纪念地系列景点，萍乡市安源路矿工人运动纪念馆；宜春市万载县湘鄂赣革命根据地旧址，上高县抗日会战遗址；新余市罗坊会议纪念地）

3.井冈山红色旅游系列景区

4.赣州市、吉安市、抚州市中央苏区政府根据地红色旅游系列景区

5.上饶市上饶集中营革命烈士陵园

6.赣东北红色旅游系列景区（上饶市横峰县闽浙皖赣革命根据地旧址群，玉山县中国工农红军北上抗日先遣队纪念馆，铅山县石塘镇新四军整编旧址；景德镇市浮梁县新四军瑶里改编及程家山旧址，乐平市红十军建军旧址，赣东北革命委员会旧址，方志敏旧居）

7.吉安市红色旅游系列景区（东固革命根据地，永新三湾改编旧址，泰和县马家洲集中营，遂川县工农兵政府旧址）

8.九江市红色旅游系列景区（庐山会议旧址及领袖旧居群，98抗洪精神教育基地，共青城创业史陈列馆，八一起义策源地暨叶挺九江指挥部旧址纪念馆）

9.赣州市红色旅游系列景区（宁都县中央苏区反"围剿"旧址及纪念馆，大余县南方红军三年游击战旧址及纪念馆）

10.南昌市新建县小平小道陈列馆

11.吉安市永新县湘赣革命根据地中心旧址

二、江西省全国重点文物保护单位名录（部分）

（一）第一批名单（国务院1961年公布）

名称	地址
1.八一起义指挥部旧址	江西省南昌市
2.井冈山革命遗址	江西省宁冈县（现井冈山市）
3.瑞金革命遗址	江西省瑞金市

（二）第二批名单（国务院1982年公布）

名称	地址
1.安源路矿工人俱乐部旧址	江西省安源市（现萍乡市安源区）

（三）第三批名单（国务院1988年公布）

名称	地址
1.宁都起义指挥部旧址	江西省宁都县
2.上饶集中营旧址	江西省上饶市

（四）第四批名单（国务院1996年公布）

名称	地址
1.庐山会议旧址及庐山别墅建筑群	江西省九江市
2.中共湘赣省委机关旧址	江西省永新县
3.中共闽浙赣省委机关旧址	江西省横峰县

（五）第六批名单（国务院2006年公布）

名称	地址
1.兴国革命旧址	江西省兴国县
2.罗坊会议和兴国调查会议旧址	江西省新余市
3.湘鄂赣革命根据地旧址	江西省万载县

4.中央红军长征出发地旧址	江西省于都县
5.南昌新四军军部旧址	江西省南昌市
6.工农革命军第一军第一师师部旧址	江西省修水县

（六）第七批名单（国务院2013年公布）

名称	地址
邓小平旧居与劳动车间	江西省新建县（现南昌市新建区）
湘赣边界秋收起义前敌委员会旧址	江西省铜鼓县
君埠红一方面军总司令部旧址	江西省永丰县
东固平民银行旧址	江西省青原区
富田村诚敬堂	江西省青原区
渼陂红四军总部旧址（梁氏总祠永慕堂）	江西省青原区
"二七"陂头会议旧址	江西省青原区
中华苏维埃共和国中央革命军事委员会旧址（原为刘氏宗祠）	江西省瑞金市
瑞金中央工农红军学校旧址（原为杨氏宗祠）	江西省瑞金市
中共苏区中央局旧址（原名龚氏宗祠）	江西省宁都县
寻乌调查旧址	江西省寻乌县
瑶里改编旧址	江西省浮梁县
盛公祠	江西省安源区
总平巷矿井口	江西省安源区

（七）第八批名单（国务院2019年公布）

名称	地址
中共中央东南分局旧址	江西省南昌市
工农革命军第一军第一师第一团团部旧址	江西省修水县
中共闽浙赣省委机关旧址	江西省横峰县

中央苏区第四次"反围剿"战役遗址	江西省乐安县
	江西省金溪县
湖坊中共闽赣省委、省革委会、省军区旧址	江西省黎川县
马家洲集中营旧址	江西省泰和县
中共赣西南第一次党代会旧址	江西省青原区
峡江会议旧址	江西省峡江县
叶坪马克思共产主义学校旧址	江西省瑞金市
黄陂中共苏区中央局第一次扩大会议旧址	江西省宁都县
宁都会议旧址	江西省宁都县
井塘中共中央分局、中央政府办事处旧址	江西省于都县
安源路矿工人补习夜校旧址	江西省安源区
水西红三军团指挥部旧址	江西省渝水区

三、江西省全国爱国主义教育示范基地

（一）第一批名单（中宣部1997年公布，共4个）

1.南昌八一起义纪念馆

2.安源路矿工人运动纪念馆（含萍乡革命烈士纪念馆）

3.井冈山革命纪念地

4.瑞金中央革命根据地纪念馆

（二）第二批名单（中宣部2001年公布，共5个）

1.秋收起义纪念地（包括萍乡秋收起义纪念碑含张家湾旧址、秋收起义铜鼓纪念馆、秋收起义修水纪念馆）

2.永新三湾改编旧址

3.兴国革命历史纪念地（包括兴国县革命历史纪念馆、兴国县烈士陵园）

4.上饶集中营革命烈士陵园

5.方志敏纪念馆（包括方志敏烈士陵园、赣东北特委、赣东北革命委员

会旧址、红十军建军旧址、龙头山革命烈士纪念馆、方志敏篁坞旧址、八祭村旧址）

（三）第三批名单（中宣部2005年公布，共2个）

1.于都县革命烈士纪念馆及中央红军长征第一渡纪念碑园

2.江西革命烈士纪念堂

（四）第四批名单（中宣部2009年公布，共3个）

1.东固革命根据地旧址群（含东固革命根据地博物馆）

2.中国工农红军北上抗日先遣队纪念馆（碑）

3.闽浙皖赣革命根据地旧址群

（五）第五批名单（中宣部2017年公布，共2个）

1.中央苏区反"围剿"战争纪念馆

2.湘鄂赣革命纪念馆

（六）第六批名单（中宣部2019年公布，共2个）

1.余江血防纪念馆

2.景德镇市中国陶瓷文化展示基地

（七）第七批名单（中宣部2021年公布，共3个）

1.会昌县革命历史纪念地

2.莲花一枝枪纪念馆

3.罗坊会议纪念馆

参考文献

［1］中共中央文献研究室.毛泽东年谱（1893—1949）：修订本［M］.北京：中央文献出版社，2013.

［2］中共中央文献研究室.周恩来年谱（1898—1949）：修订本［M］.北京：中央文献出版社，1998.

［3］中共中央文献研究室.朱德年谱（1886—1976）：新编本［M］.北京：中央文献出版社，2016.

［4］中共中央文献研究室.邓小平年谱：全5卷［M］.北京：中央文献出版社，2019.

［5］刘树发.陈毅年谱［M］.北京：人民出版社，1995.

［6］李烈.贺龙年谱［M］.北京：人民出版社，1996.

［7］江西省方志敏研究会.方志敏年谱（1899—1935）［M］.北京：中央文献出版社，2009.

［8］中共江西省委党史研究室.中国共产党江西历史：第一卷［M］.北京：中共党史出版社，2021.

［9］余伯流，凌步机.中央苏区史：修订版［M］.南昌：江西人民出版社，
　　2017.

［10］黄惠运，石劲松，刘军.东固革命根据地简史［M］.成都：巴蜀书社，
　　2011.

［11］中国新四军和华中抗日根据地研究会.新四军的组建与发展［M］.北京：
　　军事科学出版社，2001.

后记

在各相关单位的通力合作下,《江西风景独好旅游文化丛书》完成修订,再度脱稿付梓了。

该丛书首次出版是在2012年,作为一套集中反映江西省情的精品读物,其从旅游文化视角出发,以挖掘旅游资源背后的文化资源为主要内容,以旅游和文化相结合的形式最终呈现,前瞻性地切中了我国文旅融合发展的主线,助推了江西旅游和文化产业发展。在文旅融合的大背景下,历经"十二五""十三五"两个发展阶段,江西旅游和文化产业从确立旅游强省战略,到提出"像抓工业化、城镇化一样抓旅游"工作思路,再到形成"以高位推动为引领,以品牌塑造为核心,以市场运作为主导,以集群发展为重点,以互利共赢为前提,以提升服务为抓手"的旅游发展模式,全省逐步构建了"一核三片五城十县百区"旅游目的地体系和"三线八圈"旅游线路框架体系,旅游景区呈现"山、水、城、村"多元发展趋势,"江西风景独好"品牌知名度不断扩大,赣鄱大地焕发出崭新气象。

　　不知不觉该丛书已出版逾10年，受限于编写时的客观条件，丛书在内容上还存在诸多不足之处，编者大多留有遗憾。加之丛书市场反响较好，不少读者反馈这套书在市面上已很难购得。为此，我们再次花费一年多的时间，根据江西文旅近年来的变化情况，结合最新资料，与时俱进对丛书进行系统修订。一是补充记录并客观反映江西文化旅游各方面的新景点和新事物，形成新的基础性积累；二是对原有文章的数据和变化进行了即时更新，提高文化旅游引导的精准性；三是对一些失去推广意义的景点或事物做了删除调整，确保丛书反映的景点或事物具有推荐价值；四是整体提升文字水平，订正文字舛误，改善图书质量，以飨读者。

　　丛书的编写和修订工作，得到了江西各级党委、政府以及文旅、住建、商务、党史研究、档案管理、规划设计、文联、民宗、地方志等部门单位，以及江西省社科院、南昌大学、江西财经大学、江西师范大学、南昌师范学院、江西旅游商贸职业学院等科研院所的鼎力支持，参与丛书编撰要感谢的人士很多，不能一一具述。其中，《红色摇篮》修订过程中，江西省文化和旅游厅革命文物处郑志山处长为本书的准确性和权威性提供了帮助，江西省旅游集团、江西省旅游摄影协会给予了大力支持。出版工作由江西教育出版社完成，在此向上述单位和专家一并致谢。丛书虽经过精心编写和修订，但由于水平有限，难免有疏漏和不足，敬请读者赐教与指正。

江西省文化和旅游研究推广协会

2024年3月